認知科学講座 ❶

嶋田総太郎 編

心と身体

東京大学出版会

Cognitive Science 1: Mind and Body
Sotaro SHIMADA, Editor
University of Tokyo Press, 2022
ISBN 978-4-13-015201-3

「認知科学講座」刊行にあたって

　認知科学とは，心と知性を科学的・学際的に探究する学問である．認知科学の萌芽は 1950 年代，そして開花を始めたのは 70 年代と言える．日本でも 1980 年代に満開・結実の時を迎えた．こうした第一世代が着実に知見を重ねる中，1990 年代，その土壌に新たな種子がまかれることとなり，この種子は 21 世紀になり第二世代の認知科学として果実を生み出した．その結果，知性はそれまでに考えられてきたものとは大きく異なる姿を見せることになった．大きな変化は「身体」「脳」「社会」の三つにまとめられるように思われる．これらはいずれも伝統的な認知科学の枠組みの中で中核を占めるものではなかったが，現代の認知科学を支える柱となっている．

　伝統的な立場からは単なる情報の入口と出口と見なされていた「身体」は，現代認知科学では知性の重要なパートナーであることが明らかになっている．また，人間が行うような高度な認知を支える脳活動を探ることは長らく困難であったが，新たなテクノロジーにより，それを詳細なレベルでとらえることができるようになった．その結果，「脳」の各部位，そのネットワークの驚異的な働きが解明されるようになった．一方，われわれの心は身体，脳にとどまるわけではない．われわれはモノ，ヒトのネットワーク，すなわち「社会」の中で，様々な調整を行いつつ，日々の生活を巧みに営んでいる．したがって，社会は進化，発達を通して，われわれの心の中に深く組み込まれている．こうした心の本源的社会性は，様々なアプローチによってあらわになってきた．身体，脳，社会への注目に基づく変化が起こり始めてから数十年が経過する中で，さらにその先を見据えた，つまり第三世代の認知科学構築のためのフレームワーク，方法論の提案も活発になってきた．

　このような動向を踏まえ，本講座は第 1 巻「心と身体」，第 2 巻「心と脳」，

第3巻「心と社会」，第4巻「心をとらえるフレームワークの展開」という構成となった．各巻では，そのテーマの中で最も根源的であり，かつ最もアクティブに研究が展開している領域を章として配置した．加えてテクノロジーとのかかわり，哲学的な検討も重要であると考え，これらの分野の研究者による章も置かれている．

現代認知科学のこうした発展，展開を，認知科学はもちろん，関連諸分野の研究者，学生，大学院生の方々と共有したいと考え，本講座を企画した．読者の方々がこれを通して新たな人間像，知性観を知るとともに，さらなる発展に向けたパートナーとなってくれることを期待する．

2022 年 9 月

編集委員一同

序　身体性認知科学から「ポスト身体性」の認知科学へ

嶋田総太郎

　認知科学の黎明期のキーワードが「情報処理アプローチ」「記号主義」であったとすれば，「身体」「脳」「社会」は認知科学の第二世代の幕開けを表すキーワードだと言えるだろう．これらはそれぞれ「記号」では表しにくかった，あるいは表すことのできない，認知にとって重要な要素を志向している．これらの新たな視点からのアプローチはこの 20〜30 年あまりの間に，人間の認知に関する様々な知見を得ることに貢献している．現在は，それらの研究成果をもとに，より深いレベルから「認知」の問題に取り組む段階に来ていると言えるだろう．本シリーズには，これらの知見をまとめた上で今後の認知科学を展望する狙いがある．

　認知科学は，1950 年代にそれまでの心理学分野で隆盛であった行動主義に対するアンチテーゼとして現れた．行動主義はその名の通り，個体の行動に着目し，刺激─反応の特性を明らかにすることを目指し，個体の内部で行われているプロセスについてはブラックボックスとしてあえて扱わないという立場をとっていた．これに対して，認知科学は人間の内面で行われているプロセスを理解することを目指し，そのプロセスを当時発明されたコンピュータになぞらえて，情報処理システムとして理解しようとした．初期の記号主義の認知科学では，人間の認知を「記号」で表現し，それを「操作」することで知的な作業を行うさまを記述するというアプローチがとられた．これによって，記憶や推論，学習，問題解決などの高次の認知能力について，行動実験とモデル化をベースに理論が組み立てられていったのである．

　しかしながら，当初の，あらゆる知識を記号化してコンピュータ上に表現し，それに対する十分な操作方法を記述することができれば，人間と同じような能力を実現できるだろうという目論見は，実際にはかなり実現が困難であること

がわかった。なぜなら，「あらゆる」知識というのがとてつもなく膨大な量だったから，というのがその理由の一つである。これは「フレーム問題」とも言われる。フレーム問題とは，何かを行う時に，人間はその時に必要な情報だけを瞬時に取り出して効率的に作業をこなすが，コンピュータやロボットには「何が必要な情報なのか」，すなわち問題のフレームを適切に設定することが非常に困難だというものである。適切なフレームを計算するために，ありとあらゆる可能性をチェックするのに膨大な時間を費やしてしまい，結局課題そのものにはいつまでたっても手がつけられない，といった状況が起こりうる。別の言い方をすれば，「常識」をコンピュータに教えるのは難しいということである。「常識」は，暗黙知とも言われるように，普段は意識化されなくとも前提とされるような知識の集合であり，これをすべて記号化して記述するのは相当に大変である。そして，そこから適切なフレームを抽出して実用的なスピードで利用する方法も必要となる。ただし，この問題は現在のビッグデータと深層学習（AI）技術の発展により，「人間と同じやり方」にこだわらないのであれば，すでに解決されつつあるように見える。実際に検索エンジンに質問をすれば，かなりの精度で関連する答えを瞬時に提示してくれる。一方，認知科学はあくまで人間のやり方を研究するのだとすれば，その意味では未解決の問題は山積みであるといってよいだろう（が，深層学習と脳の学習で得られるデータ表現に共通項がある可能性も示されつつある）。

　もう一つの大きな，そしてより深刻な問題は，実際にはそもそも記号化できないような認知が存在するということである。そしてこれが本書の主要なトピックである。すなわち「身体性認知」の問題である。

　「身体性」の問題は，それまでの記号主義に対して，主にロボット研究者から提唱された。マサチューセッツ工科大学（MIT）のロドニー・ブルックスは，サブサンプション・アーキテクチャと呼ばれるロボットの構造を提案し，大きな注目を集めた（Brooks, 1986）。それまでの記号主義では，知識・知能はすべて記号化され，個体の内部に記述されるものだという前提があった。しかしブルックスは，知識・知能はすべて内部に記述されている必要はなく，個体と環境との相互作用の中から動的に形成されるものだという主張を行った。ブルックスのサブサンプション・アーキテクチャは，ロボットが動き回るのに必要な

単純な制御構造のみをベースとして持ち，必要に応じてそれを上書き制御できるレイヤーが追加されたものであった．しかしながら，このような単純なアーキテクチャにもかかわらず，ロボットの動きは環境の複雑さに合わせて複雑になったのである．つまり，平坦な土地では単純な直進行動しか現れないが，障害物があれば障害物を回避し，不整地では巧みな足さばきで前進を行うのである．ブルックスはこれをもって「表象なき知能」と称している．つまり様々な環境でどのようにふるまうか（＝知能）をロボット内部に完全に記述しておく必要はないということである．

　一方，心理学の分野でもジェームズ・ギブソンが「アフォーダンス」と呼ばれる概念を提唱していた（Gibson, 1979）．アフォーダンスとは，環境が主体に対して提供する価値や意味のことであり，狭義にはモノのかたち（たとえばコップ）がある種の運動（つかむ）をダイレクトに引き起こすことを指す．アフォーダンスの概念で重要なのは，モノを記号的に「表象」し，その後の記号処理の結果として運動が出力されるという記号主義的な考え方ではなく，モノの知覚と運動が不可分に結びついていること，モノの持つ意味が「直接に知覚」され運動を引き起こすことを指摘した点にある．これをギブソンは「表象なき知覚」と言った．アフォーダンスの考え方は，現在では様々な商品のデザインに取り入れられており，そういった商品は「説明書抜き」で操作ができることを目指しているようである．また脳にはカノニカルニューロンと呼ばれる神経細胞が存在し，アフォーダンスに対応した活動を示すことが報告されている（Murata *et al.*, 1997）．

　このようなサブサンプション・アーキテクチャやアフォーダンスの考え方は，知能や認知における身体の重要さに脚光を当てた．それまでの記号主義では，知能や認知は個人の頭の中で起こることであり，あらゆることが記号による表現とその操作で実現できるとされていた．しかし，ブルックスやギブソンの主張は，知能や認知（の少なくとも一部）は身体と環境のインタラクションの中で形成されるものであり，すべてを個体の内部に表象する必要はない，そもそも記号としては表象しきれない認知が存在するかもしれないというものである．

　このようにして，初期の記号主義認知科学に対するアンチテーゼとして現れた身体性認知科学の勃興は，その後の認知科学の方向性を決める大きな転機と

なった．特に，記号化できない認知としての無意識の領野の存在が徐々に認識され，意識下での身体的な情報処理がどのように行動や認知に影響を与えるのかへの理解を深めることにつながってきた．本書では，自己認識，言語，思考，記憶，感情，社会性の発達などに，身体の動作や感覚がどのように影響を与えているかを，各分野の第一人者が描き出していく．さらに，身体性から知能と他者との関係性を創出するロボットの構成論的アプローチや，身体拡張体験により自らの認知を変容させる VR・アバター研究などへの新しい展開を紹介し，このような流れを現象学（哲学）的に問い直すことにより，現在における「身体性認知科学」の姿と今後の行く先を浮かび上がらせていきたい．

　以下に本書の構成を示す．
　第1章では，「自己とは何か」について身体性の観点からの議論を行う．特に，身体を起点とする感覚や動きからどのように「自己」の表象が形成されるのか，哲学者ショーン・ギャラガーの提唱する最小自己（身体的自己）をベースに，様々な認知脳科学研究を参照しながら解説する．さらに身体性自己を基礎として置きつつ，より意識的な「物語的自己」やアイデンティティについても議論する．身体と意識の関連性についても理解を深める機会となるだろう．
　第2章は，言語についての章である．言語と身体という，一見つながりの薄いように思われる両者が，実は根底でつながっていることを，認知科学の歴史を紐解くように解説する．言語は記号の最たるものであり，ノーム・チョムスキーの生成言語学や意味ネットワークモデルなど，初期の認知科学における記号主義アプローチが大きく花開いた分野でもある．しかし，徐々にその限界についても指摘されるようになり，記号接地問題など身体との関連について探求がなされるようになる．この章では身体的経験が言語を作り出していく過程について近年の様々な研究とともに解説がなされる．
　第3章では，身体の動きや姿勢が思考や創造という高次の認知プロセスにどのように影響を与えるかを見る．いわゆる「エンボディメント」研究である．たとえばペンを歯にくわえて笑顔のような表情を作っておくと，その時に見たものをポジティブにとらえやすくなるなどの研究がある．われわれは意識や認知によって身体を制御していると思い込んでいるが，これらの研究はむしろ身

体が認知を導いているのだということをよく示している．環境の認識を始め，思考や創造性といった抽象的な能力に対してもその時の身体の状態が影響を与えていることについて解説される．

　第4章では，記号では表しきれないものの代表だと言える「感情」について，内受容感覚研究をベースに議論する．内受容感覚とは，内臓や身体内部から来る感覚であり，痛みや空腹感，心拍の知覚など様々なものが含まれる．これらは意識化できる（せざるをえない）ほど強い感覚から，ほとんど意識されない弱い感覚まで幅がある．この章では，内受容感覚から「感情」が生起するメカニズムないしモデルについて解説される．さらに，内受容感覚が記憶とその再認に与える影響についても検討する．

　第5章では，身体表象の発達過程について解説する．第4章までは主に成人を対象として，身体表象が認知にどのような影響を与えるかを見たが，第5章では乳幼児を対象として，この身体表象がどのように獲得されるのかに焦点を当てる．身体表象は生まれた時から原初的なものは与えられてはいるものの，完全なかたちではない．この章では胎児期から乳幼児期を通して，身体表象がどのように精緻化されていくのかを，様々な自己身体認識の実験研究を交えて見ていく．また後半は，模倣などの他者との身体的インタラクションを通じた社会性の発達研究についても紹介し，乳幼児の社会性発達における身体の重要性について議論する．

　第6章と第7章では趣向を変え，工学の観点からの身体性認知科学へのアプローチを見る．第6章では，ロボットを作ることで人間の身体性を理解するという「構成論的アプローチ」について解説する．コンピュータとロボットの違いは身体を持つということであり，人間の身体の役割はロボットを作ることで理解できる可能性がある．本章では，「知能」が身体を通じてどのように創発するのか，特に感情，概念，言語，他者モデルをロボットがどのように獲得できるのかについて議論する．

　第7章では，VRを用いて自己身体を拡張したり別の人格になったりする経験が，自己へ与える影響について議論する．近年のVR技術の発展は目覚ましいものがあるが，これによって簡単に「なりたい自分」や「自分ではない誰か／何か」を経験することができるようになった．このような技術革新が自己

の認識にどのような影響を与えるのかは，学術的にも興味深い問題である．この章では，ある人格になりきる VR 経験をすることで，自己の性格もそれに似たものに変容する「プロテウス効果」などの興味深い知見を紹介する．さらに VR 経験から自らの心の状態や能力を変化させる「ゴーストエンジニアリング」と呼ばれる新しい工学の可能性について議論する．

　最後の第 8 章では，哲学（現象学）の大局的な観点から身体性認知科学とは何だったのかについて振り返る．まず認知科学の歴史を俯瞰しつつ，哲学的には，ルネ・デカルトの「私は考える」の哲学からモーリス・メルロ＝ポンティの「私はできる」の哲学への転換とパラレルだったことを指摘する．次いで，身体性認知科学とは身体と環境の循環，知覚と行為の循環を明らかにするものであったとして，その中で身体図式と身体イメージの概念整理を行う．後半では，身体性認知科学の基盤であった身体的自己からより高次の物語的自己への飛躍が，「身体図式─現実世界」から「身体イメージ─想像世界」への飛躍であることを議論し，身体性認知科学の次に来たるべき研究の展望を示す．

　以上，各章の概略を説明したが，どの章も目指したのは，身体性から始めて，それを超える高次の認知や意識へのつながりを示すことである．その意味で本書は「ポスト身体性」を志向している．誤解しないでもらいたいのだが，ポスト身体性とは身体性の否定ではない．そうではなくて，身体性を土台として保ちつつ，身体性を超えた認知への道筋を示すことである．人間の認知は身体の処理に根差しつつ，それをはるかに超える抽象的な知性を獲得してきた．本書を通じて，第二世代から第三世代の認知科学へと橋渡しする，身体性の先にある人間の認知について考えるための枠組みを与えられればと願っている．

引用文献

Brooks, R. (1986). A robust layered control system for a mobile robot. *IEEE Journal of Robotics and Automation, 2(1)*, 14–23.

Gibson, J. J. (1979). *The ecological approach to visual perception.* Erlbaum.

Murata, A., *et al.* (1997) Object representation in the ventral premotor cortex (area F5) of the monkey. *Journal of Neurophysiology, 78(4)*, 2226–2230.

目　次

第1章 自己認識
──身体的自己と物語的自己

◆

嶋田総太郎

1 自己と身体性

自己とは何か

　自己とは何か．これは古くから繰り返し問われてきた，お決まりの問いである．なぜこれほどまでに誰もが自分のことがよくわからないのか．一見，自分のことは自分にとって自明であるように思われる．しかし，これまで同じ問いがずっと問われ続けてきたという事実は，自己とはそれほど自明のものではなく，むしろ考えれば考えるほどわからなくなるものであるということを物語っている．誰でも「自己紹介」をする時に，何を言うべきか戸惑った経験があるのではないだろうか．何を言えば「自己」を紹介したことになるのだろうか．とりあえず自分の「生い立ち」を話すか，あるいは最近打ち込んでいる趣味について話すか．どれも「自己」にはかかわっているが，今一つ紹介しきれた気はしないかもしれない．「自己」にはもっといろいろな側面があるはずだ．というよりも，今話したことは自分の「本質」ではないような気さえする．そもそも自分で自分のことがよくわかるとはどういうことなのだろうか．本章では，このような自己を知るための認知的な営みを「自己認識」と呼び，その認知的な機能とメカニズムを探っていきたい．

　とはいえ，自己にまつわるすべての認知メカニズムを考えるには紙幅が足りないので，ここでは身体的自己と物語的自己について主に取り上げることにする．身体的自己は身体に関する諸感覚から立ち上がる自己感であるが，常に意識化されているわけではない．一方，物語的自己は意識的な自己という側面が強いが，それが何であるかや，その形成メカニズムについてはまだ十分に理解

1

されていない．物語的自己は身体的自己を基盤としてその上に構築されるものだと想定されているが，その詳細な関係についてもほとんどわかっていない．一方で，ここ20～30年間の脳科学研究の長足の発展は，これらの疑問に対して光を差し込める可能性を呈してきている．本章では，自己認識研究から得られたこれまでの知見と今後の展望について見ていきたい．

ギャラガーの自己

　哲学者のショーン・ギャラガーは，主要な二つの自己の側面として，最小自己（minimal self）と物語的自己（narrative self）を挙げている（Gallagher, 2000）．最小自己は身体に根差した自己の基礎にかかわる部分であり，本章では「身体的自己」と呼ぶことにする．物語的自己は時間を超えた自己の一貫性を与えるものであり，アイデンティティとも深い関係を持つ．物語的自己については本章の後半で取り上げる．

　身体的自己（最小自己）は，ギャラガーによれば，自己にとって非本質的だと考えられる側面を剥がしとっていった時に最後に残る，最も基本的な自己感のことであり，身体所有感（または身体保持感, sense of self-ownership）と運動主体感（sense of self-agency）の二つが含まれる．身体所有感は「この身体はまさに自分のものである」という感覚であり，運動主体感は「この行為を引き起こしたのはまさに自分である」という感覚である．身体所有感と運動主体感は同時に生起することが多いが，分離することもある．たとえば誰かがぶつかってきた時の腕の動きなど，非意図的な身体の運動では，身体所有感は生起するが，運動主体感は生起しない．身体所有感は身体の感覚から生起する自己感，運動主体感は意図的運動から生起する自己感だと言うこともできるが，運動も身体所有感に影響を与えるし，運動主体感にとって感覚フィードバックは不可欠である，という意味で両者は密接に関係している．

身体イメージと身体スキーマ

　身体所有感も運動主体感も自己身体を起因としており，われわれがその気になればいつでも感じることのできる感覚である．逆に言えば，特に意識しない限り，それらは背景として忘れられており，何か自己に異変が起きた時（たと

えば歩いていて石につまずいた時），初めて意識化されることが多い．

　われわれは日常生活において様々な行為を行うが，このすべてを意識的に行っているわけではない．むしろそのほとんどが無意識的に行われている．たとえばテーブルの上に置いてあるカップに手を伸ばしてコーヒーを飲もうとする時に，カップに伸ばす手のどの筋肉にどれくらい力を入れるべきかを考えることはない．われわれはただコーヒーを飲もうと考えているだけである（それすら考えていないかもしれない）．われわれの意識に現れるのは脳で処理されている情報のほんの一握りだけであり，身体性のレベルの処理の多くは無意識に遂行されている．

　一方，身体的自己は身体の状態が意識化されることによって生じるものであると考えられる．そのためにはまず身体に関する情報が意識によって参照可能でなければならない．ギャラガーは，「身体イメージ」を自分自身の身体についての知覚，概念，感情などからなる，意識によってアクセス可能な内的表象のことであると定義している（Gallagher, 2005）．身体イメージの内容は必ずしも実際の身体と一致しているとは限らず，また互いに矛盾する信念等を包含していることもある．一方，われわれが運動をする時には，ある感覚入力に対してどのような運動を行うか，またある運動を行うことでどのような感覚フィードバックが返ってくるかという感覚—運動マップが脳内に存在すると考えられる．ギャラガーは，この感覚—運動マップのことを「身体スキーマ（運動スキーマ）」と定義した．身体スキーマは基本的には意識化されることなく，環境に対して適切な行為を遂行するのに用いられる．たとえば先ほどのコーヒーカップに手を伸ばす例では「到達把持運動」の身体スキーマが使用されているが，どの筋肉がどのように使われているのかを意識的に（言語的に）完全に報告することは不可能である．

　そうすると，身体所有感は身体イメージと，運動主体感は身体スキーマと関連していると考えることができるかもしれない．たしかに前者はよいかもしれないが，身体スキーマが必ずしも意識化できないことを考えると，運動主体感が身体スキーマから生じるというのはそう単純ではないことがわかる．これについては次節で再度取り上げるが，運動主体感にはむしろ運動の意図とそのフィードバックの関係が重要であると考えられている．

2 身体的自己

身体所有感とラバーハンド錯覚

身体所有感は，通常は自分の身体に対して抱く感覚であるが，自己身体以外の物体に対して身体所有感を抱くことがありうる．その代表例がラバーハンド錯覚である．ラバーハンド錯覚とは，自分の手ではない偽物の手（ラバーハンド）と自分の手に同時に触覚刺激を与えることで，ラバーハンドが自分の手のように感じられるようになるという現象である（Botvinick & Cohen, 1998）．ラバーハンド錯覚の実験を行うためには，まずラバーハンドを机の上に置き，その横に自分の手を置く（図1-1）．この時，ラバーハンドと自分の手の間には衝立などを置き，自分の手が直接見えないようにする．この状態で他の人にラバーハンドと自分の手を同時にブラシなどでなでてもらう．これを2〜3分間繰り返すと，自分の手ではないはずのラバーハンドが自分の手のように感じられてくる．

ラバーハンド錯覚は，ラバーハンドに対して与えられる視覚刺激と自分の手に対して与えられる触覚刺激が同時に脳に伝わることによって，ラバーハンドが自己身体イメージに取り込まれる現象だと考えられる．自分にしか感じられない感覚である触覚を伴って現れる視覚的身体は「自己」のものに違いないと脳は解釈し，その結果，ラバーハンドが身体イメージに取り込まれ，自分の手だと感じられるようになる．

ラバーハンド錯覚が起こるためには，視覚刺激と触覚刺激が時空間的に整合して与えられることが重要である．ラバーハンド錯覚では，二つの手（ラバーハンドと自分の手）は異なる位置にあるので，空間的整合性は厳密に成り立っていなくても錯覚は生起する．しかし，ラバーハンドが自身の手から遠い位置に置いてある場合（Armel & Ramachandran, 2003）や自身の手と向きが反転している場合（Ehrsson et al., 2004）には錯覚が有意に弱まることが報告されているので，ある程度の空間的整合性は必要である．また，二つの手をなでるタイミングをずらすと，ラバーハンド錯覚が生じなくなることも繰り返し報告されている（Botvinick & Cohen, 1998など）．ラバーハンド錯覚が起こるために必要な視覚と触覚の時間的整合性を調べた実験（Shimada et al., 2009, 2014）では，200

〜300 ミリ秒以内の遅延であれば
ラバーハンド錯覚は起こるが，そ
れより遅延が大きくなると錯覚が
起こりにくくなることが示されて
いる．このことから，脳が自己身
体イメージを作り出すには，厳密
ではなくてもよいが，ある一定程
度以内の感覚間の時空間的整合性
が必要であると言える．

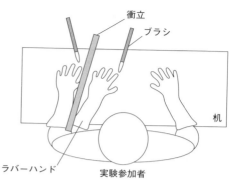

図 1-1　ラバーハンド錯覚

身体所有感の指標

　ラバーハンド錯覚は身体所有感に関する主観評価（アンケート）によって調
べることが多いが，体性感覚ドリフトと呼ばれる現象によっても確かめられる．
実験の前後で，自分の手（たとえば左手）がどの位置にあるかを，目を閉じた
状態でもう一方の手（右手）で机の下から指差してもらうと，錯覚が起こって
いればポイントする位置がラバーハンドのほうへずれることが知られており，
これを体性感覚ドリフト（proprioceptive drift）という．

　当初は主観評価と体性感覚ドリフトは相関するとされていたが，その後の研
究で主観評価と体性感覚ドリフトは必ずしも相関しないことがわかっている．
筆者らが行った実験では，錯覚刺激を 3 分間与えた参加者群では主観評価と体
性感覚ドリフトの両方でラバーハンド錯覚が起こっていることが確認されたが，
1 分間のみ与えた群では体性感覚ドリフトのみが確認され，主観評価では有意
な結果が得られなかった（Shimada *et al.*, 2014）．実際に，参加者本人が錯覚は
起こらなかったと強く主張する場合にも，体性感覚ドリフトが見られるケース
が散見された．また，主観評価が 200 ミリ秒程度の視覚フィードバック遅延を
境に非線形に急激に変化するのに対し，体性感覚ドリフトは遅延幅に対して線
形に変化していた．これらの結果は，主観評価と体性感覚ドリフトはラバーハ
ンド錯覚の異なる側面を反映していることを示しており，主観評価は身体イメ
ージに基づいているのに対して，体性感覚ドリフトは身体スキーマの変化を反
映している可能性が考えられる．

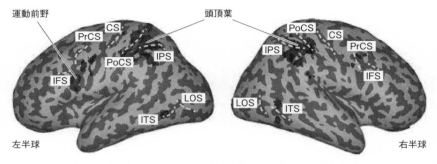

図 1-2　ラバーハンド錯覚に関連する脳領野（Gentile *et al.*, 2013）

CS（central sulcus）：中心溝，PrCS（precentral sulcus）：中心前溝，PoCS（postcentral sulcus）：中心後溝，IFS（inferior frontal sulcus）：下前頭溝，IPS（intraparietal sulcus）：頭頂間溝，LOS（lateral occipital sulcus）：外側後頭溝，ITS（inferior temporal sulcus）：下側頭溝.

ラバーハンド錯覚の脳メカニズム

　ラバーハンド錯覚にはどのような脳領野がかかわっているのだろうか．ヘンリック・アーソンらはラバーハンド錯覚を経験している時の脳活動を測定した（Ehrsson *et al.*, 2004）．ここではラバーハンドの向き（自分の手と同じ向きまたは逆向き）と刺激の同時性（同時または非同時）を組み合わせて，4条件で比較を行った．アンケート結果から，ラバーハンドが自分の手と同じ向きで，かつ刺激が同時に与えられる条件でのみ主観的なラバーハンド錯覚が起こり，他の条件では起こらないことが確認された．この時の脳活動を見てみると，腹側運動前野でラバーハンド錯覚の主観的強さと相関する活動が観察された．つまり，錯覚の度合いが強いほど運動前野での活動が高かった．また，相関は見られなかったものの，頭頂葉（頭頂間溝）でも条件間の活動の違いが見られ，ラバーハンド錯覚が起こる条件で最も活動が大きかった．これらの活動はより詳細な検討を行った最近の研究でも確かめられている（Gentile *et al.*, 2013）（図 1-2）．また Brozzoli *et al.*（2012）は，左腹側運動前野の活動がラバーハンドの主観評価に，右下頭頂葉（縁上回）の活動が体性感覚ドリフト量に，相関することを報告している．このように，ラバーハンド錯覚には腹側運動前野と頭頂葉の運動ネットワークが深く関与していることがわかる．

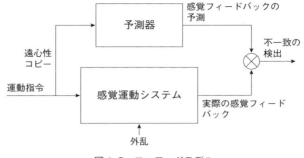

図 1-3　フォワードモデル

運動主体感とフォワードモデル

　運動主体感とは，自己がその運動を制御している主体であるという感覚である．運動主体感にはフォワードモデル（順モデルまたはコンパレータモデルともいう）と呼ばれる運動制御のメカニズムがかかわっていると考えられる．

　運動をする際には，脳の運動野から筋肉へと運動指令が送られる．これによって筋肉が活動し，今度は体勢の変化や触覚情報などのフィードバック情報が脳へと返される．この時に，運動が主体の意図通りに遂行されたかをチェックするために，運動指令情報のコピーが脳内の別の領域（頭頂葉や小脳）へ投射されている（遠心性コピー：efference copy）．この遠心性コピーを用いて，返ってくるであろう感覚フィードバックを内部的に予測しておき，実際のフィードバックとの比較を行う．この仕組みをフォワードモデルという（図 1-3）．フォワードモデルの予測が正しければ，感覚フィードバックと一致しており，自分の行った運動であるという運動主体感が得られる．逆に，不一致の場合には，運動主体感が弱まったり消失したりする．

　運動主体感を実験的に調べるには，たとえば図 1-4 のような装置を用いる．この装置では参加者の手を映すカメラと実験者の手を映すカメラを分配器で切り換えることができ，参加者はモニター上に提示された手を観察して，自分の手なのか他者の手なのかを判断する．手が異なる動きをしていればそれが他者の手であることがすぐにわかるが，同じ動きをしている場合には健常者でもある程度の判断エラーが起こる．一方，統合失調症患者や頭頂葉損傷患者では，

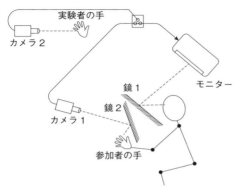

カメラ2
実験者の手
鏡1
モニター
鏡2
カメラ1
参加者の手

図1-4　運動主体感を調べる実験

他者の手を自分の手だと答えてしまうエラー率が有意に高くなることが示されている（Daprati *et al.*, 1997）．これらの患者ではフォワードモデルがうまく機能していないことが原因だと考えられている．

感覚減衰と意図性バインディング

運動主体感の測定には，主観的評価の他に，客観的な指標として感覚減衰（sensory attenuation）と意図性バインディング（intentional binding）の二つがある．

　感覚減衰は，前出のフォワードモデルと深く関連している．運動の結果が意図していた通りである場合には，フォワードモデルによる予測と観測結果が一致し，これによって感覚フィードバックに対する反応が抑制される．古くから，音刺激を聞いた時に惹起される脳波の成分は，外的に鳴らされた音に対してよりも，自分が鳴らした音に対してのほうが小さくなることが知られている（Schafer & Marcus, 1973）．行動実験によっても，自分の鳴らした音は，そうでない音よりも主観的に小さく聞こえるという結果が報告されている（Sato, 2008）．興味深い例として，自分で自分をくすぐっても，くすぐったく感じないという現象がある．これはフォワードモデルによって，自分の運動から触覚フィードバックを予測することによって，触覚刺激に対する感覚減衰が起こり，くすぐったさが抑制されたためだと考えられる．サラ＝ジェイン・ブレイクモアらは，ロボットを操作して自分の手をくすぐる実験を行った．その結果，通常の場合にはくすぐったくなかったが，ロボットの動きに300ミリ秒の遅延を加えるとくすぐったく感じられるという結果が得られた（Blakemore *et al.*, 1999）．この結果は，ロボットの動きによって生起される触覚フィードバックが遅れることによってフォワードモデルによる感覚減衰が効かなくなり，くすぐったく感じられるようになったのだと解釈できる．

　意図性バインディングは，運動の意図がいつ生起したかとその結果のフィードバックがいつ起こったかについての主観的時間に関する錯覚である（Haggard *et al.*, 2002）．実験ではまず参加者にボタンを押させ，その 250 ミリ秒後に音フィードバックを聞かせる．この時に，ボタンを押した時刻か音が聞こえた時刻のどちらかを特殊な時計の秒針（2.56 秒で 1 周する）の位置で報告させる．すると，ボタン押しの時刻は実際よりも遅く，音フィードバックは実際の時刻よりも早く聞こえるようになる．ボタン押しだけをする試行や音を聞くだけの試行では正確に時刻を報告できるし，ボタンを押す指を受動的に動かした時にもこのような効果は得られない．つまり，ボタン押しを意図的に行った時にだけ，ボタン押しと音フィードバックという二つのイベントが時間的に近接して（バインドして）感じられるのである．これを「意図性バインディング」と呼ぶ．多くの研究から，意図性バインディング効果の大きさと運動主体感の強さには関連があることが示されており，運動主体感が強いほど運動と音の時刻が近接して感じられる（Haggard, 2017）．

運動主体感の 2 段階モデル

　ここまで，運動主体感は主として運動とその感覚フィードバックの整合性をベースとして生起することを見てきた．しかしながら，近年の研究において，運動主体感はトップダウンの認知的要因にも大きく影響を受けることがわかってきている．

　佐藤徳らは，選択課題において正しい選択をした試行（正解試行）のほうが間違った選択をした試行（不正解試行）よりも有意に運動主体感が高くなることを報告している（Sato & Yasuda, 2005）．運動主体感が単に感覚運動系の整合性によって生起するのであれば，問題の正解，不正解には影響を受けないはずである．しかしながら佐藤らの結果は，運動が遂行された後に返ってくる正否のフィードバック情報が，「事後的（postdictive）に」運動主体感を修飾することを示している．つまり運動主体感には，感覚運動系の整合性だけでなく，その結果の望ましさという高次の認知処理もかかわっていることを示している．

　同様の結果は，意図性バインディング効果を用いた研究でも示されている（Takahata *et al.*, 2012; Yoshie & Haggard, 2013）．これらの研究では，前述の意

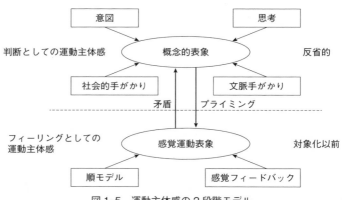

図1-5　運動主体感の2段階モデル

図性バインディング効果実験と同じ手続きで，フィードバックとして返ってく
る聴覚刺激をポジティブな音（たとえば笑い声）またはネガティブな音（泣き声）
に変更して実験を行った．その結果，ポジティブな音では意図性バインディン
グ効果が強まったのに対し，ネガティブな音では弱まっていた．これは佐藤ら
の研究と同じく，行為の結果が望ましいものであった場合には運動主体感が高
まり，逆に望ましくなかった場合には弱まることを示している．

　マティス・シノフツィクらは，ここまでに見てきた多様な運動主体感の特徴
を説明するために運動主体感の2段階モデル（図1-5）を提唱している（Syn-
ofzik *et al.*, 2008）．シノフツィクのモデルでは，運動主体感を「フィーリング
としての運動主体感（feeling of agency）」と「判断としての運動主体感（judge-
ment of agency）」の2段階に分けている．フィーリングとしての運動主体感は，
自分自身が運動を行っているという非概念的・前意識的な低次の感覚であり，
問題がなければ通常は意識化されない．ここでは主に運動とそれに対する感覚
フィードバックの整合性が重要であり，これが許容範囲内に保たれていればフ
ィーリングとしての運動主体感が成立する．一方，この整合性が崩れると，フ
ィーリングとしての運動主体感を保てなくなり，ここで初めてそのことが意識
化される．

　「フィーリングとしての運動主体感」に異常を検知すると，今度は，「判断と
しての運動主体感」が駆動する．ここでは，運動の主体が自分なのかあるいは

他の誰かなのかについて意識的なプロセスが立ち上がる．感覚運動的には矛盾を検知しているが，文脈や社会的な手がかり，自らの意図など様々な要素を鑑みて，運動主体が誰なのかについての総合的な判断が下される．その結果，フィーリングとしての運動主体感が崩れているにもかかわらず，たとえば自分以外にそれをできる人が近くにいないなどの理由によって，やはり運動主体は自分であるという判断が下されることもあれば，自分ではない近くにいる他の誰か（おばけ？）が運動主体だと判断されることもある．このように感覚運動系の処理の上に高次認知の修飾が入ってくるために，運動主体感は複雑な性質を示すと言える（Wegner, 2002; Synofzik *et al.*, 2013）．

ロボットハンド錯覚

ラバーハンド錯覚では，自分の手と同時にラバーハンドに触覚刺激を与えることで身体所有感を生起させることができた．同様に，自分の手の動きに合わせて動くロボットハンドに対して自己感を抱くことを，ロボットハンド錯覚（またはバーチャルハンド錯覚）という．ロボットハンド錯覚では，自分がロボットハンドを動かしているという運動主体感と，ロボットハンドが自分の手のように感じられる身体所有感の両方が生起する（Caspar *et al.*, 2015）．

筆者ら（Ismail & Shimada, 2016）は，実験参加者にデータグローブを装着させ，手の動きに合わせて CG の手が動く実験系を構築した．ここで視覚フィードバックに遅延を挿入したところ，ラバーハンド錯覚の場合と同様に，200 ミリ秒前後の遅延を境にして，身体所有感と運動主体感の両方が大きく減衰することが示された．興味深いのは，身体所有感は 300 ミリ秒以上の遅延でほぼ消失してしまう一方で，運動主体感は 300 ミリ秒以上の遅延でも減衰はするもののまだ有意に感じられることである．このことは，フィードバックの遅延に対して運動主体感のほうが寛容であり，身体所有感は感じられなくても運動主体感は感じられるという状態がありうることを示している．これらの知見を組み合わせると，身体所有感は運動主体感に比べて，より限局された時間的整合性を必要としていると言える．

筆者らはさらに，ロボットハンド錯覚が起こっている時の脳活動を近赤外分光法（near-infrared spectroscopy: NIRS）を用いて計測した（Ismail & Shimada,

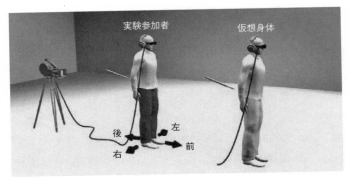

図1-6 フルボディ錯覚（Lenggenhager *et al.*, 2007）

2018, 2019）．この実験では 100，400，700 ミリ秒の遅延条件での脳活動を比較
したところ，右角回において 100 ミリ秒遅延条件の時に，400，700 ミリ秒遅
延条件に比べて有意に強い脳活動が見られた．このことは，右下頭頂葉がロボ
ットハンド錯覚における自己身体感の生起にかかわっていることを示している．

フルボディ錯覚

　ラバーハンド錯覚やロボットハンド錯覚は，手に対する身体所有感や運動主
体感が自分以外の物体にも起こりうることを示すものであったが，身体全体に
対してもそういった錯覚が起こることが知られている．これをフルボディ錯覚
という．フルボディ錯覚では，実験参加者またはマネキンの後姿をビデオカメ
ラで撮影し，それを参加者が被っているヘッドマウントディスプレイ（HMD）
に提示する（図1-6）．この時，参加者自身の背中と参加者の前方に見えている
身体の背中（実際には参加者自身の背中）に同時に視触覚刺激を与えることで，
目の前の身体に対する身体所有感を引き起こすことができる（Ehrsson, 2007;
Lenggenhager *et al.*, 2007）．

　フルボディ錯覚には，前述のように自己身体を（やや後方の）離れた位置か
ら眺める「体外離脱型」（Ionta *et al.*, 2011）と，一人称視点で自己と他者の身
体を入れ替える「身体スワップ型」の二つがある．身体スワップ型のフルボデ
ィ錯覚では，実験参加者の HMD にマネキンなどの身体を一人称視点で表示
し，参加者とマネキンの胴体を同時にブラシでなでるなどすることによって実

現できる．これは基本的にはラバーハンド錯覚の場合と同じ脳メカニズムによって実現されており，運動前野と頭頂葉のネットワークが身体スワップ型の全身の身体所有感にも深くかかわっていることが示されている（Gentile *et al.*, 2015）．

　一方，体外離脱型のフルボディ錯覚では，自己の位置が身体所有感を感じている身体から乖離する点が特徴的であり，これにはラバーハンド錯覚や身体スワップ型のフルボディ錯覚とは異なる脳のメカニズムが関与する（Blanke & Metzinger, 2008）．オラフ・ブランケらのグループは，この自己位置感覚の変化を表現する脳部位を特定するために，「心的ボール落下課題」を作成し，この乖離の程度を測定した（Ionta *et al.*, 2011）．これは fMRI スキャナで横になった実験参加者に対して，その位置からボールを地面に落下させる様子を想像させ，地面に着地する時間を予測させるという課題である．この課題の前に，スキャナの中で HMD を通して仮想身体に対してフルボディ錯覚を起こさせると，身体が上方にあるように見える人と下方にあるように見える人に分かれる．その後に心的ボール落下課題を行うと，身体が上方にあるように見えたと報告したグループではボールの主観的落下時間が有意に増大し，逆に身体が下方にあるように見えたと報告したグループでは落下時間が減少した．これは心的ボール落下にかかる時間が，フルボディ錯覚を起こした対象の身体の位置に依存して変化することを示しており，この課題が身体位置のドリフトを測るのに有効であることがわかる．この錯覚量と相関する脳部位を調べたところ，左右の側頭頭頂接合部（temporo-parietal junction: TPJ）の活動が有意に関連していた．このことから，対外離脱における自己位置のドリフトには TPJ がかかわっていると考えられる．Blanke *et al.*（2002）は，手術中の患者の右 TPJ を電気刺激することによって体外離脱が誘発されることを報告しており，これとも整合性のある結果だと言える．

　筆者らは，バーチャルリアリティ（VR）空間内のアバターに対するフルボディ錯覚について，一人称視点と三人称視点（後ろ上方）の効果の違いを調べた（大塚＆嶋田, 2021）．実験参加者は，その場で足踏みを行うことによってアバターが街中を進む VR を体験した．その際，アバターの身体の動きと参加者の動きが一致している同期条件と，アバターの動きが参加者より 400 ミリ秒

以上遅れる非同期条件を用意した．その結果，運動主体感は一人称・三人称視点のいずれでも動きが同期していれば生起したが，身体所有感は一人称視点の同期条件でのみ生起した．この結果は，フルボディ錯覚においても身体所有感よりも運動主体感のほうが生起しやすいこと，また一人称視点のほうがフルボディ錯覚が起こりやすいこと，すなわち対外離脱型よりも身体スワップ型のフルボディ錯覚のほうが起こりやすいことを示している．

3　自己と他者の間身体性

バックプロジェクション

　ここまでラバーハンド錯覚やフルボディ錯覚がどのような場合に起こるかを説明してきたが，錯覚が生起した後に起こるいくつかの興味深い現象がある．たとえば，ケガをしたラバーハンドに対して錯覚を起こした場合に痛みを感じやすくなること（Osumi et al., 2014）や，錯覚を起こしたラバーハンドに氷を載せると自分の手も冷たくなったように感じられ，さらに実際に体温も低下すること（Kanaya et al., 2012）などが報告されている．これらはラバーハンド錯覚が生じることによって，その後の自己身体の感覚の処理が変容することを示している．

　筆者ら（Shibuya et al., 2018）は，ラバーハンドを模した実験者の手の映像を提示し，実験参加者に視触覚刺激を同時に与えることでラバーハンド錯覚を起こさせた．その後，不意にラバーハンド（実際には実験者の手）の指が左右に大きく開く様子を見せた．すると，参加者の手もつられて実際に動いたり，運動野に活動が見られたりした．しかし，ラバーハンド錯覚が起こっていない場合には，このような活動は見られなかった．

　これらの現象は，錯覚を起こした対象（ラバーハンド）の状態の変化が逆に主体の状態を変化させることを表しており，「バックプロジェクション（逆投射）」と呼ばれる．自己の身体イメージをラバーハンドへ投射（プロジェクション）することによって，逆向きの（ラバーハンドから身体イメージへの）影響が現れるのである．興味深いのは，ラバーハンド錯覚は視触覚を統合することで引き起こされるが，バックプロジェクションは視触覚のみならず，痛みや冷感，

運動にまで拡張されることである.
このことはラバーハンド錯覚が単
なる視覚と触覚の対応付けを行っ
ているのではなく，ラバーハンド
が自己身体の一部となるような形
で自己身体イメージを変容してい
ることを意味している.

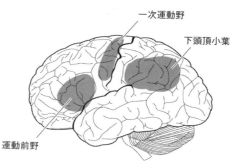

図 1-7　ミラーニューロンシステム

ミラーシステムと自己身体イ
メージ

　さて，ここで自己から少し離れて，他者を認識する時に自己身体イメージが
どのように関与しているかを見ておきたい.

　ミラー（ニューロン）システムとは，自己が運動する時だけでなく，他者が
同じ運動をするのを見た時にも活動する脳領野の総称であり，ヒトでは運動前
野，下頭頂小葉，一次運動野などが含まれる（図 1-7）.これらの脳領野は運動
の制御にかかわる領域なので，自己が運動をする時に活動することは妥当であ
る.しかし自己が運動をしていないにもかかわらず，他者の運動を見ただけで
運動関連の脳活動が起こるというのは興味深い.これは，何らかのメカニズム
で他者運動の視覚的入力が自己身体の運動情報へと変換されていることを意味
している.

　ミラーシステムが担っている認知機能についての主要な仮説の一つは，ミラ
ーシステムによって他者の運動や意図を深いレベルで理解することができると
いう「シミュレーション仮説」である（Rizzolatti, 2001）.他者運動を見ること
で自己の運動野が活動するということは，他者運動を自己の脳内運動表現を用
いてシミュレートしていることを示唆しており，それによって他者がなぜその
ような運動をするのかという意図を理解したり，その時にどのような気持ちや
感情を持っているかを，単なる視覚的な分析ではない深いレベルで「体験」し
たりすることが可能になる.シミュレーション仮説は，他者の認識には自己の
身体表現の活動が深く関与していることを示唆している.

ミラーシステムの特徴

　ミラーシステムは，他者の運動を見ればいつでも同じように活動するわけではなく，様々な要因によってその活動の強さが変化することがわかっている（嶋田，2019）.

　たとえば，ミラーシステムが運動の種類によって活動を選択的に変えることを示す研究として，参加者の運動レパートリーとミラーシステムの活動の関係を調べた研究がある．Calvo-Merino *et al.*（2005）は，動きが比較的似ているが異なる種類の身体の動き（バレエとカポエイラ）をそれぞれ専門とするダンサーの脳活動を計測した．すると，バレエを専門とするダンサーはバレエを見ている時のほうが，カポエイラを専門とするダンサーはカポエイラを見ている時のほうが，そうでない動きを見ている時よりもミラーシステムが有意に強く活動することを見出した．これらの結果は，ミラーシステムが自己の運動レパートリーに含まれる運動を観察している時のほうが，そうでない運動を観察している時よりも強く活動することを示している.

　一方で，ミラーシステムが運動の詳細よりも，他者の運動意図に対して選択的に活動することを示す研究も多い．たとえば，マリア・ウミルタら（Umiltà *et al.*, 2001）は，テーブルに置いてある物体に右手を伸ばしてつかむという運動（把持運動）をサルに見せた．予想通り，この時サルのミラーニューロンは活動を見せた．一方，物体を置いていないテーブルの上で把持運動の真似（パントマイム）を見せても，ミラーニューロンの活動は見られなかった．このことは，手の運動そのものに対してではなく，「物体を手でつかむ」という意味のある行為に対してミラーニューロンは活動することを示している．次にウミルタらは，テーブルの上の物体を見せた後に，その前に衝立を置き，サルから直接物体が見えないようにした．この状態で，実験者が把持運動を行うと，物体を手でつかむ場面はサルには見えなかったにもかかわらず，ミラーニューロンはまさに把持が行われるタイミングで活動することがわかった．最後に，衝立の裏に何もないことを見せた後に同様の運動を見せても，ミラーニューロンは活動しなかった．これらの結果は，サルは実験者が物体をつかんでいる様子を「想像」しながら実験者の運動を理解していたことを示唆している.

　ミラーシステムの持つもう一つの機能として考えられるのは，他者運動の模

倣である．模倣を行うためには，他者運動の視覚情報から自己の運動出力を生成しなければならない．マルコ・イアコボーニら（Iacoboni *et al.*, 1999）は，他者運動を模倣する時のほうが，他の視覚刺激を合図にして同じ運動をする時よりもミラーシステムが強く活動することを報告している．また Vogt *et al.*（2007）は，ギターのコードを押さえる動作を模倣させた時に，練習したことのあるコードよりも，練習したことのないコードを模倣するために他者の手を観察した時のほうがミラーシステムの活動が強くなることを報告している．これらの結果は，他者運動を模倣する意図を持って観察する時にはミラーシステムの活動が強まることを示しており，ミラーシステムと模倣の関連性を示すものであると言える．

ミラーシステムとバックプロジェクション

　前項で見たミラーシステムの活動が，様々な要因によって変化することを，ラバーハンド錯覚で見られたバックプロジェクションと関連づけて考察したい．自分の運動レパートリーに含まれている運動やその意図が明らかな運動，あるいは模倣するために運動を見ている時にミラーシステムが活動するということは，観察している他者の運動を自己の身体イメージを用いてシミュレーションを行っているということであり，ある種の自己と他者の一体化が起こっている状態だと考えられる．これはラバーハンド錯覚において，他者の身体（ラバーハンド）を自己の身体へ同一化している状態と極めて近いのではないだろうか．

　この状態でラバーハンドに変化（運動）が起こると，自己の身体もつられて動いてしまう（バックプロジェクション）．ミラーシステムの場合も同様に他者の身体運動を観察することで自己の運動（運動野の活動）が引き起こされる．そうすると，ミラーシステムの活動というのは，バックプロジェクションの特別な場合であると考えることができそうである．つまり「ラバーハンド」ではなく，「他者の身体」に自己身体イメージが投射されることによって，その身体運動が自己身体にバックプロジェクションされる．ミラーシステムの活動は，プロジェクションを他者身体へ拡張した結果として起こるバックプロジェクションであり，両者の脳メカニズムは同じであることが示唆される．実際に，ラバーハンド錯覚とミラーシステムにかかわる脳領野は運動前野—頭頂葉の運動

関連ネットワークであり，ほぼ一致している（前掲図1-2と図1-7を参照）．

　その意味で，われわれの自己身体イメージは決して自己の身体だけに閉じているのではなく，他者に対しても開かれているのだと言える．ラバーハンド錯覚などの自己身体錯覚は，自己身体の感覚や運動にマッチした別の身体を用意することで，自己身体イメージが別の身体に投射されるものであったが，ミラーシステムはむしろ自己身体イメージを他者に投射するものだと言える．いずれにしても，自己身体イメージは，機会があれば積極的に他の身体を取り込むメカニズムを備えているのであり，その意味では自己身体錯覚とミラーシステムのメカニズムは基本的には同じなのだと考えることができる．

4　物語的自己とアイデンティティ

物語的自己

　ここからは，ここまで述べてきた身体的自己としばしば対比的に扱われる物語的自己について取り上げる．ギャラガーは身体所有感と運動主体感から成る身体的自己（最小自己）の他に，時間的に拡張した自己の一貫性を与えるものとして物語的自己を挙げていることを，この章の冒頭で述べた（Gallagher, 2000）．自己の「物語（フィクション）性」については他にも多くの哲学者や研究者によって指摘されてきている（デネット，1998）．身体所有感や運動主体感はその時々での「現在」における自己感を与えるものであったが，より時間的に拡張された「過去」の記憶や「未来」への意志などを持った一貫性のある存在としての自己感もわれわれは持っている．この後者は感覚運動的にというよりはむしろ人生の「物語」として与えられている．物語は人生の連続性を感じさせるのに極めて有用であり，物語的自己を構成することによってわれわれは「時間を超える」能力を身につけたのだということもできる．

　われわれの身体が自己の源泉であることはここまで見てきた通りであるが，われわれは進化の過程で言語能力を獲得することによって，自己の物語を生成したり他者の物語を理解したりすることができるようになった．哲学者のダニエル・デネットは，物語的自己とはこのようにして集められた多くの物語の「重力の中心」であるとしている（デネット，1998）．ここで「重力」という用

語を使っているのは，様々な物語を布置した時にその中心として機能するものという意味である．これは，デネットの「私たちの物語的自己性は，私たちのお話の所産ではあっても，私たちのお話の源泉ではない」という主張にも表されており，自己が物語を紡ぎ出しているのではなく，むしろ集められた物語たちが逆にその重心として「自己」を措定しているということである．その意味では，物語的自己は確固とした土台を持ったものではなく，外からの影響を受けやすいのかもしれない．身体的自己が身体からの感覚入力という比較的頑健な基盤を持つこととは対照的である．

　哲学者のポール・リクールは，時間を超えた自己の同一性を作り上げるのは物語（フィクション）の働きだと述べている（リクール，1996）．感覚運動的な「経験」は時間とともに記憶から薄れていってしまうので，経験を確固としたものとするために，これまでに見聞きした「他者の物語」を援用して（無意識的に）「作話」をする必要が生じる．「作話」といってもゼロから作り出すのではなく，自分の経験に近い物語のひな型に自分の経験を切り貼りして当てはめていくイメージが近いだろう．われわれが映画や小説など，他者の物語を好んで視聴するのは，自分の物語的自己を確立するための「ひな型」を探しているのかもしれない．このようにして自分の経験と他者の物語を編み込んだ一つの「人生の物語」として作られたものが物語的自己であり，これによって自己は時間を超えた「物語的自己同一性」を獲得する．

　物語的自己同一性において，時間を超えた個人の同一性を担保するために重要なのは「性格」であり，これはその人物の「行為」の集合としてとらえられる（もちろん人生の中で性格は緩やかに変化していくものであるが，それについては置いておく）．この行為は「習慣」として蓄えられたものに加えて，個人や共同体の価値，規範，理想，模範，英雄などへの自己同一化を含む．この自己同一化とは「他者」への自己同一化であり，ヒーローや有名人に憧れるというのは，まさに他者へと自己を同一化することである．いずれの場合にも，「性格」は行為の集合だとしている点を強調しておきたい．ここでは身体的行為はもちろんのこと，言語活動や思考も広義の「行為」と考えてよい．このようにして得られた「性格」を時間軸に沿って展開することで，物語は繰り返し生成されていく．キャラクターが設定されれば，主人公は動き出し，物語はそこから始ま

るのである.

エピソード的シミュレーションとデフォルトモードネットワーク

　さて，ここでもう一度自己紹介について考えてみよう．この時の「自己」は物語的自己を反映しているはずである．自己紹介では，たとえば自分がいつどこで生まれたか，小さい頃に好きだったことは何か，これまでにどんなことに打ち込んでいたか，将来どんな職業に就きたいのか，などを話すだろう．この一つ一つが自分自身のライフストーリーを形成しており，物語的自己はこれらを含むものとなるはずである．そうすると物語的自己にとって，エピソード記憶が重要な役割を果たしていることがわかる．では物語的自己とエピソード記憶の関係はどのようになっているのだろうか．

　実は，エピソード記憶はわれわれの経験した事実そのものというわけではなく，エピソード記憶を思い出す時には，自分の都合のよいように，あるいは自分の経験の頻度に応じて，変形して思い出されることが知られている（再構成的想起）（高橋，2008）．また物語的自己に含まれるような将来の自分については，まだ経験していない「未来」の事項なのであるから，「エピソード記憶」ではない．

　ダニエル・シャクターらは，このような記憶をベースとした想像・変形や将来について考えることを「エピソード的シミュレーション」と呼んでいる（Schacter *et al.*, 2012）．たとえば，過去の出来事がこうであったらよかったのにと空想することや，近い将来こういうことが起こりそうだなど，実際とは異なる，あるいはまだ起こっていない出来事を，自らのエピソード記憶をベースとしてシミュレートすることを指す．物語的自己を構成する際に，エピソード的シミュレーションが重要な役割を果たしていることは十分に考えられる．

　エピソード的シミュレーションには，内側前頭前野と後部帯状回を中心としたデフォルトモードネットワークがかかわっていることが示されている（Addis *et al.*, 2009）（図1-8）．デフォルトモードネットワークは，マインドワンダリング，すなわち特段の目的を持たずに考えごとをしている時（レスティング状態ともいう）によく活動する脳領野であり，特定の課題を行い始めると活動が低下することが知られている（Raichle *et al.*, 2001）．エピソード的シミュレ

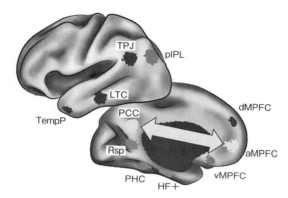

TPJ: 側頭頭頂接合部, pIPL (posterior inferior parietal lobule)：後部下頭頂小葉, LTC (lateral temporal cortex)：外側側頭回, TempP (temporal pole)：側頭極, PCC (posterior cingulate cortex)：後部帯状回, dMPFC (dorsomedial prefrontal cortex)：背内側前頭前野, aMPFC (anterior medial prefrontal cortex)：前部内側前頭前野, vMPFC (ventromedial prefrontal cortex)：腹内側前頭前野, Rsp (retrosplenial region)：脳梁膨大後部皮質, PHC (parahippocampal gyrus)：海馬傍回, HF+ (hippocampal formation)：海馬体.

図 1-8　デフォルトモードネットワーク（Andrews-Hanna *et al.*, 2010 を改変）

ーションとマインドワンダリングにかかわる脳領野が同じであるというのは示唆的であり，とりとめなく考えごとをしている時には自分の過去や未来のことを考えていることが多いという経験的事実ともよく符合する．

　デフォルトモードネットワークは，記憶の想起というよりはシミュレーションに関連していることも示されている．過去の記憶をそのまま思い出す時と，過去の記憶をもとに空想をする時の脳活動を調べてみると，空想をしている時のほうが内側前頭前野と後部帯状回の活動が強くなることが示されている（Schacter *et al.*, 2012）．この活動の強さは過去と将来の空想でほぼ同じであることも示されており，時間的な方向性よりもシミュレーション的な処理がかかわっているかどうかが重要であると言える．

記憶サブネットワークとメンタライジングサブネットワーク

　デフォルトモードネットワークには，内側前頭前野と後部帯状回の，いわゆるコアネットワークと呼ばれる二つの主領野の他に，サブネットワークと呼ばれる領野もかかわっていることが知られている（Andrews-Hanna *et al.*, 2010）（図 1-8）．一つは記憶サブネットワークと呼ばれ，側頭葉の内側部にある海馬近傍領域を中心とする領野である．これらの領野は記憶と関係しており，エピソード的シミュレーションにおける記憶へのアクセスに関連して活動すると考えられる．

もう一つはメンタライジングサブネットワークであり，側頭葉や側頭頭頂接合部（TPJ），背内側前頭前野など，メンタライジング（「心の理論」ともいう）にかかわる領野である．メンタライジングとは，「他者が何を考えているのか」を自分なりに理解・推測する認知能力である．他者は現実とは異なることを信じていることもあるが（誤信念），われわれは他者がそのような誤信念を持っていることを理解することもできる（「彼はあの時のことを誤解している」）．誤信念はチンパンジーも含めて動物には理解することができないと言われており（Call & Tomasello, 2008），ヒトでも4〜5歳になるまで誤信念を理解することはできない．このようにメンタライジングはヒトにおいて特に発達した高次の認知能力であり，メンタライジングサブネットワークは，エピソード的シミュレーションにおいて，他者の気持ちや意図を推測する時にコアネットワークと連携して活動すると考えられる．

物語的自己と身体的自己の関係

　ここで前述のデフォルトモードネットワークおよび二つのサブネットワークの脳領野は，身体的自己の脳領野（運動前野—頭頂葉ネットワーク）とほとんど重ならないことを指摘しておきたい（前掲図1-8を図1-2や図1-7と見比べてほしい）．これは物語的自己が，身体的自己とは異なる脳内基盤を持つことを表している．他者認知の観点からも同様のことが言え，他者の心的状態を推測するメンタライジングは，ミラーシステムによる自己身体イメージとの重ね合わせとは異なる他者認知能力であると言える．ミラーシステムとメンタライジングサブネットワークが運動から他者の意図を推測する時に結合が強まるなどの報告はいくつかあるが（Spunt & Lieberman, 2012; Sperduti *et al.*, 2014），物語的自己と身体的自己がどのように連携するのかについては今後の課題として残されている．

　物語的自己と身体的自己の違いはマインドフルネス瞑想の研究からも示唆されている．マインドフルネス瞑想とは，呼吸や身体などに意識を集中させることによって雑念をなくしていく瞑想法である（貝谷他, 2016）．Hasenkamp *et al.*（2012）は雑念（マインドワンダリング）が起こっている時にはデフォルトモードネットワークが活発化しているが，マインドフルネス瞑想で自分の身体へ

意識を向けさせることによって，その活動が鎮静化することを報告している．この結果は，身体的自己へと意識を集中させることによって，物語的自己の活動が弱められた結果とも考えられ，両者の関係性を考察する上で興味深い．マインドフルネス瞑想のベースとなっている仏教において，自己（ここでの物語的自己）とは実体のないもの（＝空）であると説かれていることも示唆的である．

マインドフルネス瞑想はうつ病などの治療法としても注目されている（Kabat-Zinn *et al.*, 1992；貝谷他，2016）．このような心の病が物語的自己の不全に起因するものだと考えれば，その活動を低下させることによって症状を緩和できることはありうるだろう．筆者らも比較的短期間の呼吸の瞑想によってデフォルトモードネットワークの活動を低下できること（Trova *et al.*, 2021）や，呼吸，ボディスキャン，歩行，慈悲の瞑想を組み合わせた 4 週間のオンライン瞑想トレーニングでうつ傾向を有意に低減できることを示している（橋本他，2022）．物語的自己に何らかの不調が現れた時に，身体的自己を前面に意識させ，物語的自己を鎮静化することの治療的意義については，さらなる研究が望まれる．

物語的自己とアイデンティティ

物語的自己と関連の深い言葉として「アイデンティティ」がある．アイデンティティとは，「過去・現在・未来にわたって時間的連続性をもっているという個別的で主観的な自分自身が周囲の人々から見られている自分自身や社会的関係の中での自分自身に合致しているという自信や安定感」を表す概念である（谷，2014）．この定義の前半部分は，物語的自己とほぼ同義であり，自分自身の一貫したライフストーリーとしての物語的自己を持っていることだと理解できる．後半部分は，この物語的自己が他者から見られている自分の像と一致しているという「自信や安定感」ということになる．そうするとアイデンティティにとって，物語的自己を持つことは必要条件ではあるが十分条件ではなく，自分の物語的自己が他者にも承認されることがさらに要求されていると言える．平たく言えば，自分自身がこうだと思っている人物像と，他者から自分はこうだと思われている（と思っている）人物像とが一致していることが，アイデンティティの確立には必要とされる．

アイデンティティの概念は，フロイト派の社会心理学者エリク・エリクソンによって提唱された（エリクソン，2017；上野，2005）．ジグムント・フロイトの理論では，自我は意識的な主体として措定されるが，自己には無意識の部分（「エス」）も含まれるので，自我は自己の一部に過ぎない．エリクソンはこの自我と自己の関係についての考察を深める中で，自我が自己を把捉しようとし，そこに自我と自己の「同一性」が見出された（と自我が感じている）ものを表す概念として，「アイデンティティ」を提唱した．

エリクソンのアイデンティティは，主に青年期に獲得されるものである．それまではあまり意識してこなかった「アイデンティティ」の未熟さに気づき，「アイデンティティ危機」が訪れる．それに続いて，自己のアイデンティティを形成する時期が来るが，一般的にはアイデンティティを形成するのにはそれなりの時間を要する．アイデンティティの形成は青年期の一大仕事であると言える．

アイデンティティの形成において，エリクソンが重視するのは信頼できる他者の存在である．アイデンティティ（identity）は「同一化（identification）」と語源を一にする．同一化とは，ここでは他者との同一化である．つまりアイデンティティとは，暫定的には他者との同一化によって得られるものとされる．自らの身の回りにいる，または尊敬している大人に自分を同一化することによって，ひとまずはそれを自らのアイデンティティとするのである（カール・ユングの「ペルソナ」とも関連の深い考え方であるが，紙幅の都合でここでは説明を省略する）．

この同一化は，これまでに述べてきたミラーシステムやメンタライジングの働きを介して行われると考えられる．ミラーシステムは他者の行為を身体的に取り込み，メンタライジングは他者の意図や状況を認知的に取り込む．たとえば「学生」としてのアイデンティティは，周囲の学生がどのようにふるまうかを自己に同一化することによって獲得される．社会人になれば，同様に周囲のふるまいを同一化することによって「社会人」となる．リクールが指摘したように，性格とは行為の集合だとすれば，行為の取り込みこそが同一化の本質と言えるだろう．

このようなモデルとなる他者へ自己を「同一化」する際に，エピソード的シ

ミュレーションおよびミラーシステムは中心的な役割を果たすと考えられる．たとえば自分が警官であったらどのような行動を取るだろう，と考える時には，自らの物語的自己と自分の知っている警官のエピソードとを混ぜ合わせたエピソード的シミュレーションが，デフォルトモードネットワークによって遂行される．あるいは目の前に警官がいれば，ミラーシステムによってその動きのシミュレーションがなされるだろう．このようにわれわれは，自分にとって重要な他者の「性格（行為の集合）」や「物語」を蓄えておき，それを用いたシミュレーションを行いながら，自分の物語的自己すなわちアイデンティティの材料を生み出していくのだと考えられる．

　このように様々な他者と同一化していく中で，自分の中にいくつかの暫定的なアイデンティティが形成される．ではアイデンティティというのはこれらの多数の同一化の総和となるのだろうか．エリクソンは以下のように述べている．「青年期の終わりに確定される最終的なアイデンティティは，過去に出会った人物たちとの個々の同一化を超越したものである．それはすべての重要な同一化を包摂しているが，同時に，独特の，合理的な一貫性を持つ全体を形作るために，それらを変化させてもいる」（エリクソン，2017, p. 197）．つまり，同一化された個々の（仮の）アイデンティティは一つの統一化された自己へと凝結していくが，この混ざり合い方はその人独自のものであり，これがその人の「個性」としてのアイデンティティとなる．これはデネットが物語的自己は複数の他者の物語の「重心」だと述べている部分とも重なってくる．エリクソンの考えるアイデンティティの形成過程とデネットの考える物語的自己の形成過程はかなりの部分オーバーラップしているように見えるが，両者とも漠然としたアイデアにとどまっており，むしろこのようなプロセスが脳のどのようなメカニズムによって実現されるのか，その詳細を解明していくことが認知脳科学の今後の課題であると言える．

他者からのアイデンティティの承認
　さて，先に述べたように，アイデンティティには物語的自己を確立するという側面だけでなく，それが他者によって認められているということの自覚も含まれる．ここではこの後者について考えてみたい．自分自身の作り上げた物語

的自己が，他者からも承認されているという自信や安定感はどのようにして得られるのだろうか．

エリクソン（2017）は次のように述べている．「青年たちのアイデンティティ形成には，応答され，その青年の漸進的な成長と変化が，その人にとって重要な意味をもつようになった人々にも重要な意味をもつという仕方で，一人の人間としての機能と地位が与えられることが，重要なのである」（p. 190）．これは他者であれば誰でもよいというわけではなく，自分が重要と思っている他者から承認されることが重要だということを表している．このように互いに承認し合うことを「相互承認」という（ホネット，2014）．

他者からの承認には様々な形態があるが，賞賛などのいわゆる「社会的報酬」に関しては認知脳科学的な知見が蓄えられてきている（Izuma *et al.*, 2008; Ruff & Fehr, 2014）．これらの知見が示していることは，われわれは他者からの賞賛や社会的な名誉を受けた時に，食べ物やお金を受け取った時と同じように「報酬系」と呼ばれる脳領野が活動するということである．すなわち，社会的報酬はわれわれ人間にとっては最も基本的な報酬の一つであるということを示している．社会的報酬がアイデンティティの形成にどのようにかかわってくるのかはまだ十分にわかっていないが，今後の研究を進めていく上で重要な手がかりとなる知見だと言える．

完成されたアイデンティティ

最後にアイデンティティが完成した状態について，エリクソン（2017）の文章を引用したい．「最適なアイデンティティ感覚は，単に心理・社会的に満足している感覚（ウェルビーイング）として経験される．この感覚に付随するものとして最もわかりやすいのは，自分の身体の中に心地よくくつろいだ感じ，『自分がどこに向かうか，わかっている』という感覚，自分が重要と思う人々から期待した通りに承認してもらえたという内なる確信である」（p. 202）．

この中の「自分の身体の中に心地よくくつろいだ感じ」というのは，身体所有感，運動主体感を適切に保てているということだと言える．アイデンティティの完成に，身体的自己が確立していることが含まれるという指摘は興味深い．「『自分がどこに向かうか，わかっている』という感覚」は，自分の人生の目標，

すなわち将来の自己像が適切に形成されていることを意味しており，ここでは
エピソード的シミュレーションによる未来の自己像の形成が欠かせない．最後
に「自分が重要と思う人々から期待した通りに承認してもらえたという内なる
確信」については，相互承認としての社会的報酬を適切に享受していることが
含まれる．このように，アイデンティティの形成にかかわる諸要素は認知脳科
学の射程内にあり，今後の研究による詳細の解明が望まれる．

　一方で，SNSや仮想現実世界を含めた複数の環境で自己を演じ分けること
が当然となった現代では，アイデンティティが複数化，断片化することもあり
える（溝上，2016）．必ずしもこれらを一つに統合せずに通常の生活を送ってい
る個人もおり，アイデンティティは必ず統合されなければならないのか，ある
いは複数のアイデンティティは互いにどのように影響し合うのかということは
今後検討すべき課題である．また，長寿化によって人生のライフステージがこ
れまでよりも多様化し，人生の適切な時期に「学び直し」を行うことによって，
アイデンティティの再構築・アップデートが頻繁に行われるようになることも
考えられる．そのようなアイデンティティの可塑性についての研究も今後必要
となるだろう．

引用文献

Addis, D. R., Pan, L., Vu, M. A., Laiser, N., & Schacter, D. L. (2009). Constructive epi-
sodic simulation of the future and the past: Distinct subsystems of a core brain net-
work mediate imagining and remembering. *Neuropsychologia, 47*, 2222–2238.

Andrews-Hanna, J. R., Reidler, J. S., Sepulcre, J., Poulin, R., & Buckner, R. L. (2010).
Functional-anatomic fractionation of the brain's default network. *Neuron, 65*, 550–
562.

Armel, K. C., & Ramachandran, V. S. (2003). Projecting sensations to external objects:
Evidence from skin conductance response. *Proceedings of Royal Society of London B,
270*, 1499–1506.

Blakemore, S. J., Frith, C. D., & Wolpert, D. M. (1999). Spatio-temporal prediction
modulates the perception of self-produced stimuli. *Journal of Cognitive Neuroscience,
11*, 551–559.

Blanke, O., & Metzinger, T. (2008). Full-body illusions and minimal phenomenal self-
hood. *Trends in Cognitive Sciences, 13*, 7–13.

Blanke, O., Ortigue, S., Landis, T., & Seeck, M. (2002). Stimulating illusory own-body
perceptions. *Nature, 419*, 269.

Botvinick, M., & Cohen, J. (1998). Rubber hands 'feel' touch that eyes see. *Nature, 391,* 756.

Brozzoli, C., Gentile, G., & Ehrsson, H. H. (2012). That's near my hand! Parietal and premotor coding of hand-centered space contributes to localization and self-attribution of the hand. *Journal of Neuroscience, 32,* 14573–14582.

Call, J., & Tomasello, M. (2008). Does the chimpanzee have a theory of mind? 30 years later. *Trends in Cognitive Sciences, 12,* 187–192.

Calvo-Merino, B., Glaser, D. E., Grezes, J., Passingham, R. E., & Haggard, P. (2005). Action observation and acquired motor skills: An fMRI study with expert dancers. *Cerebral Cortex, 15,* 1243–1249.

Caspar, E. A., Cleeremans, A., & Haggard, P. (2015). The relationship between human agency and embodiment. *Consciousness and Cognition, 33,* 226–236.

Daprati, E., et al. (1997). Looking for the agent: an investigation into consciousness of action and self-consciousness in schizophrenic patients. *Cognition, 65,* 71–86.

デネット, D. C. 山口泰司 (訳) (1998). 解明される意識 青土社

Ehrsson, H. H. (2007). The experimental induction of out-of-body experiences. *Science, 317,* 1048.

Ehrsson, H. H., Spence, C., & Passingham, R. E. (2004). That's my hand! Activity in premotor cortex reflects feeling of ownership of a limb. *Science, 305,* 875–877.

エリクソン, E. H. 中島由恵 (訳) (2017). アイデンティティ――青年と危機 新曜社

Gallagher, S. (2000). Philosophical conceptions of the self: Implications from cognitive science. *Trends in Cognitive Sciences, 4,* 14–21.

Gallagher, S. (2005). *How the body shapes the mind.* Oxford University Press.

Gentile, G., Guterstam, A., Brozzoli, C., & Ehrsson, H. H. (2013). Disintegration of multisensory signals from the real hand reduces default limb self-attribution: An fMRI study. *Journal of Neuroscience, 33,* 13350–13366.

Gentile, G., Bjornsdotter, M., Petkova, V. I., Abdulkarim, Z., & Ehrsson, H. H. (2015). Patterns of neural activity in the human ventral premotor cortex reflect a whole-body multisensory percept. *NeuroImage, 109,* 328–340.

Haggard, P. (2017). Sense of agency in the human brain. *Nature Reviews Neuroscience, 18,* 197–208.

Haggard, P., Clark, S., & Kalogeras, J. (2002). Voluntary action and conscious awareness. *Nature Neuroscience, 5,* 382–385.

Hasenkamp, W., Wilson-Mendenhall, C. D., Duncan, E., & Barsalou, L. W. (2012). Mind wandering and attention during focused meditation: A fine-grained temporal analysis of fluctuating cognitive states. *NeuroImage, 59,* 750–760.

橋本直美・トロヴァ, S.・嶋田総太郎 (2022). マインドフルネス瞑想オンライントレーニングコースの開発とその有効性の検証 認知科学, *29*(2), 190–206.

ホネット, A. 山本啓・直江清隆 (訳) (2014). 承認をめぐる闘争――社会的コンフリクトの道徳的文法 (増補版) 法政大学出版局

Iacoboni, M., et al. (1999). Cortical mechanisms of human imitation. *Science, 286,* 2526–

2528.

Ionta, S., *et al.* (2011). Multisensory mechanisms in temporo-parietal cortex support self-location and first-person perspective. *Neuron, 70,* 363–374.

Ismail, M. A. F., & Shimada, S. (2016). 'Robot' hand illusion under delayed visual feedback: Relationship between the senses of ownership and agency. *PLoS One, 11,* e0159619.

Ismail, M. A. F., & Shimada, S. (2018). Inferior parietal lobe activity in visuo-motor integration during the robot hand illusion. *Psychology, 9,* 2996–3006.

Ismail, M. A. F., & Shimada, S. (2019). Activity of the inferior parietal cortex is modulated by visual feedback delay in the robot hand illusion. *Scientific Reports, 9,* 10030.

Izuma, K., Saito, D. N., & Sadato, N. (2008). Processing of social and monetary rewards in the human striatum. *Neuron, 58,* 284–294.

Kabat-Zinn, J., *et al.* (1992). Effectiveness of a meditation-based stress reduction program in the treatment of anxiety disorders. *American Journal of Psychiatry, 149,* 936–943.

貝谷久宣・熊野宏昭・越川房子（2016）．マインドフルネス――基礎と実践　日本評論社

Kanaya, S., Matsushima, Y., & Yokosawa, K. (2012). Does seeing ice really feel cold? Visual-thermal interaction under an illusory body-ownership. *PLoS One, 7,* e47293.

Lenggenhager, B., Tadi, T., Metzinger, T., & Blanke, O. (2007). Vide ergo sum: Manipulating bodily self-consciousness. *Science, 317,* 1096–1099.

溝上慎一（2016）．青年期はアイデンティティ形成の時期である　梶田叡一・中間玲子・佐藤徳（編），現代社会の中の自己・アイデンティティ（pp.21–41）　金子書房

Osumi, M., Imai, R., Ueta, K., Nobusako, S., & Morioka, S. (2014). Negative body image associated with changes in the visual body appearance increases pain perception. *PLoS One, 9,* e107376.

大塚一輝・嶋田総太郎（2021）．VR 環境下でのフルボディ錯覚における遅延視覚フィードバックの影響　知能と情報, *33*(3), 657–662.

Raichle, M. E., *et al.* (2001). A default mode of brain function. *Proceedings of National Academy of Sciences of the United States of America, 98,* 676–682.

リクール，P.　久米博（訳）（1996）．他者のような自己自身　法政大学出版局

Rizzolatti, G., Fogassi, L., & Gallese, V. (2001). Neurophysiological mechanisms underlying the understanding and imitation of action. *Nature Reviews Neuroscience, 2,* 661–670.

Ruff, C. C., & Fehr, E. (2014). The neurobiology of rewards and values in social decision making. *Nature Reviews Neuroscience, 15,* 549–562.

Sato, A. (2008). Action observation modulates auditory perception of the consequence of others' actions. *Consciousness and Cognition, 17,* 1219–1227.

Sato, A., & Yasuda, A. (2005). Illusion of sense of self-agency: Discrepancy between the predicted and actual sensory consequences of actions modulates the sense of self-agency, but not the sense of self-ownership. *Cognition, 94,* 241–255.

Schacter, D. L., *et al.* (2012). The future of memory: Remembering, imagining, and the brain. *Neuron*, *76*, 677–694.

Schafer, E. W., & Marcus, M. M. (1973). Self-stimulation alters human sensory brain responses. *Science*, *181*, 175–177.

Shibuya, S., Unenaka, S., Zama, T., Shimada, S., & Ohki, Y. (2018). Spontaneous imitative movements induced by an illusory embodied fake hand. *Neuropsychologia*, *111*, 77–84.

嶋田総太郎（2019）．脳のなかの自己と他者──身体性・社会性の認知脳科学と哲学　共立出版

Shimada, S., Fukuda, K., & Hiraki, K. (2009). Rubber hand illusion under delayed visual feedback. *PLoS ONE*, *4*(7), e6185.

Shimada, S., Suzuki, T., Yoda, N., & Hayashi T. (2014). Relationship between sensitivity to visuotactile temporal discrepancy and the rubber hand illusion. *Neuroscience Research*, *85*, 33–38.

Sperduti, M., Guionnet, S., Fossati, P., & Nadel, J. (2014). Mirror neuron system and mentalizing system connect during online social interaction. *Cognitive Process*, *15*, 307–316.

Spunt, R. P., & Lieberman, M. D. (2012). Dissociating modality-specific and supramodal neural systems for action understanding. *The Journal of Neuroscience*, *32*, 3575–3583.

Synofzik, M., Vosgerau, G., & Newen, A. (2008). Beyond the comparator model: A multifactorial two-step account of agency. *Consciousness and Cognition*, *17*, 219–239.

Synofzik, M., Vosgerau, G., & Voss, M. (2013). The experience of agency: An interplay between prediction and postdiction. *Frontiers in Psychology*, *4*, 127.

高橋雅延（2008）．心理学入門コース 2　認知と感情の心理学　岩波書店

Takahata, K., *et al.* (2012). It's not my fault: Postdictive modulation of intentional binding by monetary gains and losses. *PLoS ONE*, *7*, e53421.

谷冬彦（2014）．自我・アイデンティティの発達　後藤宗理他（編），新・青年心理学ハンドブック（pp.127-137）　福村出版

Trova, S., Tsuji, Y., Horiuchi, H., & Shimada, S. (2021). Decrease of functional connectivity within the default mode network by a brief training of focused attention on the breath in novices. *bioRxiv.* doi: 10.1101/2021.02.09.430388.

上野千鶴子（編）（2005）．脱アイデンティティ　勁草書房

Umiltà M. A., *et al.* (2001). I know what you are doing: A neurophysiological study. *Neuron*, *31*, 155–165.

Vogt, S., *et al.* (2007). Prefrontal involvement in imitation learning of hand actions: Effects of practice and expertise. *NeuroImage*, *36*, 1371–1383.

Wegner, D. M. (2002). *The illusion of conscious will.* The MIT Press.

Yoshie, M., & Haggard, P. (2013). Negative emotional outcomes attenuate sense of agency over voluntary actions. *Current Biology*, *23*, 2028–2032.

身体性認知科学における言語研究の射程

佐治伸郎

1 はじめに

認知科学と言語

　認知科学は，心の働きを情報処理の観点から明らかにしようとする学問領域である．多くの認知科学の入門書には，認知科学の勃興期における主要な学問領域として哲学，心理学，情報科学，言語学が挙げられており，認知科学において，言語学，さらに言語に関する情報科学的・心理学的研究はその中核をなしていたことが推し量れる．一方で，言語のどのような側面に研究の焦点が当てられるかについては，認知科学の主要な関心の変遷とともに，大きくゆれ動いてきた．

　たとえば，「レモン」という語の意味を考えてみよう．「レモン」という語の意味を知らない人にそれを伝えようとする時，多くの日本語話者は「柑橘系の果物で，みかんみたいな味がするけどもっと酸味が強くて，黄色くて……」などと説明するだろう．言葉の意味を，言葉を用いて説明する，もしくは「色」や「味」など属性の集合として表現するという記述は，国語辞典の記述がそうであるように，意味の記述として最も一般的なものの一つである．しかし見方を変えれば，レモンの意味はそれだけではないという人もいるかもしれない．「レモン」という言葉を聞いた時，すっぱい味が記憶から思い起こされ，口の中で唾液が出たりするではないか．このように，ある語を見たり聞いたりした時に身体に起こる感覚運動的な反応も，レモンの意味にかかわってくるのではないかと考えることもできるだろう．これもまた経験的な事実であり，受け入れることができる「レモン」の意味かもしれない．さらに，筆者は経済学部出

身の友人が中古通販サイトでの買い物の話をしていて，別の友人に「レモンだからね」と話しているのを聞いたことがある．最初，筆者はそれが何を意味しているのかわからなかったが，後から聞くところによると経済学の世界では，買い手にとって情報が不足している物品市場のことを慣習的に「レモン」というらしい[1]．この場合，話し手と聞き手の間には共有を期待されている知識がある．そして，それがその場において二人のみの間で共有可能な情報であったことが，その場の参与者間に社会的な線引きをするという行為としての語の運用を成立させたのだが，このような機能もまた，言語の意味の側面としてとらえることができるかもしれない．

これらの例は，すべて言語の意味や機能に関する一つの側面をとらえており，それぞれが認知科学の研究史の変遷の中で研究者の関心を集めてきた．最初の例は，言語の意味を記号の差異体系としてとらえ，素性表現として意味を表すという，認知科学の記号主義的アプローチにおいて採用された主要な意味のモデルである．2番目の例は，意味を感覚運動シミュレーションに基づく反応の一部としてとらえているが，これは身体性認知科学の立場から支持されている意味観と言える．最後の例は，文脈に埋め込まれた社会的・文化的機能に注目しており，機能主義的な言語観に基づいていると言えるだろう．言語は，人間の心の働きに強く根づいているために，言語研究は認知科学的研究の関心の変遷の影響を特に鋭敏に受けているのである．

本章の目的

本章では，本書全体のテーマでもある身体性認知科学に主眼を置き，その中で言語をテーマとした研究がどのように位置づけられているのかを整理し，今後の課題を探ることを目的とする．以下では次のように論を進める．まず続く第2節と第3節では，今日的な認知科学における言語研究の問題を整理するため，これまで認知科学において言語がどのように扱われてきたのかについて振り返る．特にここでは，認知科学勃興期の記号主義から身体性認知科学に至る

---

1) これは，もともとはレモンの皮が分厚く，外見だけでは中の状態がわかりづらいことの比喩からくるもので，対義語は「ピーチ」なのだそうだ．

までの言語研究の扱いを概観する．第 4 節では，第 1 節の議論の延長として，言語と身体性の問題が現代の認知科学においてどのように理解されているかを論じ，さらにその課題について考える．第 5 節では，この分野における古典的話題である色彩語の意味の成立基盤をケース・スタディとして考えてみたい．

2　「特殊な」言語

行動主義批判と言語

　行動主義心理学への挑戦として始まった認知科学の勃興期において，言語は最も注目を集めた分野の一つであったことに疑いの余地はない．その理由は，一言で言えば，人間の様々な行動を眺めた時，言語が「特殊」だったからであろう．言語はその「特殊」さゆえに，生物一般の学習の原理を取り扱おうとしていた行動主義心理学一般にとっては非常に扱いにくいテーマだったのに対し，一方で認知科学，情報科学にとって非常に相性のよい特徴を有していたのである．

　まず，認知科学が勃興したきっかけの一つともいえるヒクソン・シンポジウムにおいて，行動主義への最初の挑戦状をたたきつけたのはジョン・ワトソンの教え子であったカール・ラシュレーである．彼は，「行動の系列的秩序の問題」(*The problem of serial order in behavior*') と題した発表において，インディアン・クリーの言語と英語との文法比較という言語の問題から講演を始めている（Lashley, 1951）．当時心理学の主流であった行動主義的研究において中心であったのは，動物の行動学習メカニズムの解明であり，言語の文法などの複雑な話題を扱うのは極めて異例なことであった．ラシュレーは，1950 年代当時，言語が大脳皮質の特徴である統合機能を顕著に表していることを指摘し，その上で，言語の機能は刺激と反応をつなぐ静的なシステムでは説明できないこと，さらに心理学はこの問題に取り組んでいかなければならないことを主張した．

生成言語学

　ラシュレーの講演が行動主義に対する認知科学からの批判の先鋒であったとするならば，その後の認知科学の進むべき道を決定づけたのは，言語習得に関

するノーム・チョムスキーの問題提起である．行動主義心理学の重鎮であった
バラス・スキナーは，主著の一つである "Verbal Behavior" の中で，言語習得
について言及している（Skinner, 1957）．スキナーは人間の言語行動（verbal be-
havior）を，他者の媒介を通して強化される行動としてとらえた．たとえば，
子どもがある時，養育者との発話における「だっこ」を模倣したとする．そし
てこの時，発話の聞き手による養育者によって，実際にだっこするというやり
とりが高頻度で繰り返されると，子どもは，だっこしてもらうためのオペラン
ト行動として発語を用いることを学習する．このような聞き手の反応による選
択的強化によって，様々な語や文などを含む様々な言語行動の習得が説明でき
るとスキナーは論じた．

　このような学習理論に対するチョムスキーの批判は強力である（Chomsky,
1959）．第一に，子どもが強化学習によって言語を習得するのであれば，子ど
もの話す語や文は，周りの大人が話す語や文と同じものに限定されたものにな
るはずである．しかし，実際はそうではない．子どもも大人も，人間は，以前
には聞いたことがない文を創造的に，生産的に産出する．第二に，人間は，そ
のように創造的に産出された文に対して，それが正しい文なのか間違っている
文なのかということを，文法的知識を用いて直感的に判断することができる．
たとえば，'Colorless green ideas sleep furiously' という新奇な文を（皮肉な
ことに今や世界で最も有名な例文だが）初めて聞く英語話者は，この文が文法的に
は正しいことを即座に判断できるが，この文が何を意味しているのかを理解で
きない．われわれがこのような直感を抱くという経験的事実は，人間が他の言
語的知識とは区別された形で文法的知識を持ち，判断を行うことを示唆してい
る．第三に，チョムスキーは，行動学習によってこのような直感的判断ができ
るようになるためには，学習に必要なインプットの量が決定的に少ないことを
指摘した．日常的な会話において，大人はいつでも文法的に正しい文ばかり産
出しているわけではないし，子どもの発話が文法的に正しくないことを教示す
ることも少ないのである．

　このような状況下においても，人間は生産的で創造的な文法的知識を持つこ
とから，チョムスキーはこの知識は生得的に組み込まれている可能性を指摘し
た（普遍文法：universal grammar）．チョムスキーの着想は，それまで主に音韻

や形態の正確な分類や記述が中心であった言語学のミッションを，人間が心的に持ち合わせている「特殊」な言語知識がどのようなものかを説明するという認知科学的問題へと転換し，心理学と言語学を巻き込んだ新しい生成言語学の研究プログラムを展開した．この生成言語学のアプローチは，言語を言語行動としてでなく，抽象的で少数の規則体系として説明することを目指しており，同じく人間の行動自体ではなく心の働きの記号論理的な表現を目指していた初期の認知科学に対して，大きな影響力を持つことになった．

　ラシュレーもチョムスキーも，行動主義心理学が研究対象として十分に扱うことのできなかった「言語」というテーマを皮切りに批判を展開し，認知科学という分野の勃興に貢献した．「言語」における意味の統合機能や生産性，学習可能性の問題は，行動主義が目指してきた生物の学習一般の特徴としての一般化がしづらく，人間にとっての心の働きを想定しなければ明らかにされない性質だったと言える．

言語的知識の構造

　初期の認知科学は，人間の心を表現するための方法として，計算機のアナロジーに基づく記号表現を用いた．現在，記号主義（symbolism）と呼ばれるこのアプローチは，初期の認知科学において多大な成功を収めた[2]．少なくとも初期の認知科学の目的は心の働きを表現することにあり，記号論理的表現はそのための最も重要な方法であった．このような中にあって，記号としての言語的知識の解明は認知科学の中心的題材であったのである．

　記号主義的アプローチの中でも，牽引的役割を果たしたのはやはり生成言語学のアプローチだろう．たとえば，生成言語学の初期の理論である標準理論では，実際に表出される文章の背後には，どのような構造がどのような規則に基づいて存在しているのか，またそのような構造がさらにどのような規則に基づいて実際に表出されるかたちへと変形されるのかという問題が設定され

---

2)　なお，ここでキーワードとなる「記号」とは，計算の対象となる均質的で安定した情報のまとまりのことを指している点には注意されたい．記号主義における「記号」の意味は，コミュニケーション研究などで用いられる形式―意味のペアとしての「記号」とは異なり，この点はしばしば議論の錯綜を招く（谷口，2020）．

(Chomsky, 1957)，個別言語に関する規則が数多く記述された．このことは，言語の機能の一部を抽象的な規則の集合として表現することが可能であること，また規則の集合によって表される言語知識の領域特殊性を示すことに一定の成功を収めた．一方，標準理論では規則があまりにも増えすぎた結果として，そのうちどれを普遍文法と見なすかという判断が難しくなった．そこで，以降の生成言語学では，原理とパラメータのアプローチに代表されるように，少数の生得的制約を想定した上で個別の言語現象を説明しようとする演繹的アプローチの色を強めていった（Chomsky, 1982）．

　意味的側面に関しても，記号論理的な表現による記述は広く受け入れられ，中でも素性表現は主要な方法論となった．たとえば，冒頭に挙げた例のように，「レモン」の意味を「黄色」の色をし，「果実」に属し，「柑橘類」の一種であるというような素性として表現することは，「みかん」や「りんご」との類種関係や差異関係を明らかにし，意味領域全体の構造を表現することを可能とする．そしてこの差異こそが，それぞれの項目の意味と見なされるわけである．生成言語学における意味部門では，このような意味素性が少数の生得的な属性で構成されていることが仮定され，その構造を探ることが主要な研究テーマとなった（Kats & Foder, 1963）．また，必ずしも生得的な言語的知識を想定していない言語研究者にとっても，素性による意味の表現は方法論として受け入れられていた．というのも，社会の成員間に共有が期待された知識をラングとしてとらえ，言語学の研究対象に据えるというフェルディナン・ド・ソシュール以来の伝統が言語学には浸透していたためである．すなわち，言語学には言語の音韻や形態，意味などの様々な領域において，その構造を要素間の差異の体系としてとらえようとする構造主義的な思想的素地があり，記号間の差異を表現するのに適した素性表現は容易に受け入れられた．このようなアプローチは構造言語学（structural linguistics）として，長く意味論の主流にあったのである（e.g., Lyons, 1977）．

意味のネットワークモデル

　心理学的研究においても，記号間の差異関係に基づく意味の表現は，様々な理論的，実験的研究に受け入れられた．その代表的なものの一つは，言語の意

味を記憶（意味記憶）としてとらえ，その構造をネットワークとして表現する，意味ネットワーク（semantic network）のモデルだろう．この分野の古典的研究である Collins & Quillian（1969）では，言語の意味が記憶の中で階層的な構造を有していることを示した．階層的な構造とは，動物―鳥―カナリアのような分類学的な構造であり，上位概念の持つ属性を下位概念は継承することが可能である．このアラン・コリンズらの実験では，「カナリアは鳥である」「カナリアは動物である」といったような文の正誤判定にかかる反応時間を測定し，階層関係が近いほう（「カナリアは鳥である」）の正誤がよりすばやく判断できることを示した．このことは，意味記憶内における「カナリア」と「動物」，「カナリア」と「鳥」の間には，異なる距離が想定できることを示唆している．さらにこの考え方を進めた活性化拡散モデルでは，意味関係を全体―部分関係や所有関係などの様々な関係性に基づいて表現しており，それぞれの関係性を距離で表現している（Collins & Loftus, 1975）．活性化拡散モデルでは，ある一つの意味が処理されると，距離関係が近い他の意味を活性化させることが予測されており，言語のプライミング効果の理論的素地を提供するものとして多くの心理言語学的研究において受け入れられた．このような種々のネットワークモデルにおいても，やはり言語の意味を記号間の差異関係（距離）というかたちで表しており，記号主義的，構造主義的な意味観が根底にあると言えるだろう．

3　「特殊ではない」言語

記号接地問題

　ここまで述べてきたように，記号主義的なアプローチは，言語の統語規則の構造や意味の構造を明らかにすることに大きな貢献をした．このような構造に基づく知識の表現は，その知識の体系内部における関係によって意味の表現が完結している点が特徴である．一方，1970年代になると，その限界もまた指摘されるようになり，身体性認知科学の視点が取り入れられるようになった．身体性認知科学については他章にて詳細に触れられているので，ここで深くは立ち入らないが，大まかに言えば，心の働きを，認知主体が生きる世界との様々な関係の中でとらえようとするアプローチである．ここでは，言語分野に

おいてこの議論がどのように受け入れられてきたかを，記号接地問題を切り口に考えてみたい．

　記号接地問題（symbol grounding problem）は，Harnad（1990）によって提起された，記号主義的な認知観の限界に関する指摘であり，記号と身体の関係について多くの議論を巻き起こしてきた問題提起である．この問題の主張は，記号の演算をいくら繰り返しても，それが世界における何と結びつくのかが明らかにならないということである．たとえば，たしかに「レモン」の意味を，「みかん」や「りんご」との差異関係として表現することは記号的な演算によって可能である．しかし，それがわれわれの経験する一体何であるのかという問いの答えには，記号の演算を繰り返してもたどり着くことができない．スティーヴン・ハルナッドによれば，この状況は，人間が自分の知らない言語の辞書を眺めることに似ている．知らない言語の辞書を読む時，われわれにできるのは，何を指し示しているかわからない形式（i.e., 文字のかたち）の羅列を追うことだけである．ハルナッドは，記号主義的アプローチはまさにこの状況にあることを指摘した．

　もしこの状況が打開されることがあるとすれば，形式のうち何か一つだけでも，それが実世界の感覚運動的経験と接地（ground）されなければならない．つまり，実際に世界におけるレモンを見たり，さわったり，味わったりした感覚運動的経験と「レモン」という語が何らかの方法で結びつくことによって，「レモン」と「みかん」の差異関係や「レモン」と「柑橘類」との関係が意味づけされる道が開けるのである．記号接地問題は，アモーダルな表象としての記号演算を中心的な研究対象としていた認知科学に対して，その外側にある身体や環境との関係を問い直すきっかけとなった．すなわち，その記号論理的な表現と相性がよいという特性から，身体や物理的・社会的環境から切り離されてとらえられがちであった「特殊」な言語を，「特殊」ではない，より一般的な心の働きからとらえ直そうという動きへとつながったのである．

言語と感覚運動シミュレーション

　一口に身体性認知科学と言っても，何を「身体」としてとらえるかという視点の違いにより，その研究対象や手法も幅広い[3]．そこで本章では，その中で

も感覚運動シミュレーションの反映としての言語観・意味観を打ち出した諸理論に注目してみよう.

　身体と記号との関係を説明する影響力の強い理論の一つは, ローレンス・バーサローの知覚記号システム (perceptual symbol system) であろう (Barsalou, 1999). この理論では, 個々の経験において賦活する神経活動から構成される知覚記号 (perceptual symbols) が, 推論や言語などの高次の認知プロセスの基盤として働くことを予想する. 知覚記号は過去に刺激に対して起こった感覚運動的な反応が長期記憶に記銘されたものであり, 記憶への記銘時の選択的注意の働きによって, 色, 形, 音, においなど, 複数のモダリティを含んでいる. これらの知覚記号は, シミュレータによって必要に応じまとめあげられ, 言語や推論などを含む各種の認知活動に利用される. このため, 知覚記号システムによって表現される知識は, 静的な安定した記号的表象ではなく, 状況に応じて動的に構築されるものであり, また感覚運動経験を模した要素を多分に持つことになる.

　Glenberg & Kaschak (2002) もまた, 言語の意味の身体論的な側面を論じるに当たって重要な研究だろう. アーサー・グレンバーグらは, 文章を理解する際, 認知主体の意識下において感覚運動情報のシミュレーションが喚起されることを実験的に示した (行為文一致効果：action-sentence compatibility effect). まず, この研究は, シミュレーションの効果を検討するための実験パラダイムを提供し, 後続の研究を数多く生み出した点に大きな貢献があると言えるだろう. 一方, 行為文一致効果それ自体については, 近年の研究において再現性が確保できないという報告が相次いでいる (Papesh, 2015; Morey et al., 2022). 元論文の著者グレンバーグを含め大規模な事前仮説審査つきのマルチラボ共同追試を行った Morey et al. (2022) では, 世界の 18 のラボにより行為文一致効果の検討がされたが, どのラボでも効果は検出されなかった. この結果に Morey et al. (2022) は, 少なくとも Glenberg & Kaschak (2002) の方法で得られた結果は信頼できるものではなかったことを結論づけつつ, 言語処理にお

---

3)　たとえばフランシスコ・ヴァレラは, 認知科学で扱うべき「身体」について, 主観的な経験の構造としての身体と, 世界をとらえる認知機構としての物理的身体という二つの身体について言及し, その循環を重視している (Valera, 1991).

ける身体性の効果すべてが否定されたわけではないことを主張している．このような追試および反証の動きは，一つの理論が何をどこまで説明し予測可能なのかという，身体性認知科学に限定されない心理学の理論研究一般に通じる重要な問題を提起している．

　行動実験だけでなく，脳機能イメージング研究も，言語的意味が具体的な感覚運動情報に支えられていることを示してきた．Pulvermüller *et al.*（2001）では，動作動詞を理解する際に賦活する脳領域を調査したところ，kick という動詞を読む場合には運動前野における足に対応する領域が，lick という動詞を読む場合には舌に対応する領域が賦活したことを報告している．また，Martin *et al.*（1995）は，物体画像を見てその色を答えさせる場合と，物体の名称を見てその色を答えさせる場合の双方において，色知覚に関与する領域に近接した部位である腹側側頭葉が賦活することを報告している．このような報告もまた，言語の意味が身体論的基盤を持つことの証左として見ることができるだろう．

認知言語学

　言語学分野においても，認知言語学（cognitive linguistics）の立場に立つ研究者は，意味や統語を含む言語的知識は，感覚運動経験に動機づけられていることを主張した．その嚆矢としての役割を担った Lakoff & Johnson（1980）の概念メタファー理論（conceptual metaphor theory）では，一見抽象的に見えるような概念や言語的知識も，より具体的な感覚運動経験に基づく知識から類推されることによって成立することを主張した．たとえば，「社会」や「愛」，「人生」などの語が参照している意味は，直感的には非常に抽象的で，感覚運動経験からは離れているように思える．しかし，概念メタファー理論では，このような抽象的概念も，いくつかのより具体的な知識を基盤として理解されていると考える．たとえば，私たちは日常的な経験として「上」や「下」などの対称的な方向性について理解しているが，この方向性はそれだけが独立の特徴次元として経験されるわけではない．たとえば，人間は健康であれば立って歩くため目線は上向き，体調不良であれば座ったり寝込んでしまったりして目線は下に向く．このように上下の方向性は，人間の日常的な身体的感覚と密接に結

びついている．概念メタファー理論では，人間はこのような経験に基づき，「よいことは上」「悪いことは下」といった，方向に関する概念メタファー（orientational metaphor）を有していると考える．このために，「社会的に上りつめた」「社会的に落ちこぼれた」といった表現が可能となり，またこのような表現を通して，社会的地位のような抽象的概念の理解も可能になると考える．このような概念メタファーの心理的実在性は，心理学研究によっても広く検討されている（e.g., Gibbs, 1992）．

　また，Langacker（1987）の認知文法（cognitive grammar）は，言語現象を言語以外の一般認知プロセスの観点から説明することを試みる，独自性の強いアプローチである．認知文法は，語彙や文法など従来の言語学的区分の間に明確な区別をせず，あらゆる言語体系を形式―意味の対として一般化してとらえる象徴的文法観（symbolic view of grammar）の立場をとる．つまり，語が音（形式）と意味との対によって成立するように，文法もまた特定の語配列（形式）と，その形式が担う意味の対として考えられ，両者は本質的に連続的であり，同じ説明装置を用いることが可能と考えるのである．このことを踏まえた認知文法のミッションは，音韻構造，意味構造，そして両者の対として成立する象徴構造はどのようなものか，それぞれの構造がどのようにスキーマ化されていくのか，また構造どうしはどのようなカテゴリー関係にあるのかを明らかにすることである．つまり，形式と意味の対としての語や文法が，実際の言語運用を繰り返す中でどのように定着し，抽象化されながら関係づけられているのかを説明することを目指す（このアイデアは，第4節にて述べる言語の統計モデルのアプローチと整合している）．このようなアプローチは，統語や意味などの言語的知識を，実際の言語使用から創発するものと考えるという点で，用法基盤モデル（usage based model）と呼ばれる．Tomasello（2003）では，この用法基盤モデルの観点に基づき，子どもの文法的知識がどのようにして場面限定的な運用から次第にスキーマ化された状況横断的な運用へと発達していくのか，その過程を論じている．

4 言語的知識と身体

強い身体性と弱い身体性

　心理学，言語学を巻き込んだ身体性認知科学の隆盛を経て，現在では言語的知識が身体的基盤を持つことを疑う研究者はいないであろう．しかし，身体的基盤がどの程度，どのように言語的知識に貢献しているかということに関しては，研究者によって議論が分かれる部分もある．たとえば，現在まで提出されてきた言語にかかわる身体性認知科学の研究は，必ずしも感覚運動シミュレーションに基づいているとは言えない，記号的な特徴を持つ表象をどれくらい許すかという点について，それを全く認めない立場と，一定程度認める立場とに議論が分かれる（レビューとして，Mahon, 2015；望月，2015など）．中でもMahon（2015）は，それぞれを「強い身体性」（strong embodiment）と「弱い身体性」（weak embodiment）として呼び分ける．以下では，それぞれの主要な考えについて見ていこう．

強い身体性——運動と言語

　「強い身体性」は，言語的知識を含む高次の認知処理を感覚運動シミュレーションと同一のものと見なし，記号的表象を認めない立場である．ブラッドフォード・マホンは，純粋にこの立場に属する研究は少ないことを認めながらも，前述のグレンバーグらにより提唱されている，運動をベースとした言語的知識のモデルがそれに近いことを指摘する（Glenberg, 1999; Glenberg & Gallese, 2012）．たとえば，Glenberg（1999）では，語や句が担う意味は，具体的行為のシミュレーションとして表現できることを主張する．このモデルでは，言語的意味は常に何らかの「対象」（objects：ここでは眼前にある具体的事物だけではなく，対象から類推される表象や知覚シンボルも含む）へと索引化（index）される．そして語や句，文の理解に際しては，索引化された「対象」からアフォーダンス，すなわちその対象と結びつく行為に関する情報が取り出され，それらがかみ合わせられる（mesh）[4] ことにより，感覚運動シミュレーションとして文の理解が達成される．たとえば，「太郎がイスに上って電球を替える」という文

の理解を考えてみよう．ここではまず「太郎」，「イス」，「電球」などの語レベルのまとまりが「対象」となり，索引化される[5]．続いて「対象」のそれぞれがアフォードする内容（e.g.,「イス」に対して行われる，「座る」「上る」といった行為や，「電球」に対して行われる「はめる」「つける」といった行為）が組み合わされ，「調整」されることによって，文の意味が理解される．

　さらに，Glenberg & Gallese（2012）では，このような運動ベースの言語モデルの神経科学的基盤を，運動制御のモデルである MOSAIC（module switching and identification for control）（Haruno & Kawato, 2003）を拡張して説明することを試みている（action-based language）．MOSAIC モデルは予測器（predictor）と運動の制御器（controller）の対からなる複数のモジュールから構成される．このようにモデルを構成することで，複雑な状況において最も予測精度の高いモジュールが選択され，モジュールごとに学習が行われることにより，様々な環境変化に適応した運動を実現することができる．グレンバーグらは，構音運動を制御するブローカ野と，他者の行動を自分の行動としてシミュレートするミラーシステムが脳内での活動領域を重ねることから（Fadiga et al., 2006），語の構音運動とその語が指し示す運動とが結びついたモジュールを提案した．このモジュールにおいて，制御器によって引き起こされる構音動作はその語に対応した運動を予測させ，また「上る」「はめる」などの実際の運動はその運動に対応した語の構音動作を予測させる．このようなモジュールを通じ，運動制御と予測を行いながら環境に適応した学習が進むことで，言語的知識は運動に接地したものになるとグレンバーグらは主張する．

言語と身体をめぐる二重乖離

　グレンバーグらの議論では，運動制御システムと言語の理解・産出システム

---

4)　Glenberg（1999）は，この過程を mesh と表現しており，単純な結合を意味する integrate や combine とは異なることを強調しているが，ここでは「かみ合わせる」という訳語を用いる．

5)　もし，この時に話し手の指差しなどで眼前のイスが指し示されていればそのイスが「対象」となるし，そうではなく単に文を読んでいるだけの状況であれば，聞き手の長期記憶に記銘された「イス」の知覚記号が「対象」となる．

が同じ方法で表現されており，両者を明確に区別しないという点で「強い身体性」に属すると考えられる．しかし，言語理解と知覚シミュレーションとを完全に同一のものと見なすことは，他領域の研究成果と突き合わせた場合，整合性が取れない部分もある．たとえば脳機能障害などの臨床研究の結果は，このような理論による予測と整合しない場合も多い．具体的には，マホンが指摘するように，感覚モダリティの処理に障害がある場合であっても，言語の意味の記号的側面についての理解に大きな影響が見られない二重乖離を見せる症例の報告は多いのである（Mahon, 2015; Binder & Desai, 2011）．たとえば，「りんごって何色？」と聞かれてその答えを導き出す時，「強い身体性」の立場に立つならば，りんごを見たりさわったりした運動が想起され，そこから色やかたちを答えることができると想定するだろう．ところが，Shuren et al.（1996）の報告する症例では，色を知覚したり認識したりすることができないある色覚異常の脳損傷患者が，「りんごって何色？」という質問に「赤」と答えることができていた．また，大槻（2014）は，「りんご」という単語を示された時に，「果物」の一種を指し示す単語であることは漠然とわかるが，具体的にどのようなものであるかはわからない症例を報告している．このような事例では，具体的なりんごに関する感覚運動経験を想起できずとも，記号的関係に基づく理解——すなわち「りんご」が「果物」と類種関係にあるという理解や「りんご」が「赤い」という属性の理解——が可能であることを示している．さらに，Siuda-Krzywicka et al.（2019）は，有彩色に対する名づけが選択的に阻害されたある脳卒中患者の症例を報告している．この患者は，有彩色に対する色彩語による名づけをすることができないものの，色の分類など非言語的な課題に関しては問題がないという乖離を抱えていた．これは感覚モダリティ処理と言語的処理の二重乖離の事例に当たり，両機能が脳内に独立して存在する可能性を示唆している．実際に，この患者に対してマルチモーダルMRIを行いその病変の詳細を調査したところ，この患者は左後側頭葉領域に病変があり，色に関する情報を処理する視覚関連領域と，右半球の言語関連領域との接続が阻害されていたことが明らかになった．

　このような症例を，言語処理と運動シミュレーションを同一視する理論で説明することは難しい（ただし，この議論に関する反論として，Glenberg, 2015など）．

このようなことから，現在の身体性認知科学の研究の多くは，この「弱い身体性」の立場をとっているとマホンは論じる．

言語の形式的分布の中にある意味

「弱い身体性」とは，高次認知の処理過程の中に一定の記号的表象を認める立場である．ここで言う記号的表象には，これまで記号主義的なアプローチによって示されてきた構造，たとえば意味の素性表現や意味ネットワークのようなモデルが想定されるが，近年ではそれに代替して，言語の統計情報に基づく言語的知識のモデルが取り上げられることが多い．そこで本項ではまず，言語の統計モデルについて概説しよう．

言語の統計モデルは，実際に使われた話し言葉や書き言葉の形式（e.g., 音や表記）における統計的分布の中から，意味ある構造を取り出すことを目的とするモデルである．これまで人間の統計学習能力について，人間は乳児期から，環境における統計分布情報に敏感で，自発的に様々なパターンを発見できることが多くの研究で示されてきた．たとえば，この分野の代表的な研究の一つである Saffran *et al.* (1996) の実験では，生後8カ月の乳児は音の遷移確率を手がかりとして，音列から単語の区切りを抽出できることを示した．また，Smith & Yu (2008) の実験では，ある語音がどのような物体と共起し，またどのような物体と共起しないかという確率的な差異が，乳児が語音と意味の対応関係を見つけ出す重要な手がかりとなっていることを示した．このような研究の成果は，環境における情報の中から特定のパターンを発見することが，われわれの言語的知識の構築に大きく貢献していることを示している．

また，言語の形式的分布の中に，意味の構築にとってどれだけ有用な情報が潜んでいるのかという点に関しては，計算言語学の成果を参照するのがわかりやすいだろう．たとえば，LSA (latent semantic analysis: Landauer & Dumais, 1997) では，ある単語がどのような文脈で表れたかをもとにして，意味の類似関係を表現する．具体的には，様々な言語運用において現れる「りんご」という語は，「パイ」や「ジュース」，または「食べる」などといった語と同じ文脈で使われることのほうが多いだろう（直接的共起）．また，「りんご」と「みかん」は直接同じ文脈の中で共起することは少ないかもしれないが，「りんご」

も「みかん」の双方とも「果物」という語と共起することは多いだろう（間接的共起）．前者の共起からは「食べ物」としての「りんご」や「パイ」などの類似関係を取り出すことが可能であるし，後者の共起からは「りんご」や「みかん」の「果物」としての類似関係を取り出すことが可能である．このように，言語の統計モデルは語と語の共起関係から語や文章間の類似性を計算することによって，従来，意味ネットワークモデルにおいて示されてきた構造を表現することを可能にする．このような言語の統計モデルに関する研究は1990年代以降盛んに検討され，現在までにLDA（latent Dirichlet allocation: Blei *et al.*, 2003）やWord2Vec（Mikolov *et al.*, 2013）など，非常に多様なモデルが提案されている．さらに，このような統計モデルに基づいて抽出される文や語の意味的距離は人間の評定実験の結果と重なることが多いことから，その心理的妥当性についても注目を集めている（猪原・楠見，2011; Landauer & Dumais, 1997; Hill *et al.*, 2016）．

弱い身体性——身体と言語のハイブリッドモデル

「弱い身体性」が想定している，感覚運動シミュレーションを伴わないような記号的表象には，前述のような言語の統計モデルに基づく表現が含まれる．この「弱い身体性」に属する議論として，まずバーサローが2008年に提案した言語と状況シミュレーションの理論（language and situated simulation: LASS）が挙げられる．このモデルでは，処理される速度は速いが表層的な形式処理にとどまる言語的処理（linguistic processing）と，速度は遅いがより深く個別状況に根づいたマルチモーダル情報を引き起こす状況シミュレーション（situated simulation）の二つのシステムを区別した議論を行っている（Barsalou, 2008）．われわれが言語的な入力を得た時に，まず立ち上がるのは言語的処理である．たとえば，「りんご」という語を聞いた時に，まず「果物」や「みかん」など，「りんご」から統計的に関連づけられやすい語が想起される．続いてこのような想起される語を指標とし，「りんご」や「みかん」に関する感覚運動シミュレーションが喚起される．バーサローの提案では，これらの二つの処理は課題により，それぞれの貢献の度合いが異なる．たとえば，ある語が新奇語かどうかを判断させる単純な語彙決定課題（lexical decision task）の

ような場合であれば，言語的処理のみで対応できる．一方，「『バナナ』は『サル』の属性に当たるかどうか」のような意味に踏み込んだ判断の場合には，言語的処理だけでは判断が難しい．なぜならば，たしかに「バナナ」と「サル」は言語的分布における共起頻度は高く，両者は同時に想起されやすいのだが，それだけで両者の関係が何に基づいているのかを同定することはできないためである．両者の関係がどのような属性の関係なのか——部分—全体関係なのか類種関係なのか——という点を判断するには，さらに踏み込んだ感覚運動シミュレーションが必要になるとバーサローは考える．

　マックス・ロウェルズも，自身らが提案する記号相互依存仮説（symbol interdependency hypothesis）の中で，言語的統計情報に着目する（Louwerse, 2008, 2010）．記号相互依存仮説では，言語理解は参照対象のマルチモーダルな感覚運動的表象を含むという点で身体論的でもあるが，記号間関係を操作することで達成されるという意味では記号的であると主張する．たとえば，「太郎はそのみずみずしい『アカツキ』をもいで，ザクっと丸かじりにした」という文を読む場合，もし「アカツキ」を知らない読み手であれば，新奇語である「アカツキ」はどのような経験にも基づいていない．しかし，それでも「アカツキ」は言語的文脈の中で他の語との関係を示されることで，それが果実であることや，手にとれるくらいの大きさのものであったりするだろうということなどの意味づけがされる．つまり，言語間の関係をとらえる処理と，感覚運動シミュレーションによる処理との共同によって，語や文の理解が可能になると考えるのである．

　実際に，Louwerse *et al.*（2015）では，言語の意味が感覚運動的なシミュレーションのみでなく，言語的統計情報にも基づいていることを，次のような研究で示した．この研究では，言語処理過程における感覚運動シミュレーションの効果を検討した 126 の実験を対象に，その効果量の違いが何によってもたらされるのかについてのメタ分析を行った．一般に，意味処理における身体性の効果を探ることを目的とした研究では，行為文一致効果を検討する研究がその典型であるように，身体に基づく条件を説明変数とし，語や図版の判断などに要する反応速度や正答率を被説明変数とすることが多い．たとえば，「屋根裏」（attic）や「地下室」（basement）といった語の意味判断をさせるような課題に

おいて，「屋根裏」をモニター上に，「地下室」をモニター下に提示した場合と，その逆の場合とでは，前者のほうが喚起される感覚運動的経験と一致した処理になるために早く判断できるという予測をする（Zwaan & Yaxley, 2003）．しかし，この効果が観察されたとしても，感覚運動シミュレーションとは異なる説明が可能かもしれない．たとえば，「屋根裏」と「地下室」は，言語的な入力頻度においてもこの順序で言及されることが多い．多くのケースにおいて，方向性は上から下に言及されることが多く，逆のケースは稀なのである[6]．このような入力上の頻度差は，身体性以外の要因として実験の結果を左右する要因となりうる．ロウェルズらが，収集された身体性研究の結果にこのような言語的要因を追加して再分析したところ，多くの研究において，身体性要因よりも言語的要因が結果の効果量に強い影響を与えることを示した．興味深いことに，プライミング課題のような即時反応が求められるような課題では，感覚運動情報の寄与が特に小さいものになっていた．このような結果は，言語処理において，感覚運動的シミュレーションと言語的統計情報に基づく処理過程とが混在していること，また課題の種類に応じてそれぞれの寄与の程度が異なることを示唆している．

　ここまで示してきたように，従来，アモーダルな記号的表象として表わされていた意味のモデルは，現在では言語の統計モデルによって，外界の形式的分布の中に基盤を与えられている．興味深いことに，ハルナッドの記号接地問題において外国語の辞書を引き続ける学習者は，形式の羅列の中に一定の意味を見出すことがたしかに可能なのである．現在の言語をめぐる身体性研究は，このような統計情報と，感覚運動シミュレーションとの関係がどのようなものかを問うステージに入っていると言えるだろう．

5　ケース・スタディ──色彩語の意味の基盤

　ここまで，感覚運動シミュレーションと記号的表象の関係を明らかにしよう

---

6)　言語的な入力にこのような順序性があることそれ自体もまた身体性に起因する可能性はあるが，少なくともそれは上下の感覚運動シミュレーションとは区別して論じる必要があるだろう．

とする現代の身体性認知科学の問題について議論した．本節では，この問題を具体的なケースとともに考えるために色彩語の意味領域を取り上げる．色彩語は色を参照対象とする語で，日本語であれば「赤」「青」「黄」などの語が相当する．この色彩語の意味の基盤をどこに求めるかという問題は，人類学や言語学，心理学をまたいで非常に長い間議論の対象になってきた．つまり，色彩語の意味が，人間の持つ一般的な色知覚のカテゴリーに基づいていると考える立場と，当該文化の話者に引き継がれてきた文化的慣習に基づいていると考える立場とが，激しい論争を繰り広げてきたのである．

　この論争は，本章でここまで述べてきた身体性認知科学における議論とも関係が深い．すなわち，色彩語の意味が，人間が持つ知覚可能な色のカテゴリーを直接的に反映しているものと想定するならば，その意味は色を知覚する感覚運動経験からボトムアップに構築されることになる．一方，文化的慣習としての側面を強く持つのであれば，色彩語の意味は社会的なインプットを通じて言語的な構造や統計的分布に触れることにより構築されていくことになる．

　以下では，これまでの色彩語に関する研究成果が，現代の身体性認知科学的な問題意識とどのように関係づけられるかを考察する．まず，色彩語の意味を人間が持つ色知覚のカテゴリーの影響を強く受けると考える立場と，文化的慣習の影響を強く受けると考える立場がこれまでどのような主張を行ってきたかを紹介する．これらの主張を踏まえて，色彩語の研究がどのように身体性認知科学に貢献するかを考察する．

色彩語の普遍性──バーリン・ケイ階層と焦点色

　色彩語の普遍性と個別性の問題において理論的に重要な古典は，ブレント・バーリンとポール・ケイの著書である *Basic color terms*（Berlin & Kay, 1969）だろう．バーリンとケイはこの報告の中で，あらゆる言語の色彩語彙の分布は生理学的に制約されていることを主張した．彼らは，マンセル色票に基づく 329 のカラーチップを用い，様々な言語話者がどのようにこれらのチップを呼び分けるかを調査した．この結果，多くの言語において，色彩語が参照する色は相当程度一致していることが明らかになったのである．彼らは多くの言語において区別される色を焦点色（focal colors）と呼び，これらの色が生理学

的に制約されていること，また世界の色彩語のバリエーションやその発達の機序がこの焦点色を中心に分布していることを主張した．その後，現在に至るまで，多くの研究がこのような焦点色の存在と，それに基づいた色彩語の分布を検討してきている．たとえばテリー・レジエらは，"*Basic color terms*" 以降，焦点色に関する議論が西欧社会と近接した社会の言語を対象とした検討を中心としているという批判に応えるため，西欧社会と接触が少ない言語を対象とした調査を行い，やはりそのような言語にも平均的に焦点色と呼べる分節点があることを主張している（Regier *et al.*, 2005）．

　また，より近年では，言語習得以前の乳児の色知覚を調査することにより，焦点色の存在を検討するものも多い．乳児の色知覚の古典的研究である Bornstein *et al.*（1976）は，馴化―脱馴化法を用いて，乳児が焦点色をどのように認識しているかを調査した．この実験では，生後4カ月の乳児が特定の基準色（e.g., 赤）に対して馴化した後，次に見せる2種の刺激色に対し，注意が回復するかが検討された．2種のうち一方の色は，基準色と同じ色名で大人が名づけるが，最初の色とは波長が $3.4\,\mathrm{cd/m^2}$ 離れた色 A であり（e.g., 赤2），もう一方の色は色 A と同じだけ基準色から波長が離れているが，基準色とは異なる基礎色名（e.g., 黄色）で呼ばれる色 B であった．実験の結果，色 A と色 B は波長の上では等距離，基準色から離れているのにもかかわらず，乳児は色 B の場合のみ注意を回復した（色相上の違いだけではなく，明度／彩度も乳児が区別するという報告として，Franklin *et al.*, 2004 など）．また Yang *et al.*（2016）は，生後5〜7カ月の乳児を対象に，NIRS（近赤外線分光法）を用いた調査で，焦点色をカテゴリカルに知覚している証拠を提出している．この研究でも，乳児はある色名で呼ばれる色（e.g., 緑）を示された後，それと異なるカテゴリーの色（e.g., 青）を示された際には後頭側頭領域に賦活が見られたが，最初に示された色とは異なる色であっても同じカテゴリーに属する色（e.g., 緑2）を示された際にはその傾向は見られなかった．これは大人の反応と同じものであり，これらの結果をもって，色知覚は言語とは独立に発達する可能性が主張されている．さらに Skelton *et al.*（2017）は，乳児の色の弁別に要する反応速度が，それぞれの色の網膜上の処理の異なりを説明変数としたモデルによって説明可能であることから，色のカテゴリー形成には種に特有の生理学的基盤が存在す

ることを提案している.

　このような色語の普遍性に関する議論は，言語相対説への批判，およびエリック・レネバーグやチョムスキー以来の言語の生物学的基盤への証拠として取り上げられることが多い（e.g., Evans, 2014）.　一方で，強い身体性と弱い身体性という観点から眺めた場合には，これらの研究は，言語的意味の成立において母語の構造よりも感覚運動的カテゴリーが主導的な役割を担うことを主張しており，この意味で強い身体性の議論を支持する証拠を与えている.

色彩語の個別性——文化に根づいた意味

　一方で，色彩語の意味が焦点色のような生理学的基盤だけでは説明できないことを主張する研究も少なくない.　この立場に与する研究者は，色彩語の体系は，話者の生活する物理的環境や文化に根づいていることを指摘する（e.g., Wierzbicka, 1996）.　まず，世界の言語を見渡せば，そもそも色という言語の意味領域の存在自体が自明なものではない.　たとえば，Conklin（1955）が報告するフィリピンのハヌノー社会では，色という属性が独立して語彙化されるのではなく，明度と湿気によって分類されていることが報告されている.　また，Levinson（2000）によって報告されるパプアニューギニアのロッセル島の人々により話されるイェリ・ダニエ語も，やはり色という特定の属性を直接参照する語はなく，物体の表面を参照する語彙しか持たないとされる.　色彩語を多く持つ日本語話者からすると想像しにくいかもしれないが，たとえばこの言語で物体の色を尋ねたければ，「その物体の表面はどのようであるか」という表現がされ，また話者がそれに答えて色を参照する場合には，多くの場合，色彩語ではなく「木の葉」（緑色）など，物体の表面特性を通じた比喩が用いられる[7].

　さらに，福井（1991）により報告されたエチオピアの部族であるボディの言語による調査は，色彩語と文化との関係を考えるのに非常に興味深い事例の一つだろう.　ボディの人々にとって色を表す語に最も近いのは「アエギ」という語であるが，やはりこの語も厳密には色だけではなく，物体の表面の性質であ

---

7)　英語の orange や，日本語の「水色」がそうであるように，色彩語が具体的な物体名からの借用となっている例は少なくない.

る模様を含む概念である．福井は，ボディの人々の色や模様に対する分類は驚くほど精緻でかつ迅速であり，またその多くの部分が彼らの生活に切り離せない存在である牛の模様と深く関係していることを明らかにした．ボディの人々は，牛の模様の表れ方に関する非常に系統だった知識——それも当時の遺伝学の水準を上回るほどに正確な知識——を集団として有しており，そしてその知識が色や模様の分類に色濃く反映されている．たとえば，命名・分類課題において，ボディの人々は色や模様のいくつかのグループを迅速に指し示し，「同じルーツを持つ」（ボディの言語では「ガニヤ」と呼ばれる）と判断する．これは，そのような色と模様が共通の祖先から発現する牛の模様であるという遺伝学的知識に基づいている．このような事例は，ボディの人々にとっての色彩語の意味が，明らかに生理学的基盤以上のものを含んでいることを示している（逆に言えば，西欧的な文化圏の影響下に生きるわれわれにとって，色という属性が文化的に焦点化されやすいものであると言えるのかもしれない）．

　言語個別性に関する議論でも，色彩語の習得過程の特殊性をもって，焦点色の寄与を批判する研究は多い．その特殊性の一つは，色彩語彙の習得の難しさである．というのも，もしも生得的なカテゴリーである焦点色が色彩語の習得に大きな役割を示すのであれば，そのカテゴリーを生まれ持った子どもにとって意味の習得は容易なはずである．しかし実際には，色彩語の習得は子どもにとって非常に難しく，試行錯誤に膨大な時間を要する過程であることを多くの研究が示してきた．たとえば，Rice（1980）はまだ色彩語の習得が始まっていない子どもに対して，行動学習の手法を用いて正しい色彩語の意味を学習させる実験を行った．red の例を挙げれば，様々なかたちの赤いモノを見せて色名をたずね，その正誤にかかわらず red というフィードバックを行った．この結果，正解の反応を得るのに平均して 85 回の試行が，さらに赤いモノに対して red と答え，緑のモノに対して green と答えるのには平均して 800 回の試行が，赤，緑，黄色のモノに対して正しい色彩語の意味を習得するのには平均 1000 回以上のフィードバックを要したのである．

　習得の難しさのみならず，習得の順序もバーリンとケイの予測する順序通りに進むわけではないことも知られている．Pitchford & Mullen（2002）は，2〜5 歳の英語母語児を対象に，色名を聞いた上で色を選ばせる理解課題と，色

を提示し色名を答えさせる産出課題の二つの課題を用いて，子どもの色彩語の習得順を調査した．この実験において子どもの正答は，色の特性によってではなく，産出か理解かという課題の種類，および言語年齢によって左右されていた．また Berlin & Kay（1969）の予測によれば，焦点色の中でも特に知覚的顕現性が高いとされる主要な焦点色（primary colors：「赤」「緑」「青」「黄」「白」「黒」）の習得順序に関しても，他の焦点色（「紫」「ピンク」「茶色」「灰色」）との間に，習得の早さについて有意な差は見られなかった．

　色彩語の習得順序の言語間差に関しても，多くの研究報告がある．デビ・ロバーソンらは，英語を母語とする子どもと南西アフリカの言語であるヒンバ語を母語とする子どもに対して，色彩語を習得する時期を調査するために 3 年間にわたる追跡調査を行った（Roberson *et al.*, 2004）．ここで子どもたちは，知っている語の名前を挙げる，提示されたカラーチップの色名を答える，色名からそれに対応するカラーチップを選ぶという課題に 6 カ月おきに答えた．この追跡データから子どもの色彩語の習得過程を検討した結果，英語とヒンバ語，両母語児ともに，語彙の習得順に関しては個人差が大きく，一貫した習得順は見られなかった[8]．また興味深いことに，どちらの言語の子どもも，一語でも色彩語を知っている子どもであれば，焦点色に関する語をよりよく記憶することができていた．このことからロバーソンらは，色のカテゴリーは生得的というより，経験的に習得される側面が強いこと，また色彩語の習得が色の知覚に影響を与える可能性があることを指摘している．

知覚と意味の関係

　色彩語の意味の普遍性を主張する立場，個別性を主張する立場の双方の報告をまとめると，まず色を離散的に弁別するための知覚的・感覚運動的基盤はたしかに存在するようだ．しかし同時に，このような基盤が存在するにしても，それが直接，言語的意味と結びつくわけではなく，意味の成立は個別言語の影響を強く受けることもまた確からしい．実際に，近年の色彩語の習得過程を調

8）　この研究において一点，大きく見られた共通性は，英語母語児の 'brown' と 'gray' の習得が遅いことであった．

査した研究は，そのいずれもが，子どもは色彩語習得の非常に早い段階から，母語の影響を非常に強く受けることを示している（e.g., Forbes & Plunkett, 2019; Saji *et al.*, 2020）．では，人間が持つ色知覚の基盤と，個別言語の慣習に基づく基盤は，どのような関係にあるのだろうか．

　この問題について，人間の色知覚における言語の影響を吟味したいくつかの研究はヒントになるかもしれない．ギヨーム・ティエリらは，脳波（electro encephalo graphy: EEG）を用いて色知覚と母語の関係を調査している（Thierry *et al.*, 2009）．ギリシャ語は，英語では blue という一語で表される色の範囲を，ble（暗い青）と ghalazio（明るい青）という異なる語で呼び分ける．このような語を持つギリシャ語話者と英語話者では，どのように色の知覚が異なるかが実験において確かめられた．実験では，英語話者とギリシャ語話者とを対象に，ble や ghalazio の参照対象を含む様々な青色の図形が提示され，参加者は特定の形（e.g., 四角形）に対してボタンを押すよう教示された．この課題の遂行中，実験参加者が意識下で色の変化を知覚しているかを，脳波を計測し検討したところ，ギリシャ語話者だけが，ble と ghalazio に対応した異なる青色の提示に関して敏感に反応していた．この実験において，参加者は図形の形に着目するように教示されており，色に注意を向けたり，言語化してとらえたりすることは教示されていない．それにもかかわらず実験参加者の母語によって反応に差が出たことは，言語化を意識的に行わなくても色知覚は母語の色彩語の影響を受けることを示しており，ロバーソンらの主張を裏づけるものとなっている．

　一方，ジョナサン・ウィナワーらは，このような母語の効果がどのような場合に表れ，どのような時に表れないのかを，次のような実験で検討している（Winawer *et al.*, 2007）．この実験では，やはり同じように英語における blue を，siniy（濃い青）と goluboy（薄い青）という別の語で呼び分けるロシア語を対象にして，英語話者とロシア語話者の青色の弁別がどのように異なるかを検討した．実験で，参加者は見本となる色と，その下に異なる色相の二つの色を提示され，その二つのうちどちらが見本と同じ色かを判断する課題が実施された．分析では見本の弁別に要した反応時間を測定したところ，ティエリらの報告と同じように，どちらの言語話者も母語のカテゴリー内での色の変化には時間がかかるが，カテゴリーをまたぐ色の変化にはいち早く反応することができてい

た．しかし興味深いことに，課題を言語処理の妨害課題（数字列を唱える）とともに行うと，このような言語の効果は消失した．この結果は，色の知覚処理と言語的処理は（第 4 節の神経心理学的研究における二重乖離の事例が示すように）分解可能な処理であること，さらに意識的か無意識的かにかかわらず，言語的処理が行われている間に限定して知覚を歪める効果を持つことを示唆している．

　このような結果は，知覚と言語の関係を，知覚の体制化（perceptual organization）の観点からとらえることで説明可能かもしれない．知覚の体制化とは，外界における情報を一つのゲシュタルトとしてまとめ上げる作用を指す．たとえば，有名な多義図形であるルビンの盃では，知覚主体がどのように白と黒の模様を体制化してまとめ上げるかによって，浮かび上がる絵が異なる．ここでは，白や黒に対する知覚それ自体が変容するのではなく，それらの体制化の仕方が変わっている．また，音楽認知においても，ある音高系列を一つの旋律として知覚可能であるのは，知覚者の持つ調性に関するスキーマが，その系列を一つの旋律としてまとめ上げるためである．そうでなければ，私たちはカラオケでキーを変更することができない．つまり，その系列が移調した際にそれを同じ旋律であると見なすことはできないのである（阿部，1987）．このケースでは一つ一つの音は物理的に変わっているのだけれど，旋律として「同じ」というように体制化を行っていると言える．このような事例と同様に，人間は外界における反射光の波長を，色という属性として体制化し知覚していくわけだが，その際に言語的知識は強力なスキーマとして働くことが予想される．このために，日本語話者であれば海の青や空の青，信号機の青など，それ自体は物理的に大きく異なる光のスペクトルを，同じ「青」としてトップダウンに見なしてしまう．またイェリ・ダニエ語であれば物体の表面属性に関する一連の情報を一つの属性としてまとめ上げて参照するのだろう．

　この観点からウィナワーらの報告を眺めると，ある色を知覚する時にこの言語的スキーマが活性化されている状況であれば，スキーマに色を同化（assimilate）させることにより，siniy や goluboy などによって区別される色を知覚することになるだろう．逆に，妨害課題のケースに見られるように，言語的スキーマが活性化されにくい状況であれば，言語の効果が現れにくい形で対象を知覚することが予想されるのである．このような例からもわかるように，色彩

語の意味は，記号主義的アプローチが想定してきたように記号間の差異関係の
みから成り立つわけでもないし，「強い身体性」が想定するように知覚感覚運
動シミュレーションのみから成り立つのでもない．感覚運動的にとらえられる
情報を，言語的なスキーマが調整するという，両者の働きによって意味として
構成されると考えられるのである（類似した仮説として，Lupyan, 2012；浅野・渡
邉，2014 など）．

6 結 語

　本章では，認知科学の研究史における言語研究の関心の推移を概観し，その
上で近年の身体性認知科学における課題を整理することを試みた．当初，アモ
ーダルな記号的表象への反証という意味合いが強かった身体性認知科学のアプ
ローチは，感覚運動シミュレーションとして言語的知識をとらえるアプローチ
を打ち出し，大きな成果を上げた．しかし近年，言語的意味を構成するのにそ
れだけでは不十分であり，環境や文化など他の様々な資源の存在と，それらの
関係をとらえる方向性へと拡張を見せている．この問題に関しては，現状は感
覚運動シミュレーションと言語の形式的分布に基づく統計モデルの寄与の大き
さが注目を集めるのみで，本章でもこの両者の関係に話題を絞ったが，この点
は今後さらに研究の視点を広げていく必要があるだろう．たとえば，認知主体
が生活する物理的環境の要素（e.g., Wierzbicka, 1996），当該言語の当該社会の
成員とのやりとりに見られる文化的要素（e.g., Enfield, 2013），またそれらの要
因と感覚運動シミュレーションとの関係はどのようなものかといった問題に未
だ頑健な理論はなく，今後必ず検討されなければならないだろう．身体性認知
科学は身体を一層外側へと拡張し，広い視点から人間と言語の理論を構築して
いく必要がある．

引用文献
阿部純一（1987）．旋律はいかに処理されるのか　波多野誼余夫（編），音楽と認知（pp.41-
　　68）　東京大学出版会
浅野倫子・渡邊淳司（2014）．知覚と言語　今井むつみ・佐治伸郎（編），言語と身体性
　　（pp.63-92）　岩波書店

Baillargeon, R., & Carey, S. (2012). Core cognition and beyond: The acquisition of physical and numerical knowledge. In S. M. Pauen (Ed.), *Early childhood development and later outcome* (pp.33–65). Cambridge University Press.

Balaban, M. T., & Waxman, S. R. (1997). Do words facilitate object categorization in 9-month-old infants? *Journal of Experimental Child Psychology, 64(1)*, 3–26.

Barsalou, L. W. (1999). Perceptual symbol systems. *Behavioral and Brain Sciences, 22 (4)*, 577–660.

Barsalou, L.W. (2008). Grounded cognition. *The Annual Review of Psychology, 59*, 617–645.

Berlin, B., & Kay, P. (1969). *Basic color terms: Their universality and evolution*. University of California Press.

Binder, J. R., & Desai, R. H. (2011). The neurobiology of semantic memory. *Trends in Cognitive Sciences, 15*, 527–536.

Blei, D. M., Ng, A.Y., & Jordan, M. I. (2003). Latent Dirichlet allocation. *Journal of Machine Learning Research, 3*, 993–1022.

Bornstein, M. H., Kessen, W., & Weisskopf, S. (1976). Color vision and hue categorization in young infants. *Journal of Experimental Psychology: Human Perception and Performance, 1*,115–129.

Conklin, H. C. (1955). Hanunóo color categories. *Southwestern Journal of Anthropology, 11(4)*, 339–344.

Chomsky, N. (1957). *Syntactic structures*. Moton & Co.（福井直樹・辻子美保子（訳）（2014）．統辞構造論──付『言語理論の論理構造』序論　岩波書店）

Chomsky, N. (1959). A review of B. F. Skiner's *Verbal Behavior. Language, 35*, 26–58.

Chomsky, N. (1982). *Some concepts and consequences of the theory of government and binding. Linguistic Inquiry Monograph 6*. MIT Press.

Collins A. M., & Loftus, E. F. (1975). A spreading-activation theory of semantic processing. *Psychological Review, 82(6)*, 407–428.

Collins, A. M., & Quillian, M. R. (1969). Retrieval time from semantic memory. *Journal of Verbal Learning & Verbal Behavior, 8(2)*, 240–247.

Enfield, N. (2013). *Relationship thinking: Agency, enchrony and human society*. Oxford University Press.（井出祥子（監修）横森大輔他（訳）（2015）．やりとりの言語学──関係性思考がつなぐ記号・認知・文化　大修館書店）

Evans, V. (2014). *The language myth: Why language is not an instinct*. Cambridge University Press.

Fadiga, L., Craighero, L., & Roy, A. C. (2006). Broca's area: A speech area? In Y. Grodzinsky & K. Amunts (Eds.), *Broca's region* (pp.137–152). Oxford University Press.

Forbes, S. H., & Plunkett, K. (2019). Infants show early comprehension of basic color words. *Developmental Psychology, 55(2)*, 240–249.

Franklin, A., & Davies, I. R. L. (2004). New evidence for infant colour categories. *British Journal of Developmental Psychology, 22*, 349–377.

福井勝義（1991）．認識と文化──色と模様の民族誌　東京大学出版会

Gibbs, R. (1992). Categorization and metaphor understanding. *Psychological Review, 99*, 572–577.

Glenberg, A. (1999). Why mental models must be embodied. In G. Rickheit & C. Habel (Eds.), *Mental models in discourse processing and reasoning* (pp.77–90). Elsevier Science Publishers.

Glenberg, A. (2015). Commentary: Response to Mahon: Unburdening cognition from abstract symbols. *Canadian Journal of Experimental Psychology, 69(2)*, 181–182.

Glenberg, A. M., & Gallese, V. (2012). Action based language: A theory of language acquisition, comprehension, and production. *Cortex, 48*, 905–922.

Glenberg, A. M., & Kaschak, M. P. (2002). Grounding language in action. *Psychonomic Bulletin & Review, 9*, 558–565.

Harnad, S. (1990). Symbol grounding problem. *Physica D, 42*, 335–346.

Haruno, M., Wolpert, D. M., & Kawato, M. (2003). Hierarchical MOSAIC for movement generation. *International Congress Series, 1250*, 575–590.

Hill, F., Reichart, R., & Korhonen, A. (2016). Simlex-999: Evaluating semantic models with (genuine) similarity estimation. *Computational Linguistics, 41(4)*, 665–695.

猪原敬介・楠見孝（2011）．潜在意味分析に基づく概念間類似度の心理学妥当性──言語統計解析アプローチの効用と限界　心理学評論, *54*, 101–122.

Katz, J. J., & Fodor, J. A. (1963). The structure of a semantic theory. *Language, 39*, 170–210.

Lakoff, G., & Johnson, M. (1980). *Metaphors we live by*. Chicago University Press.

Landauer, T. K., & Dumais, S. T. (1997). A solution to Plato's problem: The latent semantic analysis theory of acquisition, induction, and representation of knowledge. *Psychological Review, 104(2)*, 211–240.

Langacker, R. W. (1987). *Foundation of cognitive grammar: Vol. 1 Theoretical prerequisites*. Stanford University Press.

Lashley, K. S. (1951). The problem of serial order in behavior. In L. A. Jeffress (Ed.), *Cerebral mechanisms in behavior: The Hixon symposium* (pp. 112–146). Wiley.

Levinson, S. C. (2000). Yélî Dnye and the theory of basic color terms. *Journal of Linguistic Anthropology, 10(1)*, 3–55.

Louwerse, M. M. (2008). Embodied relations are encoded in language. *Psychonomic Bulletin and Review, 15*, 838–844.

Louwerse, M. M. (2010). Symbol interdependency in　symbolic and embodied cognition. *Topics in Cognitive Science, 3*, 273–302.

Louwerse, M. M., Hutchinson, S., Tillman, R., & Recchia, G. (2015). Effect size matters: The role of language statistics and perceptual simulation in conceptual processing. *Language, Cognition and Neuroscience, 30*, 430–447.

Lupyan, G. (2012). Linguistically modulated perception and cognition: The label-feedback hypothesis. *Frontiers in Psychology, 3(54)*. doi: 10.3389/fpsyg.2012.00054

Lyons, J. (1977). *Semantics I*. Cambridge University.

Mahon, B. Z. (2015). What is embodied about cognition? *Language, Cognition and Neuroscience, 30*, 420–429.

Martin, A., Haxby, J. V., Lalonde, F. M., Wiggs, C. L., & Ungerleider, L. G. (1995). Discrete cortical regions associated with knowledge of color and knowledge of action. *Science, 270*, 102–105.

Mikolov, T., Sutskever, I., Chen, K., Corrado, G., & Dean, J. (2013). Distributed representations of words and phrases and their compositionality. *Proceedings of the 26th International Conference on Neural Information Processing Systems, 2*, pp. 3111–3119.

望月正哉 (2015). 身体化された認知は言語理解にどの程度重要なのか　心理学評論, *58* (*4*), 485–505.

Morey, R. D., *et al.* (2022). A pre-registered, multi-lab non-replication of the action-sentence compatibility effect (ACE). *Psychonomic Bulletin & Review, 29*, 613–626.

大槻美佳 (2014). 脳における言語の表象と処理　今井むつみ・佐治伸郎 (編), 言語と身体性 (pp.93–122) 岩波書店

Papesh, M. H. (2015). Just out of reach: On the reliability of the action-sentence compatibility effect. *Journal of Experimental Psychology: General, 144(6)*, e116–e141.

Pitchford, N. J., & Mullen, K. T. (2002). Is the acquisition of basic-colour terms in young children constrained? *Perception, 31(11)*, 1349–1370.

Pulvermüller, F., Härle, M., & Hummel, F. (2001). Walking or talking? Behavioral and neurophysiological correlates of action verb processing. *Brain and Language, 78 (2)*, 143–168.

Regier, T., Kay, P., & Cook, R. S. (2005). Focal colors are universal after all. *Proceedings of the National Academy of Sciences, 102(23)*, 8386–8391.

Rice, M. (1980). *Cognition to language: Categories, word meanings, and training.* University Park Press.

Roberson, D., Davidoff, J., Davies, I. R. L., & Shapiro, L. R. (2004). The development of color categories in two languages: A longitudinal study. *Journal of Experimental Psychology: General, 133(4)*, 554–571.

Saffran, J. R., Aslin, R. N., & Newport, E. L. (1996). Statistical learning by 8-month-old infants. *Science, 274*, 1926–1928.

Saji, N., Imai, M., & Asano, M. (2020). Acquisition of the meaning of the word orange requires understanding of the meanings of red, pink and purple: Constructing a lexicon as a connected system. *Cognitive Science, 44(1)*, e12813. doi: 10.1111/cogs.12813

Shuren, J. E., Brott, T. G., Schefft, B., & Houston, W. (1996). Preserved color imagery in an achromatopsic. *Neuropsychologia, 34(6)*, 485–489.

Siuda-Krzywicka, K., *et al.* (2019). Color categorization independent of color naming. *Cell Reports, 28(10)*, 2471–2479.

Skelton, A. E., Catchpole, G., Abbott, J. T., & Franklin, A. (2017). Biological origins of color categorization. *Proceedings of the National Academy of Sciences, 114(21)*, 5545–5550.

Skinner, B. F.（1957）. *Verbal Behavior*. Appleton-Century-Crofts.

Smith, L. B., & Yu, C.（2008）. Infants rapidly learn word-referent mappings via cross-situational Statistics. *Cognition, 106*, 333–338.

谷口忠大（2010）. 心を知るための人工知能　共立出版

Thierry, G., Athanasopoulos, P., Wiggett, A., & Kuipers, J.（2009）. Unconscious effects of language-specific terminology on preattentive color perception. *Proceedings of the National Academy of Sciences, 106(11)*, 4567–4570.

Tomasello, M.（2003）. *Constructing a language: A usage-based theory of language acquisition*. Harvard University Press.

Varela, F. J., Thompson, E., & Rosch, E.（1991）. *The embodied mind: Cognitive science and human experience*. The MIT Press.（田中靖夫（訳）（2001）. 身体化された心――仏教思想からのエナクティブ・アプローチ　工作舎）

Wierzbicka, A.（1996）. *Semantics: Primes and universals with grammar and conceptualization*. Oxford University Press.

Winawer, J., *et al.*（2007）. Russian blues reveal effects of language on color discrimination. *Proceedings of the National Academy of Sciences, 104(19)*, 7780–7785.

Yang, J., Kanazawa, S., Yamaguchi, K. M., & Kuriki, I.（2016）. Cortical response to categorical color perception in infants investigated by near-infrared spectroscopy. *Proceedings of the National Academy of Sciences of the United States of America, 113(9)*, 2370–2375.

Zwaan, R. A., & Yaxley, R. H.（2003）. Hemispheric differences in semantic-relatedness judgments. *Cognition, 87(3)*, 79–86.

第章　思考・創造とエンボディメント

阿部慶賀

本章で扱うのは，創造性を中心とした高次認知過程における身体と環境の寄与である．思考とは内省，内観だけで完成するものではなく，絶えず入力されていく環境からの情報，そして身体による環境内での情報探索行動を受けて進んでいくものであることは，多くの思考研究者に同意されることだ．われわれは経験から蓄えた記憶・表象だけではなく，外界の資源を巧みに，時には意外性を伴いながら活用して判断し，問題を解決していく．この時，われわれが外界に働きかける道具にもなり，外界に遍在する情報を取得するインタフェースにもなるのが身体である．以下では，知覚レベルから創造的思考まで，われわれが身体というインタフェースを通して貪欲に情報を取得し，身体動作を通してその情報を柔軟に活用していく様を詳述する．これらの知見を通して，個々人の身体が他者にない独自の視点や着想の源泉となり，ひいては集団の創造性に不可欠な思考の多様性の源泉となることを示すことが，本章の趣旨である．

1　先回りする身体と後追いする心

まずは身体が心に及ぼす影響について紹介したい．身体の状態と心理の状態との関係自体は，古くから研究が重ねられてきたトピックである．感情とそれに対応する身体反応をめぐる，いわゆる「悲しいから泣くのか，泣くから悲しいのか」の議論などはその最たる例と言える．本章では，身体が主観的体験や感情に先立って処理を開始し，われわれの認知に関与してくるという立場をとった上で，関連する諸研究を紹介していく．

吊り橋効果

　身体が心に先立って人を動かす最たる例としては，「吊り橋効果」の実験が挙げられる．この実験は心理学や認知科学など，人間行動の研究に携わらずとも知っている人も多いだろう．この実験では，参加者は実験者の指示により橋を通過する．その先には実験者が手配した異性のしかけ人が待機しており，参加者はしかけ人からアンケートを依頼される．この時，参加者にはしかけ人の連絡先が書かれたメモが渡される．なお，参加者が通過する橋には2種類の条件があり，一つは不安定な吊り橋，もう一つは安定した橋であった．

　実験での見どころはアンケートの内容ではなく，異性から連絡先を渡された参加者がとるその後の行動にある．実験の結果では，安定した橋でこの実験を行った場合よりも，不安定な吊り橋で行った場合のほうが事後の連絡行動が出現しやすいことが示された．

　この結果が生じた機序として考察されているのが，身体状態に対する誤った原因帰属だ．実験参加者は，自身に起きた身体状態の変化の原因を，不安定な足場に対してではなく，直後に遭遇した異性に帰属したのだと考察されている．不安定な吊り橋を進むことで，身の危険から心身の緊張や心拍数の増加などの身体状態の変化を体験しうる．不安定な吊り橋を進んだ参加者は，その橋を進んだことで生じる身体状態の変化を，誤って直後に体験する異性との遭遇に帰属し，両者の出来事を恋愛感情や好意で関連づけてしまった，というのがこの結果の機序だとされている．安定した橋を進んだ参加者では，そうした緊張や心拍数の増加などの身体状態の変化は起きないため，好意としての関連づけ自体が起こらない，ということになる．

　Schacter & Singer（1962）の実験では，投薬による身体状態の変化に対する誤った原因帰属の様子が報じられている．実験ではまず全参加者にエピネフリンを投薬する．この薬品を投じられると，心拍や血圧の上昇，身体の震えなどの効果が表れる．参加者は2群に分けられ，一方の群にはこの効果が説明されるが，もう一方の群には説明が行われない．その後，各群の参加者はそれぞれ別室待機を求められるが，その部屋には実験者が差し向けたしかけ人が同室する．このしかけ人にはまた2タイプの条件があり，機嫌の悪い人の条件と，上機嫌の人の条件が用意された．この実験の見どころは，エピネフリンによって

興奮状態に近い身体状態に誘導された参加者が，その後同室した他者の感情の影響を受けるかどうかにある．この実験で用意された二つの群のうち，エピネフリンの効果について説明を受けなかった群は，自身に起きた身体状態の原因を特定することができず，周囲の出来事に原因を求めようとする．ここでは，投薬の後に遭遇する他者の感情に触れることで，自身の身体状態をその他者の感情状態を参照して解釈することになる．その結果，エピネフリンの効果を説明されなかった群は，同室したしかけ人たちの態度に誘導されて，同じ感情を抱くようになった．興奮状態にある時に，付近に憤っている人がいれば，自身の身体状態は怒りからくるものだと考え，付近に楽しそうにしている人がいれば，歓喜によって興奮していると解釈したのだ．

顔面フィードバック

ここまでの例は，自身の身体状態の原因を周囲の他者の感情に帰属し，自身の感情が惹起される例であった．われわれの感情は身体によって誘導，惹起される．このことから，われわれの感情は，身体状態を解釈することによって定まるとも考えることができる．つまり，先に特定の感情時の身体状態を作り出し，それによって感情を惹起するという，身体から感情への介入も可能だと考えられる．これを示唆する研究の代表例が「顔面フィードバック仮説」(Strack *et al.*, 1988) である．これは，特定の感情時に起こる表情筋の状態を作ることで，感情のほうがその表情筋に応じた状態に誘導されるというものである．これを追体験する方法があり，それはペンを水平にして歯を立ててくわえる，ただそれだけである．こうすると，効果の発生には個人差はあるだろうが，気持ちがポジティブになるとされている．この現象の機序としては，歯を立てて細い棒をくわえると，表情筋が笑顔の状態に近くなる（図3-1右）．そうすると，笑顔の表情筋の状態から逆に自身の心理状態をポジティブなものと解釈し，ポジティブな気分に誘導されてしまう．同じ機序で，気分をネガティブな方向に誘導することも可能だ．ペンを上唇と鼻で挟む，あるいは，「フ」の発音時のようなとがらせた形に口をすぼめてペンをくわえるという状態（図3-1左）を維持すると，ネガティブな状態に誘導される．これらの操作で作られる表情筋の状態は，ネガティブな心境時に作られやすい．表情筋の状態を解釈した結

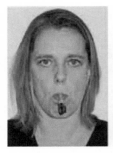

図3-1 ペンを用いた顔面フィードバックの例
（Mermilod *et al.*, 2011）

果として感情が生まれてくるというこれらの現象は，主観的な心境が身体状態に追随する構図となっている．

情動インタフェース

表情筋とは異なるが，心臓の鼓動もまた，われわれの心境の把握に影響を与える要因となる．

Sakurai *et al.*（2014）は，恋愛漫画を題材に心音と読書への影響を検討した実験を行った．この実験で提案・構築したシステムでは，劇的な展開を描いたページの中に日照センサーを仕込み，ページが開いたことでセンサーが反応し，参加者の胸部に取りつけられたデバイスが心音と振動を発する．これにより，読者はデバイスから提示された心音と振動を，自らの身体状態の変化だと解釈し，その変化の原因を読んでいる漫画に帰属させようとする．その結果，読者は漫画の登場人物に感情移入し，より深く作品に没入した．また，緊張感や没入感にかかわる身体感覚として「手に汗握る」という表現があるが，ゲーム中にこの感覚を外部刺激としてデバイス（コントローラ）から演出することで，ゲームへの認識に介入するシステムも提案されている（Sakurai *et al.*, 2015）．具体的には，ゲーム中にコントローラの把持部分から温度刺激と水蒸気が発された．この操作により，プレイヤーである実験参加者は，プレイしたゲームを難しいと感じた．これら一連の研究は「情動インタフェース」と称して，身体を通した様々な知覚体験から情動に介入する試みとして展開されている．

触覚プライミング

前項までに紹介した研究では，われわれの感情が身体によって誘導されうることが語られていた．人間が持つ様々な認知機能の背景を進化と適応の観点に求める進化心理学においては，主観的な判断を待ってから身体が反応するのでは手遅れになる場面も少なくないため，こうした身体が先んじる現象は理に適

っているものと見ることができる.

適応や急な状況判断時に主観的判断を待たないという点で言えば,感情だけでなく,より高次な私たちの判断や印象においても,主観的なトップダウンの判断よりも,身体から来るボトムアップの処理のほうが主導権を握る場合も少なくない.本項では触覚プライミングの先行研究から,そうした身体から生じる様々な感覚が私たちの判断を左右する様を取り上げる.

プライミングとは,直前の知覚体験がその後の判断や印象に影響を与えてしまうことだ.あまりに日常的,基本的で普段意識することはほとんどないが,われわれは日々の一瞬一瞬の中で,膨大かつ様々な情報を全身に浴びている.われわれは感覚器を通して得る五感はもちろんのこと,それ以外の多様な感覚情報を取得する.ならば直前の触覚体験もまた,その直後の判断に影響するのではないか,というのが触覚プライミングの考え方である.

感触で態度をたとえる

われわれは,感触を使って様々な表現をする.特に人の印象や場の空気を感触や温度で表現する例は,日本語だけでなく外国語にも多数存在する.冷たい人,温かい人,熱い人,頭の固い人,やわらかい人,とげとげしい言葉,軽いノリ,重い空気など,様々だ.英語でも hard work, hot topic, put weight on などといった表現が存在する.ならば,実際にそういった感触を受けた後には,人の印象や態度にも影響が出るのではないかとも考えられる.

Williams & Bargh(2008)の実験では,実験に来てくれた人を案内する直前に,飲み物を手渡した.この時,冷たいコーヒーを渡された人と,温かいコーヒーを渡された人の2群が設定された.すでにこの時から実験は始まっている.そして実験室に通され,面接をし,その後で面接官への印象をアンケートで答えさせた.先ほども温かい人,冷たい人という表現が出てきたが,この実験では,温かいものを受け取った人が,その直後に見た見知らぬ人の印象を温かいと感じるかを試したのである.その結果,温かいコーヒーを受け取った人は相手を温かい人物として評価し,冷たいコーヒーを受け取った人は相手を冷静な人や冷たい人として評価した.

Kay et al.(2004)では,手ざわりの粗さについて実験を行った.実験参加

者にまず手品を見破る課題として手品を見せ，この時，手品で使う道具をチェックさせる目的で，道具をさわらせた．この道具には，やわらかい道具とざらざらした道具の2種類があった．手品を見破る課題の後，協力ゲームという金銭の山分けをする取り引きのようなゲームを行った．

この実験で検討したのは「荒い態度」「柔和な態度」といったような，触感でたとえられる他者への態度，協力の姿勢への影響であった．実験の結果，やわらかい道具を渡された人たちは，ざらざらした道具を渡された人たちより協力的な行動をとるようになった．また，手ざわりだけでなく，椅子の座り心地でも同様の効果が生じたことが報告されている．椅子の感触でも効果があったということは，手以外の部位からの感触でも態度が変わるということを意味している．

重いと思えば重要と思える

今度は重さの認識の影響についての知見を紹介する．Jostmann *et al.* (2009) は，重さの感覚が重要度の判断に影響を与えると考え，クリップボードの重さを変えた路上アンケート調査を行った．一部の人には1kgほどする重いクリップボード，別の人たちには普通の軽いクリップボードの上でアンケートに回答するよう求めた．アンケートは大学の予算の使い道についての重要度を答えてもらうというものであった．すると，重いクリップボードを渡された人たちは重要度を高く評価するという結果が得られた．なお，この重さによる印象評価に関する影響について，阿部 (2016) では，同じ重さでも大きい物体のほうが軽く感じられる「大きさ・重さ錯覚」を応用した実験を行い，重さの物理量ではなく主観量（感じ方）が影響していることを報じている．

主観的な意思に先立つ身体

情動インタフェースや触覚プライミングの諸研究を見ると，われわれの思考や判断，意思と思えるものは，その場でさらされる様々な感覚刺激と身体状態によって規定されることがわかる．われわれの自由意思に関する議論は本章で扱える範疇を大きく超えるものなので詳細は他に譲るが，Libet (2005) が報じた主観的な運動の意思発生と脳内で生じる運動準備電位に関する研究結果が，

自由意思に関する議論に大きな影響を与えていることには触れておきたい．Libet（2005）が行った実験では，参加者はタイマーを前に座り，指を動かそうと思った時にタイマーが指し示す時刻を報告した．ただしこの時，参加者の脳波，特に運動を起こす前に発生する運動準備電位と実際にボタンが押された時間が記録されていた．その結果，参加者が報告した主観的な運動決定時刻より300ミリ秒前に運動準備電位が発生していた．また，運動の実行は運動の意思を決めた200ミリ秒後に行われた．われわれが意図を示すよりも先に，脳の中で処理が始まっていたというこの結果は，われわれの意思が，すべての行動の起点となるのではなく，むしろ脳や身体で起きている出来事に後づけで自分の意思が主導したかのように思い込んだものであることを意味している．

ひらめきは口より先に目に出る

他にも，顕在処理に先んじて身体に兆候が表れる事例は複数報告されている．「目は口ほどにものを言う」という言葉があるように，われわれの心的状態は，自覚的で言語的，記号的な理解に先んじて，視線に表れる．Shimojo *et al.*（2003）では，二つの顔刺激を提示し，どちらをより好むかを判断する選好課題と，より丸いほうをボタンを押して選ぶという形状評定課題を課し，その過程の眼球運動を測定した．その結果，選好課題時の眼球運動では，課題開始時には注視傾向に偏りが見られなかったが，判断を下す直前になるとより好む顔のほうへ注視が偏ることが明らかになった．また，このような偏りの効果は丸さの判断においては見られないことも示された．

先のShimojo *et al.*（2003）は，好みの判断という一般的な認知過程にフォーカスしたものであるが，より高次で複雑な認知過程においても「目は口ほどにものを言う」現象がある．寺井ら（2005）は，規則性発見のプロセスでの眼球運動を測定し，初期に形成された誤った規則性の理解から，正しい真の規則性の発見に至るまでの過程で，眼球運動が予測的な兆候を見せることを明らかにした．

寺井ら（2005）が用いた題材は，「スロットマシン課題」と名づけられたもので，PCの画面上に表示された三つの窓に，左から順番に1桁の数字が提示される（図3-2）．課題は1試行限りでなく複数回行われ，すでに提示された数

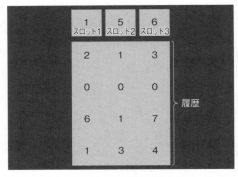

1	5	6
スロット1	スロット2	スロット3

2	1	3
0	0	0
6	1	7
1	3	4

履歴

図 3-2　スロットマシン課題（寺井他, 2005）

値は，履歴として画面下部に次々に表示されていく．そういった画面を参照しつつ，左，中央の窓の数字が出た後に，右側の窓の数字を予測して的中させ続けることが，実験参加者に求められた課題である．この課題を成功させるには，背後に隠された数字の提示パターンを見つけ出す必要がある．寺井らは，課題の序盤ではミスリードを狙ったパターン（左窓の数値と，中央窓の数値の和が左窓の数値になる規則）で数字を提示した．しかし，真の規則性はそこにはなく，「直前の試行の左窓の数値＋3」というものであった．序盤の数試行は，「左窓の数値＋中央窓の数値＝右窓の数値」と「直前の試行の左窓の数値＋3」の両方が成立するようなパターンで刺激を提示するが，途中から「左窓の数値＋中央窓の数値＝右窓の数値」の規則性が成立しない数値が出現するようになる．ここから参加者が真の規則性を発見し，報告するに至るまでの眼球運動がこの実験の見どころである．

　ミスリードを狙ったパターンでは，視線は横方向に移動することになり，真の規則性では視線は縦方向に移動することになる．この実験の結果，序盤は横方向の眼球運動が見られたが，真の規則性を言語報告する少し前から，縦方向の眼球運動が出現することが示された．この知見は，隠された規則性の発見という，ある種のアハ体験を伴うような認知過程において，自覚的・顕在的な心的処理に先んじて，眼球運動という身体動作がその兆候を見せるという現象として，今日においても重要な示唆を与えている．

ジェスチャー・スピーチ・ミスマッチ

　「目は口ほどにものを言う」という言葉から二つの眼球運動を用いた知見を紹介したが，「口より先に手が出る」という言葉もある．当人にも自覚されない思考の兆候は，手の動きからも発露されることがある．それが，認知発達の分野で報告されるジェスチャー・スピーチ・ミスマッチと呼ばれる現象だ

(Church & Goldin-Meadow, 1986). この現象は発話と身振りが乖離するというもので, 一定の認知発達の過渡期にある子どもに見られる. たとえば, 子どもに簡単な算数の問題を解かせ, 解決中に自身が思いついた解法を説明させる. すると, 誤答する子どもに2パターンの傾向が表れる. 一つは説明と身振りや指差しに一貫性がある子ども, もう一つは食い違いがある子どもである. これら2パターンの子どもを比較すると, 説明と身振りに食い違いがある子どものほうが, そうでない子どもに比べてその後の課題の理解が進みやすい. この現象は, 熟考して紡がれる言語的説明とは別に, 身振りを生み出す身体が別の解法の可能性に迫っていることを示唆している.

2　環境と身体の相互作用──アフォーダンスと創造的な道具利用

　前節では, われわれの思考の前兆としての身体の姿について述べた. われわれの思考には, 自覚的・顕在的で記号的・言語的に把握し操作できるものばかりではなく, 無自覚で潜在的なプロセスも含まれており, それが身体運動を通して発露されることもある. しかし, 身体が持つ役割は, そうした潜在的な心的処理を表示するだけにとどまらない. われわれの身体は生きている環境の中で探索したり, 操作したり, 時には環境の中に潜む危機を回避したり, 環境内にあるモノから新たなモノを生み出すこともできる. 前節でも触覚プライミングのようにわれわれの思考や判断はその場の環境にある感覚刺激から影響を受けることを紹介したが, 本節では環境がわれわれの行動を左右することを, 特に身体と環境との相互作用に焦点を当てて紹介したい.

またぎ・くぐりの判断は股下の長さと障害物の高さで決まる
　われわれの行動や判断が環境によってガイドされているという考えを理解するに当たっては, Gibson (1979) による「アフォーダンス」の概念を外すことはできないだろう. ジェームズ・ギブソンは, 動物とモノの間に存在する行為についての関係性のことをアフォーダンスと名づけた. たとえば前節の吊り橋効果実験のような, 強度に不安のある吊り橋を通らなくてはならないとしよう. この時, 軽装で手ぶらの状態ならば何とか渡ることができそうだと判断するだ

ろうが，人間1人分の大きさや重さの荷物を背負って渡れと言われたらきっと
躊躇するだろう．逆に，大きくて重い荷物を背負った状態でも，渡る吊り橋が
レインボーブリッジのような頑丈で大きな橋なら，全く不安は感じないだろう．
雨上がりの帰路で大きな水たまりがあったとして，それが歩幅よりもずっと小
さいならまたげば済む話だが，歩幅より少し大きなものなら軽く跳躍する必要
があるだろうし，もっと大きなものなら大きく迂回することも考えるだろう．
われわれがとる何気ない行動は，環境にあるモノの強度や大きさなどの状態と，
われわれ自身の身体の状態との相性によって左右されるのである．ここで言う
身体の状態には，体格や体調から，その時背負っている荷物の大きさや重量，
身体の可動域まで，広い意味が含まれる．

　このことを示す具体的な検討として，Warren（1984）は階段の高さが股下
の長さの0.88倍を超えると，手を使った補助行動が表れることを報告した．
また，三嶋（1994）は，様々な高さに設定したハードルを用意し，その上をま
たぐか，その下をくぐるか，どちらかの方法で通過するよう実験参加者に課し
た．この時，併せて参加者の股下の長さを測定しているのだが，この場合は，
ハードルの高さが股下の長さの1.07倍を下回れば上をまたぐ行動が選ばれる
が，この高さを超えると下をくぐる行動が選ばれるようになるという．

進める道，進めない道

　アフォーダンスの諸研究が示す，人間の明確な行動の分岐とその基準は，人
間が環境の中でふるまう上で適応的な側面を持っているから成り立っている．
Warren（1984）や三嶋（1994）の知見は，人が環境と身体の相対的な関係から，
安全に移動する上で有効な判断をすばやく下せる仕組みを持っていることを示
唆しており，このことは生き物としての人間が生きていく上でも有効な機能だ
と言えるだろう．そしてこのことは障害物の高さだけに限らない．重さもまた，
環境とのかかわり方に影響を与える要因となる．Bhalla & Proffitt（1999）で
は，様々な負荷状態の実験参加者に，坂道の傾斜を判断させる課題を課した．
ここでいう負荷状態には，重い荷物を背負った状態，運動後の疲労状態や高齢
者などの条件が設けられた．その結果，負荷のある条件のほうが負荷のない条
件よりも傾斜をより険しいものとして評価した．この知見について，筆者

(Abe, 2013) は，両手で重りを抱えた状態で長大な階段の段数の見積もりを課した．「大きさ・重さ錯覚」を用いて，主観的には同じ重さに感じるが物理的には重さが違う場合の影響や，逆に物理的には同じ重さだが主観的には重さの感じ方が違う場合の影響を検討した．その結果，身体への重量負荷が道の険しさの認識に与える影響は，重さの主観量ではなく，物理量で規定されることが示された．

間隙の通過とパーソナルスペース

　先に取り上げた先行研究は，主に高さのある障害物や傾斜に注目したものであった．通過の可否判断に与える身体の影響は，もちろん横方向，つまり間隙の通過にも当てはまる．Warren & Whang（1987）では，障害物の間の隙間を通り抜ける際に，肩を回転させる行動に注目した．狭い隙間を通り抜けるために，進行方向に対して自身の幅を狭くするという行動は理に適っている．その行動は，通過する者の肩幅の 1.3 倍を目安に必要だと判断されることが，実験から明らかになった．

　Warren & Whang（1987）の実験では，間隙を作る障害物がどんなものであるのかは議論の対象となっていなかった．しかし，われわれが日常でやり過ごす間隙は建造物や植物などに限らない．むしろ，社会的な集団生活を営むわれわれにとって最も身近な間隙は，「人と人の間」であろう．新型コロナウイルス感染症の脅威を経験したわれわれにとってはソーシャルディスタンスという言葉がもはや日常のものとなったが，このような人間間の距離については，それよりも前から Hall（1966）が提案したパーソナルスペースと呼ばれる概念で研究が行われていた．

　エドワード・ホールは，人間が他者に対してとる距離感，間合いは，主体の性格や文化，そして相対する人物との関係性によって左右されることを指摘した．こうした人どうしの距離感には四つの分類が設けられている．

　①密接距離：ごく親しい人物に対して許される距離

　②個体距離：相手の表情が読みとれる距離

　③社会距離：相手との直接接触はできないが，会話が容易に行える距離

　④公共距離：複数の相手の様子が見渡せる距離

表 3-1　友野ら（2017）の実験で設定された間隙の条件

	PS 干渉度・高	PS 干渉度・低	PS 干渉度・なし
間隙距離・狭い	①二者顔合わせ	③二者背合わせ	⑤300 mm 箱型
間隙距離・広い	②二者正面	④二者背面	⑥450 mm 箱型

　こうしたパーソナルスペースは，他にも異性より同性のほうが接近を許しやすいことや，後方よりも前方のほうが距離を長くとりやすいこと，相互に視線がわかる場合には距離が長くなりやすいことなども知られている（田中，1973; Roger & Schalekamp, 1976; Gérin-Lajoie *et al.*, 2005）．

　話を間隙の通過に戻すと，われわれが日常で通過する隙間には「人と人の間隙」が考えられるが，この隙間にはアフォーダンスの問題だけではなく，パーソナルスペースの問題もかかわってくる．人と人の間を通過せざるをえない場合については，友野ら（2017）において検討がなされている．彼らの実験では参加者に対し，箱型のパネルで作った間隙と人間で作った間隙について，通過できるかどうかの可否判断を求めた．人間どうしで作る間隙については2人の人間が，①向き合う，②ともに参加者に対して正面に向く，③背中合わせ，④ともに参加者に対して背を向ける，の4通りを設定した他，箱型のパネルも⑤幅300 mm の細いパネルと，⑥幅450 mm の太いパネルを用意した．これら6条件の設定は，パーソナルスペースの干渉度（高・低・なし）の要因と，間隙の距離（狭い・広い）の要因で決められていた（表3-1）．

　もし間隙を作るものが単なる物体か人物かで効果に違いが見られるならば，パーソナルスペースの影響が上乗せされる分，人物の間の隙間を通るほうがより通過できないと判断されやすいはずである．さらに言えば，これらの条件の中では，①お互いに向き合う，②ともに参加者と対面するの2条件は，パーソナルスペースが人物の正面方向に距離をとられやすいことから，③お互いに背中を向け合う，④ともに参加者に背を向けるの2条件よりも間隙通過の可否判断がシビアになると予想される．その結果，間隙の距離が狭い場合に限り，パーソナルスペースの干渉度が高いほうが，低い時や箱型の時よりもπ値（間隙の幅÷参加者の肩幅）が高くなることが明らかになった．

　さらにこの実験には続きがあり，パネルを箱型から人型に変えた場合での比較も行っている．生身の人ではなく，「人のかたちをした何か」でも効果が生じるのかを検討した．人型パネルは，参加者に向いているシルエット，相互に向き合っているようなシルエット，相互に背を向け合っているようなシルエットの3種類を用意していた．こうした人型パネルの条件と，生身の人間で作った間隙を使った条件も含めた検討を行った結果，人型パネルか生身の人間かで違いは見られず，人物やパネルの向きの影響が見られた．この結果は，生身の人間ではない「人らしき物体」であっても，参加者はパーソナルスペースを感じて，間隙を通過できないと判断したことを示唆する．この事例からは，ただの板でしかなかった人型パネルに参加者が「人間らしさ」を見出し，自らの判断や行動を変えてしまったと考えることもできる．

　こうした距離は，対人行動に限らず，われわれの判断や思考にも影響を及ぼすことが知られている．「解釈レベル理論」（Trope & Liberman, 2003）は，物理的な距離を含めた様々な心理的距離感が，思考の精緻度，抽象度を左右するとしている．距離が近い場合には具体的で精緻に，遠い場合には抽象的で大雑把に考えようとする．その距離には，①地理的距離，②時間的距離，③社会的距離，④確率的距離などが挙げられる．

　地理的距離は字義通りの距離を意味する．たとえば，テロ事件の報道があったとして，それが隣町に起きたことであれば，緊急時の避難経路や外出時間帯，護身術など，具体的な警戒の姿勢をとり，方法や手段（how の側面）に注意を向けるだろう．しかし，それがはるか遠方の都市や外国で起きたことならば，被害規模や犯人の動機，その都市が狙われた理由など（why の側面）に注意が向く．

　時間的距離は，時間的な長さを距離になぞらえたものである．大学3年生が，4年次に控える卒業研究のことを考える場合は大雑把な計画やテーマ選びなどに注意を向けやすい一方で，翌週に控えたグループ発表や定期試験などについては綿密な計画や準備をしようと考えやすいのは，時間的距離によるものである．日常的な表現にも，「遠い未来」「近いうちに」といった時間的な隔たりを遠近感で表すものは少なくない．

　社会的距離は人間関係，いわゆる縁の近さに当たるもので，親しいものほど

近い距離，よそよそしい相手ほど遠い距離に対応づけられる．これは親しい相手には接近を許し，見知らぬ相手には距離をとろうとするパーソナルスペースともかかわりの深い概念であろう．同じ他者のトラブルでも，親族のものであれば，何かサポートできることはないか，具体的な解決方法を考えようとするが，面識もなければ名前も知らぬ他者の場合には，多少の共感や同情はあっても，具体的に行動を起こそうとすることは稀だ．実際，中村（2012）は「友人」「友人の友人」「友人の友人の……友人」など社会的距離の異なる様々な相手を想定した寄付額を答えさせたところ，社会的距離が離れるにつれて寄付額が下がる双曲線割引が見られることを報告している．

　確率的距離は，頻度の多寡を距離として考えたものとなる．日常においても連絡や接触の頻度が減ることを「疎遠になる」と言い，頻尿であることは「トイレが近い」と言う．先の社会的距離で挙げた，険悪な相手と「距離をとる」という表現は，接触頻度を減らすという意味合いも含み，確率的距離にもかかわる．頻繁に起こる出来事については具体的に対処を考え，稀な出来事については抽象的に考えてしまうというのがこの場合の解釈レベル理論の想定であるが，たとえば毎月の給料の使い道については具体的かつ綿密な計画性をもって考える人も多いだろうが，宝くじの高額当選を想定した場合の使い方を問われるとすぐには思いつかない，あるいは思いついても実用性や具体性の低い使い道（「どこか旅行に行く」「とりあえず貯金する」など）が挙がりやすい．

　われわれが感じる距離感は，特定の行動の実行可否の判断だけでなく，思考の抽象度から寄付行動の程度といった多様な行動選択を方向づけることまでする．人と人の距離だけでなく，空間的なゆとりが思考のスタイルに関与する研究もある．Meyers-Levy & Zhu（2007）は，実験室の天井の高さによって，活性化される概念が異なるという結果を報告している．天井の高さが３ｍの部屋と2.4ｍの部屋を用意し，いずれかの実験室でアナグラム課題を解くよう教示した．アナグラム課題では「自由」や「束縛」に関連する単語とそれ以外の無関係な単語が題材に用いられていた．こうした実験の結果，天井の高い部屋にいた参加者は「自由」に関する単語の場合に反応時間が早くなり，天井の低い部屋にいた参加者は「束縛」に関する単語の反応時間が早くなった．われわれは，こうした部屋の広ささえも手がかりにして，関連する情報を活性化させ

てしまう．また，Leung（2012）では，一辺が 1.5 m の立方体を用意し，箱の中で考える群と箱の外で考える群を設けて，遠隔連想課題（Mednick, 1962）を課し，成績の比較を行った．その結果，箱の外で考える群は箱の中で考える群よりも好成績になった．この結果の機序として，「閉塞的な箱の外で考える」というその状況から，「型にはまらずに考える（"think outside the box"）」という態度が誘導されたと考察されている．

　われわれの日常は個人で取り組むだけでなく，他者との交流や協同の場面も少なくない．また，創造的な思考を伴う活動においても，個人で取り組むより複数名で取り組むほうが効果的な場面もある（清河他，2007）．現在では遠隔での協同作業，いわゆるテレワークも日常となったが，実空間を共有しない協同は，こうした距離感の要因を低減してしまうことも考えられる．もちろん，そのことが必ずしもネガティブな影響だけでなく，ポジティブな効果も生み出すことはあるだろう．協同する各個人の身体に適した空間で作業することができるのは利点だろうし，相手の身振り手振りや距離感を肌で感じられないままのコミュニケーションはテレワークの難点になる．

身体を通した道具の利用法発見

　前項では障害物への対処と距離感を中心に，人間の行動や判断が環境と身体との相対的な関係によって左右されることを述べた．環境と対象の関係が影響を及ぼすのは，環境の中の移動だけに限らない．より高次の行動においても，環境と身体の関係が影響を与えることがある．その一つとして，筆者はアイデア生成や洞察現象において，身体と題材のサイズの比が創造的思考の契機を呼びうる可能性を実験によって検討した．Abe（2011）では，プラスチック板に鎖で結びつけられた棒を，鎖を切ることや板や棒を破損することなく解いて外すというパズル（図3-3）を用いた実験を行った．このパズルはボタンホールパズルと呼ばれるパズルの一種で，このパズルの解決の鍵は，板の部分を曲げることにある．板を曲げることで，鎖の輪の中をプラスチック板が通るようになり，破損させずに板から棒を外すことができる．実験では一辺が 12 cm と 14 cm のボタンホールパズルが用意され，参加者にはいずれかのサイズのパズルが与えられた．一定時間このパズルを解く課題を課した後，手の大きさを測

初期状態 典型的な失敗 板を曲げる解法 目標状態

図3-3　ボタンホールパズルの解決過程（Abe, 2011）

定した．具体的には参加者の人差し指と親指の最大の開き幅を測定した．その結果，制限時間内に自力で解決できた参加者の手のサイズは，一辺が 12 cm の場合には 16.1 cm，一辺が 14 cm の場合には 17.6 cm となっており，与えられたパズルの大きさに応じて異なっていた．さらに，どのサイズの場合も，板のサイズに対して手が大きすぎても小さすぎても解決に時間がかかってしまうということも示された．

　パズルを用いた実験に加え，筆者（阿部, 2010）は，アイデア生成課題においても，与えられた材料と身体の関係が思考を左右することがあるのかを検討した．様々な大きさの正方形の白いプラスチック板を用意し，実験参加者に新しい使い方を提案するアイデア生成課題を課した．用意されたプラスチック板のサイズは一辺が 12 cm，14 cm，21 cm のものを用意し，参加者に手にとって使うことを許可した．これらの板のサイズは，大学生が人差し指と親指でつまみ上げられる最大の大きさが平均で 14.2 cm であるという調査結果（兄井, 2003）に基づいて決められた．片手でつまめるサイズか，両手を使わなければつまめないサイズかによって，アイデアの産出の傾向が変わるかどうかを見るのが目的だ．こうした実験から，手の大きさや板の大きさによらず，多くの参加者で，平たいプラスチック板からは平たい既存の道具の代用を考える傾向が見られた（たとえば，うちわのようにしてあおぐ，定規の代わりにする）．しかし，中にはこの板を曲げて立体的に使う参加者や（図3-4上段右，下段），曲げることによって生じる弾力や音を使うアイデア（図3-4上段左）を出す参加者もいた．こうした板を曲げて使うという発想の転換を示した参加者の手のサイズを調べてみると，与えられた板の大きさに合わせて，曲げて使うアイデアを出す参加者の手のサイズも大きいという結果が示された．

　これらの知見から言えることは，問題解決の材料となる物体への接触と変形

を含めた様々な操作を試みること
で，解発見のための情報が取得で
きるということ，逆にそうした接
触を経ないうちは，視覚による形
状情報に強く依存し，与えられた
材料を与えられた形状のまま使う
ことに固執してしまうこと，そし
て形状の変形を試みる契機を生む
のが，身体と材料との相対的な関
係（サイズ比など）にあるという
こと，の 3 点が挙げられる．図 3
-5 ではこうした身体と環境の相

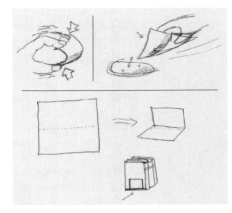

図 3-4　阿部（2010）の実験で報告されたアイ
デア例

互作用に関する図式を示した．物理的に道具や題材，環境に接することなくア
イデアを探索するとなると，得られる手がかりは視覚情報に強く依存する．し
かし，身体をもって道具に触れ，環境を探索し，題材へ力を加えるなどの変形
や操作が可能になれば，弾力や音などの多感覚の情報や新たな視覚情報の獲得
につながり，アイデアの探索範囲が開拓される．

　われわれにはイメージ表象を操作する能力があり，直接接触せずともイメー
ジ上での形状の変更や，回転操作（心的回転）などを行うことはできる．しか
し，そのこと自体にも認知資源が割かれる以上，身体を使って道具や材料を操
作し，情報の探索を行うほうがよいことは想像に難くない．イメージ操作に認
知資源を割かずに済めば，それだけ外界からの情報探索や，解決手順の予測や
計画などを行える．イメージは自由に膨らませることができるが，その代償と
なる認知資源も決して少なくはない．身体動作や道具によってこうした負荷が
分散，軽減されることもまた，思考における身体の寄与の一つと言えるだろう．

　手と道具や材料の大きさの関係が創造的思考に影響する事例としてもう一つ，
タブレット端末 iPad について触れたい．iPad は 2010 年の発表当初，一部の
メディアや専門家からは iPod touch をサイズアップしただけだと評されてい
た．しかし，そのサイズアップ自体が侮れない．これにより両手での運用や，
複数名で一つの画面を共有して使うことを想定したアプリが開発された．サイ

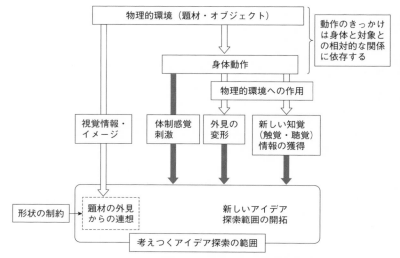

図3-5　アイデア生成過程における身体と環境の影響に関する図式

ズアップは，ユーザインタフェースの変化によるユーザの体験だけでなく，ア
プリ開発側の着想の幅も広げることにつながった．

思考を触発する身体

　本節では身体と環境のかかわり，特に距離や身体とのサイズ比に注目して，
身体と環境の相互作用について述べた．障害物や間隙の通過可否判断といった
場面では身体の状態，そして身体と環境の相対的な関係が影響すること，相対
する対象が物体や地形ではなく人，あるいは人として認識できるものであった
場合には，対人場面特有の影響がさらに加わることが示唆された．また，他者
との距離感もその相手との関係性によって規定され，その規定された距離感の
中で行動の選択にも影響が及ぶことが示された．環境と身体の関係によって惹
起される思考や行動は，通過や歩行に限らず，アイデアの生成や問題解決とい
った高次の思考にも影響する．身体と環境が出会うことで材料や環境に働きか
ける行動が惹起され，環境に変化を生むことが，新しい手がかりの発見の契機
を呼ぶ．思考において身体は，すばやい行動，判断の手がかりにもなれば，新
しい情報取得のための手がかりにもなる．

3　思考をかたち作る身体

　前節では，身体や動作によって行動や判断，思考が規定されていく様子を紹介した．それらの知見では，行動選択や情報の取得といった側面が主であり，比較的受け身の処理について扱っていた．以下では，より主体的，能動的な身体の寄与として，身体運動が思考や判断に与える影響について紹介する．

上体の状態

　前節でも，身体状態が坂道の傾斜や階段の段数の見積もりの過剰評定を促しうることを述べたが，疲労や重量負荷だけでなく，身体的な姿勢が心理的な姿勢を変えることや知覚を歪めてしまうこともある．

　Higashiyama & Adachi（2006）は，股のぞき（上半身を前屈し，両足の間から後方の風景を見る）の姿勢での大きさ知覚について定量的な検討を行った．様々な大きさの三角形の看板を，距離を変えて複数回提示し，股のぞきで見た場合と正立姿勢で見た場合のそれぞれの条件下で，看板の大きさと距離の判断を求めた．その結果，正立姿勢で見た条件では，提示された看板の距離によらず大きさの判断は一定だったが，股のぞきで見た条件では看板の距離が伸びるにつれて大きさを過小評価した．つまり，股のぞきをすると大きさの恒常性が低下することを意味している．距離感では，近距離に看板が置かれた場合には股のぞき条件のほうが正立条件より遠く見えるが，遠距離に看板が置かれた場合には正立条件のほうが遠く見えるという結果となった．

　Higashiyama & Toga（2011）では，写真を股のぞきで見た場合と正立して見た場合での明るさの違いを判断させる実験を行った．実験の結果では股のぞきをした場合のほうが，写真が明るく見えることが明らかになった．股のぞきをすると上半身は上下逆さまになるため，写真の向きを変えずに股のぞきで見る実験1と，股のぞきの上体の向きに合わせて写真の向きも上下逆さまにする実験2，股のぞきはせずに写真の向きだけを変える実験3という三つの実験を比較検討しているが，明るさの感じ方に影響が見られたのは股のぞきの姿勢をとる実験1，2であった．

この結果の機序としては，股のぞきをすると視界だけでなく，前庭系の感覚入力や上体の筋肉の伸縮状態，上半身への血流にも変化が起きる．距離感や大きさの判断は，視覚情報に加え，姿勢や身体にかかる引力の方向や血流を含めた身体状態の変化によって重みづけられている．Higashiyama & Toga (2011) では逆さメガネで視界のみを上下逆転させた条件も検討しており，この条件では大きさや距離感には影響がないことも確かめている．単に普段と違う見え方で距離や大きさの手がかりがつかみにくい，というだけの話ではない．

　とる姿勢を変えることの影響は，視知覚だけではなく，態度や判断にまで及ぶ．Carney *et al.* (2010) では，権威のある姿勢（上体をそり，両腕を肘で曲げ後頭部に両手を配置する，いわゆるふんぞり返った姿勢）と，権威のない姿勢（上体を前傾させ，両肘を膝の上に置く，ロダンの「考える人」のような姿勢）のいずれかをとりながらギャンブリング課題（確実に2ドルの報酬を得られる選択肢と，50％の確率で4ドルを獲得できるが50％の確率で報酬が得られないという選択肢のいずれかを選ぶ課題）を課したところ，権威のある姿勢をとった場合にはリスクを含んだ選択肢を選びやすいことが報告されている．姿勢の影響はリスク判断だけでなく，報酬獲得の遅延に対する忍耐性にも及ぶ．Hirota *et al.* (2015) では，報酬受け取りに伴う時間割引の割引率が参加者の姿勢によって変化することを，実験によって示した．実験では質問文を着座する参加者の目線の高さに合わせて提示し，自然と参加者が顔を上げて見るようにした顔上げ条件と，参加者の前にある机の天板に提示したうつむき条件を設けて，割引率を比較した．その結果，顔上げ条件はうつむき条件に比べて割引率が小さい，つまり報酬の獲得が遅延されることに耐え，その分の報酬額増額を受け入れることが示された．廣田ら（2019）においても，権威のある姿勢と権威のない姿勢で報酬獲得に際した時間割引の割引率を比較した結果，報酬金額が少額（3000円）の場合には，権威のある姿勢をとった時のほうが割引率が小さいことが示された．廣田らの研究結果は，権威のある姿勢をとることで，早く確実に少額の利得を確定させることよりも，遅延してでもより多額の報酬を獲得することが優先されたことを示唆する．

腕の屈伸

　前項で取り上げた知見は全身の姿勢による影響であったが，私たちが環境に働きかける手段となる身体部位と言えば，まず思い浮かぶのが腕や手であろう．ここでは，腕の動きが思考に介入するという諸現象を紹介したい．

　ジョン・カシオポらは，腕の曲げ伸ばしという動作と，望ましいものに近づきたいという接近の動機づけや，危険や嫌悪するものから離れたいという回避の動機づけの間に，関連があると考えた（Cacioppo et al., 1993）．腕を前に突き出す動作は，依頼を断ったり，危険なものを遠ざけたりする動作になる場合も多く，その状況ではわれわれは否定的，後ろ向きな感情や態度になりがちだ．一方，腕を曲げて手を自身に近づける動作は，大事なものや好きなものを抱え込んだり，何かを自分のものとして受け入れたりする動作になることが多く，こうした動作をする際は受容的，肯定的になると考えられる．この発想は，第1節で述べた顔面フィードバック仮説の身体動作版と考えれば整合的であろう．カシオポらは，腕の曲げ伸ばし動作がこうした感情や態度を惹起するという仮説のもと，心理学実験による検討を行った．実験では，テーブルを下から押し上げる（腕を曲げる）動作をしながら提示された視覚刺激の好ましさを評価する条件と，上から押し下げる（腕を伸ばして押し出す）動作をしながら評価する条件を設けて両者を比較した．その結果，腕を曲げる動作をしながら評価する群のほうが，提示された視覚刺激をより好ましいと評価することが示された．

　腕の伸縮は，カシオポらが示した印象評価だけでなく，情報の解釈にも影響を与える．ロナルド・フリードマンらは，腕の伸縮という動作が創造的問題解決の成績に影響を与えることを報告している（Friedman & Förster, 2000）．実験では，腕を伸ばしながら視覚的な探索課題を行う条件と，腕を曲げながら行う条件で成績を比較した．実験で用いた課題は EFT（embedded figures test）（図 3-6 左），GCT（Gestalt completion task）（図 3-6 中），SPT（snowy pictures task）（図 3-6 右）など，曖昧あるいは多義的な図形の中から正解となる図形や対象物を見つけ出す課題であった．実験の結果では，腕を伸ばす条件のほうが，隠された図形をより早く発見することができた．同様の結果は，隠れた図形の発見だけでなく，ブロックの新しい使い方を考えるアイデア生成課題や，発想の転換や気づきを必要とする文章題においても再現された（Friedman & Först-

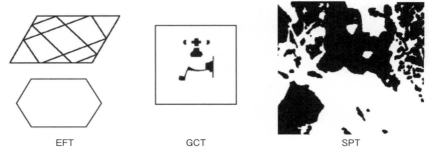

EFT   GCT   SPT

図 3-6　Friedman & Förster（2000）で用いられた視覚課題の例

er, 2002）.

　先に紹介したカシオポらの実験では，腕の曲げ伸ばしによって肯定的，ある
いは否定的な態度に誘導することができることが示されていた．また，創造的
思考の研究では，肯定的な感情や態度は否定的な場合に比べて，常識にとらわ
れない発想や，まだ試していない解き方を試してみる姿勢を促すことが知られ
ている（Isen *et al.*, 1987）．これらのことから，フリードマンらの研究結果は，
腕の運動によってポジティブな感情が惹起され，ポジティブ感情が創造的思考
を助けたのではないか，という可能性も指摘できるだろう．この可能性につい
てフリードマンらは実験の際に感情価の測定も行っており，腕の伸縮の効果は
感情の影響とは独立して，直接的に問題解決の取り組み方に影響することを確
認している．間に感情の影響を媒介せず，運動そのものが情報の探索と発見を
促していたと考えられる．

　フリードマンらの研究では腕の屈伸という動作に焦点を当てたが，永井聖剛
らは腕の回転動作にも効果があることを報告した（永井・山田，2013）．永井ら
は新しいブランド米の名前を提案するというアイデア生成課題を課した．その
時，一定速度で直径 3 cm の円を描くように腕を回しながら考える群と，直径
80 cm の円を描くように腕を回しながら考える群を設けて比較した．分析では，
この 2 群間でのアイデアの産出数と拡散性が比較された．ここでのアイデアの
拡散性とは，既存のアイデアとの類似や重複が少ないことを指す．「にどみぼ
れ」や「ナナヒカリ」のような，既存のブランド米（ひとめぼれ，コシヒカリな
ど）との部分的重複があるものは拡散的ではないと見なす．こうした実験の結

果，腕を大きく回した群と小さく回した群では，アイデアの生成数には差は見られなかったが，大きく回した群は小さく回した群よりもアイデアの拡散性が高いことが示された．腕回しの大きさには，より多様で広範囲にわたるアイデア探索を促す効果がある一方，アイデアの産出数，流暢性には影響しない．しかし，腕の回転は多様な身体動作の一つに過ぎない．身体動作の中には，腕回しとは異なる動作で流暢性を促進するものもある．

空書・描画動作

　身体動作がアイデア産出の流暢性を高める可能性はある．そのことを示唆する研究の一つが，佐々木正人らの研究グループによる一連の空書研究だ．空書とは，字の通り何もない空中に向けて書画動作をすることだ．空書を行う理由の一つには，記憶との関連が挙げられる．佐々木・渡辺 (1983) では，漢字を三つの構成要素に分解したものを提示し，それらを組み合わせてできる漢字は何かを答えさせた（例：「立」「日」「十」→「章」）．佐々木らはさらに，紙の上を指で文字をなぞる「なぞり群」と，空中に指で文字を書く「空書群」，空書を禁じた「空書なし群」の3群を設けて記憶検索課題を行い，各群の成績を比較した．問題文の教示の仕方も，口頭のみで聴覚的に提示される場合と，文字として視覚的に提示される場合の2条件で実施された．その結果，なぞり群は聴覚提示でも視覚提示でも最も優れた成績となった．空書群は，課題を視覚提示時に限り，空書なし群より高い成績となった．素朴に考えれば，手を動かすという処理が加わっている分，漢字（部首）のイメージ操作や記憶検索に割く認知資源の不足を招きそうでもある．しかし，空書を許すことで課題の成績が向上したことから，われわれの記憶や表象には，運動の成分も含まれていること，そして運動を行うことがそうした記憶や表象の操作を補助することを示唆している．

　空書行動の役割に関しては，より複雑な創作過程を題材にした Yokochi & Okada (2005) による水墨画家の観察研究からも示唆が得られる．彼女らは長期にわたり水墨画家のパフォーマンスを観察・記録し，その中で水墨画家が創作活動中に空書を行うことを見出した．これを受け，さらに水墨画家へのインタビューや空書の発生時期の分析を行い，空書行動が実際に描画する前のプラ

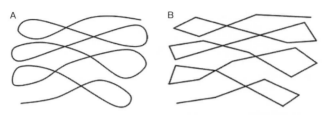

図 3-7　Slepian & Ambady（2012）で教示された描画動作の軌跡の例

ンニングやリハーサルの機能を果たしていることを明らかにした．水墨画家も
また，インタビューの中で空書行動を癖として無自覚に行っていることを報告
しており，この点も佐々木らによる漢字の空書行動とも共通している．

　先の佐々木らの空書研究では，文字をなぞる条件が設けられていたが，線を
なぞる行動もまた，創造的な思考を促進する効果があるとされている．マイケ
ル・スレピアンらは流線的でなめらかな軌跡の描画動作を行った群と，直線的
で角ばった軌跡の描画動作を行った群で創造性に違いが表れるかどうかを比較
した（Slepian & Ambady, 2012）．実験では，図 3-7 に示すように軌跡のなめら
かさが異なる 2 種類の図が用意され，参加者はこの図をなぞるよう教示された．
その後にアイデア生成課題が課された．その結果，なめらかな軌跡（A）を描
く群は角ばった軌跡（B）を書く群よりもアイデア産出数が多く，アイデアの
オリジナリティも高かった．硬さの少ないなめらかな動きは，淀みのないアイ
デア生成をする態度を促すという点では，フリードマンらや永井らの知見とも
共通している．永井・山田（2013）では大きな動きのほうがアイデアの拡散性
が高いという結果になったが，スレピアンらの知見では，指や目といったごく
局所的な部位の小さな動きからも流暢性への効果が見られた．このことから，
動きの種類によって得られる効果が異なることも示唆される．

　スレピアンらは，目と指の動きを操作したが，目の動きだけでも問題解決成
績に影響を与える場合がある．Thomas & Lleras（2007）では，実験上の操作
で特定の眼球運動を行わせることで問題解決成績が向上したという実験結果を
報告した．この研究を受けて，田村・三輪（2013）はスロットマシン課題と眼
球運動を用いた実験を行った．第 1 節で述べた通り，スロットマシン課題では，
広い範囲，多様な方向に視線を向けることが肝要となる．田村らは，直前に行

う問題解決とは無関係の眼球運動が，その直後の問題解決にまで影響を及ぼすと考え，実験を行った．実験では眼球運動を測定するという設定で実験を実施し，眼球運動測定装置の準備（キャリブレーション）という名目で，課題開始前に眼球運動の操作を行った．実験群にはヒントになる縦方向の視線移動を含んだパターンの眼球運動を行わせた後にスロットマシン課題を，統制群には特に眼球運動を行わせずにスロットマシン課題を課した．こうした手続きで課題成績を比較したところ，解決成績に差は見られなかったが，実験群のほうが統制群よりも問題解決初期に誤った仮説を形成しにくいという結果が得られた．この知見からは，姿勢や四肢，指の動きのような大きな動き，大きな体性感覚の変化を伴う動きでなくとも，運動が後続の思考に影響を与えるということが言える．

動きに見る身体の寄与

　本節では，様々な身体動作が，知覚から態度，創造的思考まで様々な心的処理に介入し，方向づけることを示す知見を紹介した．身体動作は環境を探索し，操作するという外界への作用だけでなく，動作する主体の心的状態，知覚から感情，記憶，態度，アイデア探索まで幅広い内的処理にも作用する．冒頭では身体をインタフェースと表現してしまったため，心的処理を環境に出力する，あるいは環境にある情報を心的処理へと入力する，情報の送受信経路のようなイメージを与えてしまったかもしれない．しかし，身体，特に運動が与える影響には，心的処理への介入という内向きの効果と，環境の探索や対象物の操作という外向きの効果が同時並列で発生しているとも考えられる．身体は環境と心的処理をつなぐ媒介変数としてではなく，心的処理や環境と対等に並ぶ要因と考えるほうが，より実態に沿っているのかもしれない．

4　拡張した身体と思考

　ここまで心的処理と環境の両者にかかわる身体や運動の役割，効果について触れてきた．身体が思考にも，環境の中でのふるまいにも影響を及ぼすとするならば，様々な身体状態の人々を想定することもまた必要になろう．具体的に

は，道具の利用や肢体不自由，近年では発展の目覚ましい VR 技術なども対象となりうる．本節では，肢体不自由あるいは何らかの方法で，身体を拡張した場合の思考や態度の変化について述べる．

道具の利用と身体の拡張

人間は道具を発明し活用することができるが，道具を使い込むことで身体の一部であるかのように感じる，というのは広く日常でも聞かれることであろう．熟練のテニスプレイヤーならラケットが，剣道の有段者なら竹刀の先端までが自身の腕の延長のように感じられるだろう．高度な熟達者でなくとも，自動車を日常的に運転する人ならば，乗り慣れた自動車の車幅感覚を把握し，あたかも自分の身体であるかのように操作する感覚を得ているはずだ．

投射する身体──プロジェクション科学

身体の延長となるのは，把持した道具や，身体に接続し固定された道具だけに限らない．身体から離れたモノや出来事に対しても，人は自分の身体を拡張することができる．そのことを示す現象として，第 1 章でも取り上げられたラバーハンド錯覚がある．物理的にはつながっていない物体に自分の感覚がつながっているように感じられるのは，一見するとかなり奇妙な現象のように思える．しかし，ラバーハンド錯覚に限らず，われわれの日常には同様に，離れた対象に自分の感覚を投影するような現象が遍在する．たとえば，ホラー映画などで登場人物が痛烈な暴力にさらされたのを見た時，われわれはあたかも自分の身にまでその苦痛が届いたかのように感じる．レースゲームやアクションゲームで自機がダメージを受けると声を上げてしまったり，より大きく操作するためにコントローラや体を振ってしまったりする．こうした離れた対象に自身の認識や表象を投影してしまう現象は，近年「プロジェクション」として注目されている（鈴木，2020）．プロジェクション科学では，こうした現象を「投射」という言葉で分類し，説明する．われわれは普段，身の回りの物事を認識し，理解する時，その認識の契機となる対象物を知覚して表象を作り，作り上げた表象を対象物に当てはめて認識や理解を成立させる．目の前にあるペンを見てペンだと認識するには，ペンを知覚して心的にペンの表象を立ち上げ，立

ち上げたペンの情報を元の知覚したペンに当てはめる（これを「投射する」と言う）．この認識の契機となる対象物は「ソース」，認識した当人が表象を投射する先は「ターゲット」と呼ばれる．なぜソースとターゲットを分けているのかというと，このソースとターゲットが一致する場合としない場合，そしてソース自体が実在しない場合などがあるからだ．

異投射とラバーハンド錯覚

　日頃のわれわれが行う認識の多くは，そのきっかけとなる対象物と，表象を投射する先が一致している．先にも述べた通り，認識のきっかけとなる事物と，表象の投射先が一致する場合は通常の「投射」となる．この他に，認識のきっかけとなる事物と投射先が違う場合があり，これは「異投射」と呼ばれる．前述のラバーハンド錯覚などは異投射の一種として説明できる．先に例示したゲームプレイ時の自機に起きたことを自分の体験のように反応する事象もまた，ゲーム内の自機と自身の肉体をソースとターゲットにした異投射が起きた例として考えることができる．

虚投射で思考と行動を律する

　また，実体を持たない事物についての表象を，外部の実体を持つ対象に投射する場合もあり，これは「虚投射」と呼ばれている．虚投射の例はオカルトや信仰心の中に見ることができる．たとえば，神社やお地蔵様が置かれている場所で何かぶしつけな行為を行うと，神のような超越した存在がそれを見ていて天罰を下すような気がしてしまう（図3-8）．いわば，心の中の神格化された人格を持つ存在を，外界にある単なる物体に受肉させる行為でもある．こうしたケースは，「超越した存在」という実体のない存在（つまり，ソースは実在しない）の表象を，山や海，神社やお地蔵様といったモノをターゲットとして投射する行為ととらえることができる．こうした虚投射は，仕掛学と呼ばれる行動科学の一領域において実用的な応用もされている．

　先に挙げた例は，迷惑行為の抑制を目的とした虚投射の応用例であった．一方，アイデア生成や問題解決を促進する用途で虚投射を応用することも可能である．その方法は「ラバーダック・デバッグ」と呼ばれており，自身のデスク

図3-8　鳥居（左下）を用いたゴミ放置行動抑制の例

上に話し相手となるアヒル人形（ラバーダック）を置いて，相談相手に見立てて空想上で会話や問答を行うというものだ．こうして相手を捏造して悩みを言語化，外化することで，思考の整理や振り返りを促すのが主な狙いだ．これは相談相手という架空の他者をソースとし，目前の人形をターゲットにした虚投射を行った例とも言える．アヒル人形は便宜的なもので，相談相手に見立てられる物体であれば形状は問わない．極論を言えば，明確なイメージを構築できるならば物体すらなくても構わない．

　このラバーダック・デバッグを実践している人物として，タレントの伊集院光が挙げられる．彼は人生相談の相手を誰にするのがよいかを問われた際，「尊敬する人物の墓」と回答した．その理由として，「尊敬する人が言いそうなことを想像することで，自身の中でのベストな答えが引き出せる」ことを挙げた．これもまた，その場にいない「尊敬する人」というソースを，墓石というターゲットに虚投射したのである．また，ミッキーマウスを生み出したウォルト・ディズニーは，空想上の3人の相談役キャラクターとアイデア作りをしたと言われている．虚投射によって空想上の相談相手を具体化し受肉させれば，一人でも疑似的な協同問題解決を実行するといったことが可能になる．これらプロジェクション科学はまだ新しく発展途上ではあるが，少なくとも私たちにとっての「身体」の範疇は，プロジェクション科学を見るに，相当に柔軟で広範囲に拡張できることは確かであろう．

肢体不自由と身体の拡張

　前節では道具を使って身体を拡張することについて触れたが，このことは肢体の一部やその機能を失ってしまった人たちにおいても意味を持つ．義手や義足などの失った肢体を補う装身具も，ユーザの主観においては生身の肉体と変

わらない身体ということになる.
昨今に見る装身具の発展は, もは
や単に失った肢体を補うものとし
てではなく, 場面や状況に応じて
使い分けられる変幻自在の身体と
いう様相を見せている. パラリン
ピック選手とファッションモデル
の二つの顔を持つエイミー・マリ
ンズは, 先天性の病気により両脚

図 3-9　Third Thumb（https://www.daniclodede
sign.com/thethirdthumb）

の膝から下の部分を 1 歳で切除しており, その先の部分は義足を装着している.
義足は競技時とモデル業で使い分けているだけでなく, 場面に応じて長さを変
え（すなわち, 股下や身長が変わる）, 衣装に応じて義足を履き替える. 彼女はこ
うした自身の足を「新たな空間」と表現し, 義足は「補うものではなく, 空間
に自由な創作を実現し, 新たな個性をデザインできるもの」と表現している.
軽量で弾力性のあるカーボン製の競技用義足はその弾力が推進力を生み, 生身
の肉体より早く走ることを可能にする. 義足で脚の長さが変わるのならば, 先
に述べた歩行や障害物に対するアフォーダンスにも影響が及ぶ. 身体を自在に
変えられることは, エイミーの言葉通り, 新たな個性や認知の契機となるだろ
う.

　装身具は失った部分を補うだけではない, ということを象徴するプロダクト
にダニ・クローデによる Third Thumb（図 3-9）が挙げられる（Clode, 2018;
Kieliba *et al.*, 2021）. 指をもう 1 本追加するもので, 3D プリンタで作られた親
指を小指の隣に装着する. 追加された親指は回転と指を折りたたむ（握る）こ
とができ, 操作は足を使って行う.

　Third Thumb は足で操作する第三の指であり, いわば足を新たな指に置き
換えるデバイスと言える. では, 置き換えではなく, 本当に肢体を追加拡張す
ることはできるだろうか. これを可能にする技術としてはブレイン・マシン・
インタフェース（BMI）が挙げられる. BMI とは, 身体動作時に脳から発せら
れる運動指令を電気的に記録し, 機械で動作する義肢に伝えて操作する技術で
ある. 平たく言えば, 機械の義肢を直接脳につないで操作するものだ. 2021

年に Neuralink 社が行った発表では，脳とデバイスを直接接続したサルが，手を使わずに PC ゲームをプレイするという映像が大きな話題を呼んだ．ただし，脳の電気的活動を外のデバイスに送り操作するという試み自体はそれ以前からも行われ，肢体不自由となった患者が脳活動でロボットアームを操作することに成功している（Hochberg *et al.*, 2006）．

　「もし指がもう一本あったら」という状況自体がまるで創造性研究の実験課題のようだが，実際に指が増えることで把持できるものの種類やサイズも変わり，行動の選択肢も変わっていくだろう．先に紹介した筆者の研究（阿部，2010）でも，アイデア生成時の材料のサイズと手の大きさの関係によって板の使い方に変化が生じることを述べた．将来，Third Thumb のような肢体の追加拡張が日常のものとなれば，そうした多様な身体を想定したインタフェースやアプリ，サービスの要望も高まり，革新的な技術の契機となるかもしれない．

VR で身体を変える

　われわれは実際に身体を失わずとも，バーチャルリアリティ（VR）を使って普段と違う身体でふるまうことができる．ジェレミー・ベイレンソンらの研究チームは，VR 体験内で用いるアバターが他者との態度に及ぼす影響を検討している．Yee *et al.*（2009）の実験では，プレイヤーに実験前に自分の体格に近いアバター，より大きな体格のアバター，小さな体格のアバターのいずれかを割り当て，仮想空間で他プレイヤーとの交渉ゲームを課した．その結果，交渉相手より小さい体格のアバターを使っている時は，自分に有利に交渉を進めることができなくなった．

　Yee & Bailenson（2006）では，高齢者のアバターを操作させ，ゲーム空間内の若者型アバターの他者との対話や，記憶テストやアンケートを課した．記憶テストも，若者型アバターの出題者から問題が出題された．これらは高齢者としての自覚を強めるための実験操作だ．こうした作業の後に，実験参加者に高齢者に対する意識調査を課したところ，高齢者へのネガティブな態度が抑制された．この結果は，VR で高齢者の立場に立つ体験をすることで，共感的な態度をとるよう促されたと考えられる．ただし，白人・黒人などの人種差別を扱ったケースや全盲の条件も検討されたが，共感的態度を促せなかった

(Groom *et al.*, 2009; Silverman, 2015).

　その一方で，VR を使って全く異なった身体構造でふるまうこともできるという知見もある．アンドレア・ウォンらは，生身の動きとアバターの四肢の対応づけを変えた場合の影響を検討した（Won *et al.*, 2015）．具体的には生身の腕の回転がアバターでは 0.6 倍の回転角度になり，生身の足の回転がアバターでは 1.5 倍の回転角度になる拡張条件，そして生身の手足の動きとアバターの手足の動きが入れ替わってしまう入れ替え条件と，生身の動きを忠実に再現する統制条件が設けられた．このような条件のもと，VR 上でアバターの四肢を使って VR 空間内のターゲットにタッチする課題を課した．その結果，統制条件では生身の足を使ってターゲットに触れる行為は起きにくく，使用頻度は 28% にとどまった．これに対し，拡張条件では 58%，入れ替え条件では 45% の使用率となった．拡張条件では腕が上がりにくく，足が上がりやすくなっていた．入れ替え条件では足の動きで腕を動かすように設定されていた．このことから，実験参加者は高所のターゲットにタッチできるよう，アバターと自身の身体の対応づけにすばやく適応していたことがうかがえる．

　さらにウォンらは，生身の身体にはない「第三の腕」をアバターの胸部に生やした場合の様子を比較検討した．生身にはない第三の腕の操作は，両手の手首の回転によって対応づけられた．こうした第三の腕を生やした実験条件と通常のアバターを用いた統制条件で，VR 空間内のターゲットにすばやく正確にタッチする課題を課した．その結果，実験条件では積極的に第三の腕を用いてタッチを試み，また，使っていくにつれ第三の腕に順応していくことが示された．このウォンらの実験は，先に紹介した Third Thumb と同じく，すでに生身の身体にある可動域をアバターの新しい肢体の可動域に対応づけるという置き換えを行うものであるが，アバターの操作についても，BMI の発展によって，追加された肢体を脳から直接動かすことが可能になると考えられる．現状では効果は限定的で，複雑な処理には困難が伴うが，VR の応用によって偏見や固定観念を越え，新たな身体の獲得によって行動の幅が広がることがあれば，これまでにない身体技術や表現方法，行動パターンが生まれてくることも期待できる．

5　多様性の源泉としての身体

　本章では，高次の思考，特に判断や問題解決，創造的思考を中心に，身体と環境の役割や影響を示す知見を紹介した．われわれは主観的には自分の意思のみで判断し，計画し，問題を解決し，アイデアを生み出しているように思えるが，絶えずリアルタイムで入力される感覚刺激や自ら起こす身体動作の影響を受け，身体状態を参照しながら思考を展開している．この時，環境の中でどんな行動が候補に挙がり，その中からどの行動を選択するのかは，環境と身体との間の相対的な関係によっても規定される．そして選んだ行動や，何気ない動作は，環境に作用するだけでなく，行動を起こした主体の心的処理，態度や姿勢，外部に対する印象にも影響を与える．高次の思考，特に創造的な思考は，思考する主体の主観的，意識的な判断や計画だけでなく，こうした心的処理と身体，環境の三つ巴が生み出す目まぐるしい変化の中で，顕在的，あるいは時には潜在的に手がかりとなる情報を取得することで発露するものと考えられる．

　目的を伴った道具の利用は，主観的にも脳神経的にも身体の拡張をもたらすが，昨今の神経科学やロボティクス，両者ともつながるBMI，そしてVR技術の発展は，身体の外にある対象物と脳をダイレクトに接続することや，もともとの肢体にはない新たな身体の拡張と操作を可能にする．肢体不自由者を補助していた義肢・装身具も，今や状況に応じて換装できる新しい身体とも呼べるものになった．その一方で，私たちは直接接触，接続していない離れた対象物に対して自身の身体の表象を投射することもあれば，その場に実体をもって存在しない人物の人格を物体に投射し，主観的に受肉させるような行いもする．身体と脳，心とのつながりが可塑性に富むことはすでに知られているが，プロジェクション科学の登場により，身体の線引きは曖昧かつ柔軟になりつつある．

　身体の定義や線引きが曖昧になれば，人と違う身体でいることがより日常に見られるようになる．そのことが協同の仕方から，個々人が行動の中で出会うアフォーダンス，環境のとらえ方をも多様にしていくだろう．しかし，それは状況の複雑化や困難さだけを示唆するものではない．同じ環境や事象でも，異なる身体や知覚を持った多様な人々が協同していくことで，個々人では得られ

なかった創発的な思考ができるかもしれない．創造性研究では，個人内においても集団においても，多様性が創造性の源泉となることが指摘されている（鈴木，2004；三浦・飛田，2002）．個々人が様々な身体を持つことで，誰もが誰かの創造性を触発するきっかけになることができるだろう．

引用文献

阿部慶賀（2010）．創造的アイデア生成過程における身体と環境の相互作用　認知科学，*17* (*3*)，599-610.

Abe, K. (2011). Interaction between body and environment in insight problem solving. *Proceedings of the 33rd Annual Meeting of the Cognitive Science Society*, pp.728-732.

Abe, K. (2013). The effect of physical load on the cognitive process of estimation. *Proceedings of the 35th Annual Meeting of the Cognitive Science Society*, pp.1692-1695.

阿部慶賀（2016）．「重い」と思うことは印象評価を変えるのか――印象評価における重量刺激の主観量と物理量の影響　実験社会心理学研究，*55*(*2*)，161-170.

兄井彰（2003）．把持のアフォーダンス知覚に及ぼす錯視の影響　第13回運動学習研究会報告集，pp.72-76.

Bhalla, M., & Proffitt, D. R. (1999). Visual-motor recalibration in geographical slant perception. *Journal of Experimental Psychology: Human Perception and Performance*, *25*(*4*), 1076-1096.

Botvinick, M., & Cohen, J. (1998). Rubber hands 'feel' touch that eyes see. *Nature, 391*, 756.

Cacioppo, J. T., Priester, J. R., & Berntson, G. G. (1993). Rudimentary determinants of attitudes, II : Arm flexion and extension have differential effects on attitude. *Journal of Personality and Social Psychology, 65*(*1*), 5-17.

Carney, D. R., Cuddy, A. J. C., & Yap, A. J. (2010). Power posing: Brief nonverbal displays affect neuroendocrine levels and risk tolerance. *Psychological Science, 21*(*10*), 1363-1368.

Church, R. B., & Goldin-Meadow, S. (1986). The mismatch between gesture and speech as an index of transitional knowledge. *Cognition, 23*(*1*), 43-71.

Clode, D. (2018). *The Third Thumb*. In Design Museum Foundation, *Bespoke bodies: The design & craft of prosthetics*.

Friedman, R. S., & Förster, J. (2000). The effects of approach and voidance motor actions on elements of creative insight. *Journal of Personality and Social Psychology, 79*(*4*), 477-492.

Friedman, R. S., & Förster, J. (2002). The influence of approach and avoidance motor actions on creative cognition. *Journal of Experimental Social Psychology, 38*, 41-55.

Gérin-Lajoie, M., Richards, C. L., & McFadyen, B. J. (2005). The negotiation of stationary and moving obstructions during walking: Anticipatory locomotor adaptations and preservation of personal space. *Motor Control, 9*(*3*), 242-269.

Gibson, J. J.（1979）. *The ecological approach to visual perception*. Houghton Mifflin.
（古崎敬（訳）（1986）. 生態学的視覚論──ヒトの知覚世界を探る　サイエンス社）

Groom, V., Bailenson J. N., & Nass, C.（2009）. The influence of racial embodiment on bias in immersive virtual environments. *Social Influence*, *4*, 1–18.

Hall, E. T.（1966）. *The hidden dimension*. Doubleday.（日高敏隆・佐藤信行（訳）（1970）. かくれた次元　みすず書房）

Higashiyama, A., & Adachi, K.（2006）. Perceived size and perceived distance of targets viewed from between the legs: Evidence for proprioceptive theory. *Vision Research*, *46*, 3961–3976.

Higashiyama, A., & Toga, M.（2011）. Brightness and image definition of pictures viewed from between the legs. *Attention, Perception, & Psychophysics*, *73*, 151–156.

Hirota, A., *et al.*（2015）. Keep your chin up when you want to believe in future rewards: The effect of facial direction on discount factors. *Proceedings of the 3rd International Conference on Human Agent Interaction*（*HAI 2015*）, pp.195–197.

廣田敦士・市川淳・早川博章・西崎友規子・岡夏樹（2019）. 権威のある姿勢が将来得られる報酬の割り引かれる価値に与える影響　認知科学, *26*(*2*), 231–242.

Hochberg L. R., *et al.*（2006）. Neuronal ensemble control of prosthetic devices by a human with tetraplegia. *Nature*, *442*, 164–171.

Isen, A. M., Daubman, K. A., & Nowicki, G. P.（1987）. Positive affect facilitates creative problem solving. *Journal of Personality and Social Psychology*, *52*(*6*), 1122–1131.

Jostmann, N. B., Lakens, D., & Schubert, T. W.（2009）. Weight as an embodiment of importance. *Psychological Science*, *20*(*9*), 1169–1174.

Kay, A. C., Wheeler, S. C., Bargh, J. A., & Ross, L.（2004）. Material priming: The influence of mundane physical objects on situational construal and competitive behavioral choice. *Organizational Behavior and Human Decision Processes*, *95*(*1*), 83–93.

Kieliba, P., Clode, D., Maimon, R. O., & Makin, T. R.（2021）. Robotic hand augmentation drives changes in neural body representation. *Science Robotics*, *6*(*54*), eabd7935. doi: 10.1126/scirobotics.abd7935.

清河幸子・伊澤太郎・植田一博（2007）. 洞察問題解決に試行と他者観察の交替が及ぼす影響の検討　教育心理学研究, *55*, 255–265.

Leung, A. K., *et al.*（2012）. Embodied metaphors and creative "acts". *Psychological Science*, *23*(*5*), 502–509.

Libet, B.（2005）. *Mind time*. Harvard University Press.（下條信輔（訳）（2005）. マインド・タイム──脳と意識の時間　岩波書店）

Mednick, S. A.（1962）. The associative basis of the creative process. *Psychological Review*, *69*, 220–232.

Mermillod, M., *et al.*（2011）. Embodying Emotional Disorders: New Hypotheses about Possible Emotional Consequences of Motor Disorders in Parkinson's Disease and Tourette's Syndrome. *International Scholarly Reseach Network Neurology*, *2011*, 1–6. doi: 10. 5402/2011/306918

Meyers-Levy, J., & Zhu, R. J. (2007). The influence of ceiling height: The effect of priming on the type of processing that people use. *Journal of Consumer Research, 34* (2), 174–186.

三嶋博之 (1994). "またぎ"と"くぐり"のアフォーダンス知覚　心理学研究, *64*(6), 469–475.

三浦麻子・飛田操 (2002). 集団が創造的であるためには――集団創造性に対する成員のアイディアの多様性と類似性の影響　実験社会心理学研究, *41*(2), 124–136.

永井聖剛・山田陽平 (2013). クリエイティブになりたい？　ならば腕を大きく回そう――身体運動と拡散的創造性との関係　日本認知心理学会第 11 回大会論文集, p.27.

中村國則 (2012). 友達の値段, 友達の友達の値段, 友達の友達の友達の値段　日本認知科学会第 29 回大会論文集, pp.420–423.

Roger, D. E., & Schalekamp, E. E. (1976). Body-buffer zone and violence: A cross-cultural study. *The Journal of Social Psychology, 98*, 153–158.

Sakurai, S., Katsumura, T., Narumi, T., Tanikawa, T., & Hirose, M. (2014). Evoking emotions by presenting pseudo-bodily responses and a contextual cue. ASIAGRAPH 2014, Bali, Indonesia, April 25–27.

Sakurai, S., Narumi, T., Tanikawa, T., & Hirose, M. (2015). A proposal of a game controller for evoking emotion by creating an illusion of perception of one's bodily response around hand. ASIAGRAPH 2015, Tainan, Taiwan, April 23–27.

佐々木正人・渡辺章 (1983). 「空書」行動の出現と機能――表象の運動感覚的な成分について　教育心理学研究, *31*(4), 273–282.

Schachter, S., & Singer, J. (1962). Cognitive, social, and physiological determinants of emotional state. *Psychological Review, 69*(5), 379–399.

Shimojo, S., Simion, C., Shimojo, E., & Scheier, C. (2003). Gaze bias both reflects and influences preference. *Nature Neuroscience, 6*(12), 1317–1322.

Silverman, A. M. (2015). The perils of playing blind: Problems with blindness simulation and a better way to teach about blindness. *Journal of Blindness Innovation and Research, 5*(2). doi: http://dx.doi.org/10.5241/5-81

Slepian, M. L., & Ambady N. (2012). Fluid movement and creativity. *Journal of Experimental Psychology: General, 141*(4), 625–629.

Strack, F., Martin, L. L., & Stepper, S. (1988). Inhibiting and facilitating conditions of the human smile: A nonobtrusive test of the facial feedback hypothesis. *Journal of Personality and Social Psychology, 54*(5), 768–777.

鈴木宏昭 (2004). 創造的問題解決における多様性と評価　人工知能学会論文誌, *19*(2), 145–153.

鈴木宏昭 (編) (2020). プロジェクション・サイエンス――心と身体を世界につなぐ第三世代の認知科学　近代科学社

田村昌彦・三輪和久 (2013). 眼球運動が洞察問題解決における固着形成・解消に与える影響の検討　心理学研究, *84*, 103–111.

田中政子 (1973). Personal Space の異方的構造について　教育心理学研究, *21*(4), 19–28.

寺井仁・三輪和久・古賀一男 (2005). 仮設空間とデータ空間の探索から見た洞察問題解決

過程　認知科学, *12(2)*, 74–88.

Thomas, L. E., & Lleras, A.（2007）. Moving eyes and moving thought: The spatial compatibility between eye movements and cognition. *Psychonomic Bulletin & Review*, *14(4)*, 663–668.

友野貴之・古山宣洋・三嶋博之（2017）. 人はいかにして人と人の間を通り抜けられると判断するのか？――間隙アフォーダンス知覚の新たな展開　認知科学, *24(3)*, 435–449.

Trope, Y., & Liberman, N.（2003）. Temporal construal. *Psychological Review*, *110(3)*, 403–421.

Warren, W. H.（1984）. Perceiving affordances: Visual guidance of stair climbing. *Journal of Experimental Psychology: Human Perception and Performance*, *10(5)*, 683–703.

Warren, W. H. Jr., & Whang, S.（1987）. Visual guidance of walking through apertures: Body-scaled information for affordances. *Journal of Experimental Psychology: Human Perception and Performance*, *13(3)*, 371–383.

Williams, L. E., & Bargh, J. A.（2008）. Experiencing physical warmth promotes interpersonal warmth. *Science*, *322*, 606–607.

Won, A. S., Bailenson, J. N., Lee, J. D., & Lanier, J.（2015）. Homuncular flexibility in virtual reality. *Journal of Computer-Mediated Communication*, *20*, 241–259.

Yee, N., & Bailenson, J. N.（2006）. Walk a mile in digital shoes: The impact of embodied perspective-taking on the reduction of negative stereotyping in immersive virtual environments. *Proceedings of PRESENCE 2006: The 9th Annual International Workshop on Presence*. August 24–26, Ohio, USA.

Yee, N., Bailenson, J. N., & Ducheneaut, N.（2009）. The proteus effect implications of transformed digital self-representation on online and offline behavior. *Communication Research*, *36(2)*, 285–312.

Yokochi, S., & Okada, T.（2005）. Creative cognitive process of art making: A field study of a traditional Chinese ink painter. *Creativity Research Journal*, *17(2–3)*, 241–255.

第4章 心と身体を結ぶ内受容感覚
——感情と記憶から考える

◆

寺澤悠理

感覚という言葉を聞いた時に，それは五感と同義だと解釈されることが多い
だろう．五感は，見る，聞く，さわる，かぐ，味わうという行為に対応したも
ので，それぞれ視覚，聴覚，触覚，嗅覚，味覚と呼ばれる．これらの行為や感
覚を通して，われわれは自分を取り巻く環境とその変化を知り，絶えずそれに
対応しようとしている．しかし，われわれが感じられる感覚について，もう少
し思いをめぐらせてみると，鼓動や息が詰まる感じや空腹感，あるいは痛みや
心地よさのように，身体の状態についての感覚も存在し，その感覚が意識に占
める大きさに気がつく．いわゆる五感が身体の外側の状況に対応するものであ
るならば，後者は身体の内側の状況に対応するものである．このような性質に
基づいて，前者を外受容感覚（exteroception），後者を内受容感覚（interocep-
tion）と呼ぶ分類方法が存在する．

　神経基盤や心理的なメカニズムはそれぞれに特徴があるが，外受容感覚と内
受容感覚が協応することで，ヒトは外的環境の変化と主体にとっての価値を認
識し，行動の選択を方向づけている．近年の研究によって，内受容感覚は特に
この価値の認識の部分に寄与するところが大きい可能性が明らかになってきた．
本章では，このような観点から，内受容感覚のかかわりが大きいと考えられる
いくつかのトピックに焦点を当て，この感覚およびその基盤となる処理機構が
心の諸機能に及ぼす影響について概観する．

1　内受容感覚とは

　内受容感覚とはどのようなものであろうか．前述の通り，内受容感覚は，主
に身体内部の状態についての感覚である．この用語は，イギリスの生理学者で，

ニューロンの機能の発見によりノーベル賞を受賞した，チャールズ・シェリントン卿が，intero-ceptor，intero-ceptive という言葉を内臓の感覚を表す概念として用いたことに起源を持つ．彼は神経系を伝達する情報の特徴に基づいて，① extero-ceptive，② proprio-ceptive，③ intero-ceptive の 三 つ に 分 類 し（Sherrington, 1906），①外受容感覚（exteroception），②固有感覚（proprioception），③内受容感覚（interoception）という感覚の区別の基礎を作った．これらの用語は，感覚を機能，あるいは感覚を生じさせる受容器の特性に応じて分類する際に，現在でも使用されている．いくつかの文献を見てみると，内受容感覚の定義は研究者によってやや異なることに気がつく．Dworkin（2007）は身体の解剖学的な機序に着目して，内臓や血管の状態の知覚にかかわる感覚，と定義した．この定義は，内受容感覚が主に心拍や血圧，呼吸などの変化の受容にかかわっていることを示唆する．

　また，内受容感覚という用語を，外受容感覚と対をなす概念として定義する場合もある．すなわち，身体外部・内部環境に関する感覚としての外受容感覚・内受容感覚とする分類である．この分類では固有感覚も内受容感覚の一部として扱う立場をとっている．実際に，Vaitl（1996）は，内受容感覚は固有感覚と身体内器官の感覚（内臓感覚）の双方からなる，と述べている．Damasio（2003）は，外受容感覚として，視覚，聴覚，嗅覚，味覚，触覚を挙げ，内受容感覚は身体内部環境に関する感覚である，と述べた．具体的な情報源として痛みや体温を含む身体内環境，内臓，横紋筋，前庭システム，ホルモンなどの体液の状態を挙げている．

　外受容感覚では，知覚する対象は身体の外部に位置し，主体がどのように知覚しようとも，その対象そのものの物理的な特性が変化することはない．しかし，内受容感覚は，知覚の対象である心拍や呼吸といった活動自体が，主体がどのように知覚したのかによって影響を受ける可能性がある．たとえば，息苦しいと感じたらより深く息を吸おうとしたり，心拍が速いと感じるとさらに心拍数が上がったりする，という経験がこれに当たる．このような知覚対象と知覚過程の関係性においても，外受容感覚と内受容感覚の違いを特徴づけられる，という指摘もある（Carvalho & Damasio, 2020）．

　このように，厳密な定義には研究者間に違いがあるものの，内受容感覚は，

表 4-1　内受容感覚の具体例（Khalsa *et al.*, 2018 を改変）

痛　み
内臓疾患に関連した痛み（腹痛，胸痛など）
身体的問題に関連した痛み（打撲，腫瘍，炎症など）
骨格に関連した痛み（骨折，関節痛など）

痛み以外の感覚
心臓血管系（心拍，動悸など），呼吸，消化，飢え，渇き，血糖値などの血液・体液環境の変化 に対応する感覚，体温，ほてり，息苦しさ，震え，こわばり，かゆみ，性的な感覚，疲労

身体内部の状態を脳に伝達する役割を担っている，という点において共通しており，生体の恒常性の維持や環境に応じた調整の土台となっている．

内受容感覚の具体例と顕在化のモデル

　それでは具体的にどのような感覚が内受容感覚なのだろうか．表 4-1 は，内受容感覚を構成する個別の感覚をまとめたものである．内受容感覚には，身体の様々な部位や全体に起因し，痛みを引き起こすものも，痛み以外の感覚も含まれる．痛み以外の感覚は，ほとんどの場合は意識に上らず，大きな変化や意識しようという積極的な働きかけによって意識に上ってくる．

　これまでの記述から，内受容感覚は身体内部で生じた大きな変化を知覚するための受動的な側面が強いようにとらえられるかもしれない．しかし，視覚や聴覚といった外受容感覚もそうであるように，感覚は入力される刺激量の変化のみによってその内容が変化するだけでなく，他の感覚モダリティからの修飾や，これまでの経験履歴に基づく現状の解釈といった文脈情報からも大きな影響を受ける．内受容感覚についても，脳の予測的符号化のモデルを適用して理解しようとする考え方が，近年になり広く議論されてきた．この仮説では，直面している，あるいはこれから起こるであろう状況に対応する身体状態の脳内の予測（事前の内的予測モデル）と，実際に身体からインプットされる身体状態とのズレ（予測誤差）や，予測モデルの更新，あるいはインプットの調整のために身体状態を変化させることなどによって，顕在的な内受容感覚が生じると仮定している．図 4-1 はこのような予測的符号化に基づく身体状態の制御と内受容感覚の生成モデルを図示したものである．詳しくは Seth（2013）や Bar-

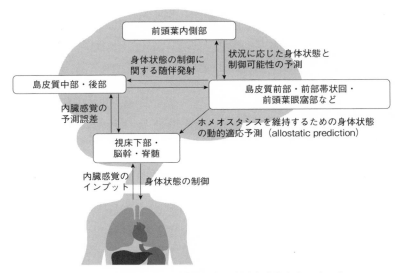

図 4-1　予測的符号化に基づく身体状態の制御と内受容感覚生成モデル（Stephan et al., 2016 を改変）

rett & Simmons（2015）を参照されたいが，これらのモデルでは脳領域間の解剖学的・機能的連結によって，予測シグナルと実際の情報を比較し，予測が正しいものであったのか，あるいは誤ったものであったのか，という情報の符号化が可能になると考えられている．誤差がなかった場合は，そのまま内受容状態は意識に上ることなく，この脳と身体のループが滞りなく働いていくが，誤差があった場合には，予測情報のアップデートや身体状態の調整が必要になる．これによって，心拍や呼吸といった自律神経活動が変化し，身体内部状態の変化が内受容感覚として意識に上るのというのだ．つまり，現在，置かれている状況に関して，過去の経験に基づいた身体の状態が脳内で予測され，実際に生じた身体的変化との誤差の大小によって，現在の主観的な内受容感覚やそれに伴う環境の評価が調整されているというものである．

　内受容感覚が，生命の維持のために絶えず活動を続けている心臓や肺といった内臓など，自律神経活動に支配される様々な身体内部の活動に起因するものであることを考えれば，このモデルは理に適っているように見える．内受容感覚の潜在的な処理ループは，限られた認知的資源を身体の外で起きている事象

に配分し，効率的に処理に利用するためには有益である．滞りなくシステムが循環している間は意識に上らず，何らかの対処が必要な場合にいわばアラートを発するために顕在化し，対処行動によって生体にとって安定した，あるいは快適な状態に導く行動をとらせるための仕組みとして，合理的であると言えよう．

言い換えれば，生体の恒常性へのゆらぎが生じ，何らかの対処行動が必要となる状況で，内受容感覚は顕在化されやすい，とも言える．つまり，このような状況が生じる場面において，内受容感覚が担っている役割があると推測することができるだろう．

それでは，どのような状況がこの条件に当てはまるだろうか．心臓の鼓動や，息苦しさを感じる状況として，私たちが最も初めに思い至るのは，何らかの感情を経験している場面ではないだろうか．まず，内受容感覚が感情に及ぼす影響について考えてみよう．

2 感情と身体反応を結ぶ内受容感覚

われわれはどのように，自分自身の感情を認知しているのだろうか．何らかの感情を経験している状態を想像してみてほしい．楽しい状態を想像すれば，頬が緩んだり，紅潮したり，身体が温まるような状態が思い浮かぶであろうし，つらい状態を想像すれば，胸や喉の奥が締めつけられ，頬がこわばる状態が思い浮かぶのではないだろうか．感情を表す日本語の表現には，血が騒ぐ，肝を冷やす，肩を落とすなどのように，身体や内臓の状態の変化に関するものも多い．興奮した，恐ろしい，あるいはがっかりしたというような一般的な感情語よりも，発話者の状態をありありと伝えられると考えられる場合もあり，会話や文章の形式を問わず，このような表現は多用されている．こうした習慣は，われわれが明らかな感情の変化には，内受容感覚を含む身体状態の変化が伴うことを経験的に知っていることを意味する．このような傾向は，日本語だけではなく，他の言語においても見られることも興味深い．つまり，感情と身体状態の密接な関係性は，文化や言語の特徴を越えて人間に共有されてきたことを示唆する傍証と考えられる．実際に，怒りや，喜び，嫉妬といった様々な感情

に伴う身体の活動亢進あるいは減衰を感じる部位を，身体図形に暖色あるいは
寒色を塗って表現してもらったところ，多文化にまたがる非常に多くの実験参
加者に共通して，各感情に対応する身体のカラーパターンが得られた（Num-
menmaa *et al.*, 2014）．このような日常的な気づきを裏づけるように，感情と身
体反応の関係性については，長年にわたって活発な議論が繰り広げられてきた．

　感情が生じる過程において，心拍や呼吸などの身体状態の大きな変化である
情動反応を感じることが，うれしさやつらさといった主観的な感情そのものに
影響を及ぼすのかというテーマは，ウィリアム・ジェームズ（James, 1884）に
端を発し，人間が感情を経験するメカニズムを理解するための一つの視点を提
供してきた．ジェームズは，主観的感情における身体反応の役割は非常に大き
いものであると提唱した．実際に，感情とは「興奮する事態の知覚に続く身体
的変化」と，「その変化が生じていることを主観的に感じること」であると述
べている．さらに，「速い心拍，深い呼吸，唇のふるえ，鳥肌，内臓の動きと
いった身体的変化がなければ感情も存在しえない」と続く．彼の記述を生理学
的に説明するならば，環境からの刺激が大脳皮質の感覚野や運動野を経由して
身体変化（内臓変化・姿勢や表情）を起こさせ，この変化が再び大脳皮質にフィ
ードバックされ，これを知覚することによって感情の主観的経験が生じる，と
いう主張である．この主張において内受容感覚を含む身体反応の知覚は感情経
験に不可欠なものである．ジェームズの仮説は，血管の収縮がもたらす血液循
環の変化の重要性も強調したカール・ランゲ（Lange, 1885/1992）の仮説と併せ
て情動の末梢起源説，あるいはジェームズ―ランゲ説として知られている．こ
の仮説の妥当性に関しては長い間議論が繰り返されてきたが，心的処理に伴う
脳活動を観察できる脳機能画像研究の発展を機に，その重要性は見直されるこ
とになった．いわば情動の末梢起源説の現代版とも言うべきアントニオ・ダマ
シオらによるソマティック・マーカー仮説（Damasio, 1994）もこのような背景
のもと提唱されている．われわれは何らかの意思決定を求められている場面で，
過去の類似した状況での経験から，どのような意思決定が最適であるかを考え
る．その際，過去の意思決定が自身にもたらした結果が，望ましいものであっ
たのか，そうではなかったのかを示唆するような身体の反応（somatic marker）
が無意識に生じ，これを知覚することで現在の意思決定に役立てている，とい

う考え方が，ソマティック・マーカー仮説の骨子である．また，そのための脳および身体の基盤についても，脳損傷例を対象とした研究をもとに説明されている．身体の変化が伴う潜在的な処理によって，行動の選択が変化することを提案した仮説であり，改めて身体由来情報の価値に光を当てた仮説である．

　情動の末梢起源説からは，感情経験に固有の身体反応の存在が予測されるという指摘がある．つまり，個々の感情には特有の身体反応のパターンが存在し，そのパターンが現れていることを感じることで，ある感情を経験できるという仮説である．このような考え方は，感情の進化的な意義を重んじる基本感情理論（basic emotions theory）と通じるところが多い．基本感情理論では，各本能には各基本感情の存在が仮定され，ある感情が引き起こす身体変化は，その本能行動を遂行するために効果のあるような表出がなされると考えられているからである．このような予測に基づき，研究者たちは，呼吸や心拍に関する様々な指標を用いて，怒りに対応する身体反応，悲しみに対応する身体反応といった，固有の感情をかたち作る身体反応のパターンをとらえようとしてきた．その結果，攻撃に関連する怒りでは心拍数や指先の温度，手のひらの発汗量が上昇する，毒物から身体を守ることに関連する嫌悪では悪臭を吸い込まないように鼻腔の体積が狭まる，といった進化的な起源に合致するような特有のパターンが見つかってもいる（Levenson *et al.*, 1990; Susskind *et al.*, 2008）．

　しかしその一方で，自律神経反応のパターンの変化から，個人がどのような感情を感じているのかを高い精度をもって予測することは容易ではないこともわかってきた．たしかに，身体反応が連続的で相対的であるという特徴を鑑みると，研究によっては数十を数える人間の多彩な感情の一つ一つに対応する固有の身体反応が存在し，どのような状況においても人間がそれらのすべてを正確に分類し，そのカテゴリ名に適した感情を経験している，と想定することは困難であろう．

　感情の定義方法として，もう一つの有力な説である感情の次元説（dimensional theory）では，感情価（valence）と覚醒度（arousal）の二軸から構成される平面上に，様々な感情を定義している．感情価は快／不快，ポジティブ／ネガティブあるいは，接近／回避を表すものであり，覚醒度は興奮や活性化の高低を表すものである．ヴィルヘルム・ヴントが人間の感情状態を定義する三つの

概念を論じた際，一つの概念として覚醒度を用いているが，そこにおいては興奮と鎮静の対からなる概念であった．興奮状態の時には，心臓が脈を打ったり，頭に血が上ったりした状態が思い浮かべられる．その一方で，鎮静状態では，身体が重く脱力した状態や，あたかも自分の心が身体から切り離されたかのように静かな状態が思い浮かべられるのではないだろうか．興奮や鎮静の知覚を生み出す変化は，まさに身体反応によるところが大きく，そしてその変化が生じていることを知覚するための内受容感覚の役割が大きいことが推測される．人間の感情は，快／不快のみでは定義できず，覚醒という要素を切り離せないという指摘は，感情価と覚醒度の二軸から構成される平面に円状に感情カテゴリが存在すると考える感情の円環理論（Russell & Lemay, 2000）の礎となったと言えるであろう．この理論から派生した Core Affect 理論（Barrett, 2006）もこの主張を継承するとともに，情動（affect）というものは人間の心の基本的な要素であり，様々な心理過程に影響を及ぼす中心的存在であると主張している．感情価と覚醒度の二つの軸の交わり方が直交であるのか斜交であるのか，個人間に共通する構造であるのか，といった議論は続けられているが，この立場を基盤とした数多くの感情に関する研究が行われている（Kuppens et al., 2013）．

　感情の変化に伴って観察される身体反応の変化は，古典的な生理心理学の手法による研究で調べられてきた．心拍や呼吸，発汗，瞳孔径といった自律神経によって操作されている生理反応がその対象となり，特定の感情に関連するパターンの有無や，期待やエラーの指標としての可能性について，綿密な議論が重ねられてきた．このような議論は，基本的に身体反応の表出とその客観的な変化量についてのものであり，その変化を個体がどのように感じているのか，その感じ方によって主観的な感情経験が変化するのかという点には，あまり注意が払われてこなかったように見える．しかし，感情経験に伴って生じる心臓の鼓動や息苦しさ，手に汗を握る感覚といったものは，すべて主観的な経験であり，身体反応とこの経験を媒介する内受容感覚のメカニズムについての理解を深めることによって，主観的な感情経験の成り立ちを紐解く糸口になる可能性があると言えるだろう．

神経基盤の相違から見た内受容感覚と感情

　さて，内受容感覚のメカニズムを理解することが主観的感情経験を理解するために有益であるということは前述の通りであるが，どのようなアプローチが可能であろうか．脳機能画像技術の進歩に伴って，まさにその時に感じている感覚を生じさせることに関連している脳部位の特定が可能になってきた．内受容感覚のもととなる身体内部の活動は，絶え間なく生じているが，前述のようにほとんどの場合は意識に上らない．内受容感覚が生じている時の脳活動をとらえるためには，実験者の操作に応じて身体状態を意識するような状態を作り出す必要があるのだ．これまでに，身体内部および外部に痛みを生じさせる（Craig, 2000; Dunkley et al., 2005; Wiech et al., 2006），腸内に風船を入れて圧力をかける（Hamaguchi et al., 2004），低血糖状態を作り出す（Teves et al., 2004），息苦しい状態を作り出す（Evans et al., 2002; Liotti et al., 2001）といった方法で研究が行われてきた．いずれの研究でも，身体状態が恒常状態から離れると，前部帯状回，両側島皮質，視床，脳幹といった内受容感覚にかかわる部位（Craig, 2003）の活動が見られている．

　しかし，人工的な条件によって身体状態に意識を向けさせている研究では，これらの部位が，自発的に身体状態に意識を向けることにかかわっているのか，あるいは恒常状態からの乖離の検出にかかわっているのか，恒常状態から乖離したことによって生じる感情状態にかかわっているのか，といった点が明らかではない．また，恒常状態からの逸脱に伴う全身の自律神経反応の制御にかかわっている可能性もある．

　このような問題にアプローチするために，身体状態を意識している際の中枢神経活動をとらえた事象として，脳波の心拍誘導性電位（heartbeat-evoked potential: HEP）を用いた研究が多く報告されている（Pollatos & Schandry, 2004）．この振幅は，心拍を敏感に知覚できる個人では大きく，また心拍を知覚しようと努力することでその大きさが増大することから，内受容感覚の鋭さと関連するのではないかと考えられている（Weitkunat & Schandry, 1990; Petzschner et al., 2019）．そしてこの電位の発生源として，島皮質，前部帯状回，前頭葉内側部，下頭頂皮質といった脳の領域が考えられている（Pollatos et al., 2005）．

　また，fMRI（functional magnetic resonance imaging：機能的磁気共鳴画像）を

用いて，心拍に注目している際の神経基盤をとらえる実験が行われている（Critchley *et al.*, 2004）．この研究でも，右島皮質前部，前部帯状回，視床といった領域（前掲図4-1参照）が内受容感覚への気づきに重要であることがわかった．

　以上のような研究を通じて，島皮質，前部帯状回，視床などが内受容感覚の中心的な神経基盤であり，特に島皮質は内受容意識とのかかわりが強いことが見えてくる．前述の内受容感覚の予測モデルを提唱する研究者らは，そのモデルの神経基盤として島皮質内の細胞構築学的特徴による領域分類と，それぞれの領域と脳内の他領域との連結の差異に着目し内受容感覚の脳内処理メカニズムの議論が展開されている．

　興味深いことに，主観的に感情を経験している際に活動が報告されている複数の脳領域は，内受容感覚の神経基盤として特定された領域と大部分が重複している．主観的に感情を経験している時の脳活動を調べるために，実験参加者自身が経験した悲しみや怒り，喜びなどが伴うエピソードを想起してもらったところ（Damasio *et al.*, 2000; Rudrauf *et al.*, 2009），内受容感覚との関与が指摘されている，帯状回皮質，二次体性感覚皮質，島皮質，脳幹被蓋の核は，いずれの感情の想起時にも意味のある活性・不活性のパターンを示した．そして，これらのパターンが感情の種類によって異なっていた．このように，内受容感覚と感情経験の神経基盤の重複性が見えてくるが，その相違性を明らかにするためには，実際に内受容感覚と感情経験の神経基盤を直接検討するfMRI研究が必要であった（Terasawa *et al.*, 2013; Zaki *et al.*, 2012）．筆者らが行った研究では，感情を喚起する操作を特定用いずに，fMRI撮像中のその時，その瞬間の自分の感情や身体の状態を評価してもらった（Terasawa *et al.*, 2013）．その結果，オンラインの感情，身体状態双方のモニタリングに深く関与する領域として，右島皮質前部および腹内側前頭前野を特定した．驚きや恐れ，喜びといった顕著な感情状態の生起は想定されない実験状況であり，感情状態に伴う自律神経系の大きな変化が生じていないと考えられるので，これらの領域は自律神経系の変化を引き起こす機能ではなく，自身の今，この瞬間の身体の状態を感じるシステムにかかわっていると言える．さらに感情状態の評価時には，前頭葉内側部や側頭極といった自分自身あるいは他者の心的状態の理解にかか

わる脳領域も同時に活動していた．

　前述の研究結果を得た後，内受容感覚の神経基盤として注目された島皮質周辺の腫瘍摘出例を対象として，覚醒下手術中のこの領域への刺激，および摘出に伴って内受容感覚や感情の認識が変化するかを調べた（Motomura *et al.*, 2019; Terasawa *et al.*, 2021）．その結果，覚醒下手術時に，左前部から中部の島領域を電気的に刺激することによって，身体的な興奮の高まりと関連する感情である怒りの認識が向上すること，一方でこの領域を摘出することによって，怒りの認識は低下し，その程度は内受容感覚の精度の低下と関連することも明らかになった．先行研究の結果と併せると，内受容感覚と現在置かれている文脈や環境情報の統合が主観的な感情経験の基盤となっており，感情を意識する過程には潜在的に自己の身体内部状態を参照する過程が包含されているという仮説の妥当性が支持されるだろう．さらに，内受容感覚処理にかかわる過程と，その神経基盤を精査することで，主観的感情経験の理解に挑むための足がかりになる可能性が示されている．

3　内受容感覚を介した感情への気づきと感情概念の獲得

　ここまで，内受容感覚を介した主観的感情経験の仕組みについて述べてきた．その基盤となるモデルとして，内受容感覚の予測的符号化モデルも紹介し，その神経基盤についても紹介してきた．このモデルは，内受容感覚が意識に上るかどうか，それに対する対処行動をするべき動機づけが生じるかどうかといった問題を考えるために有益である一方で，このシステムを破綻させる問題として，予測モデルの精度の低さや予測誤差処理の不適切さなどが想定できる．その結果，本来意識される必要のない身体内部の活動に過敏になったり，反対に気づきづらくなったりする．あるいは不適切な対処行動をとることも考えられる．こうしたモデルによって，うつや不安といった感情の関連する疾患や，心身相関に関連する病態を理解しようとする試みも盛んに行われている．内受容感覚システムを用いたアプローチとして，今後ますますの発展が期待される領域の一つである．

　一方，予測的符号化理論によって内受容感覚を考えてみようとすると，この

モデルの個々の構成要素が，実際のところ何を意味しているのかという点はまだ議論の余地がある．たとえば「内受容感覚の予測」は，何をトリガーにしているのだろうか．そして，どのように獲得されるのだろうか．予測そのものを顕在的な処理に基づくものとするか，脳内の処理と仮定するのか，あるいは双方を包含するものを考えるかは，研究者によって立場が異なるように見える．

しかし，少なくとも感情という文脈からこの問題を考えてみると，内受容感覚と環境情報を統合するパッケージングの仕方が，感情経験に，そして内受容感覚の予測システムに影響を及ぼしているように見える．たとえば，MacCor-mack *et al.*（2020）では，10歳程度の子どもの感情制御や自己制御といったスキルの高さは，母親の感情と内受容感覚の対応関係の理解の程度と比例することを示している．子どもが感情概念を獲得するためには，状況とそれに対応する自分自身の身体や気持ちの変化を同時に知覚し，類似した状況と併せてカテゴリとして認識していくことが必要である（Hoemann *et al.*, 2020）．この時に，親や周囲の人からの語りかけは，複数の事例を心的機能の側面から類似したものとして結びつけていくことを促進する役割が期待できる．たとえば，子どもが，大切にしていたものが壊れてしまい泣いている状況や，仲のよかった友達と別れなければならず泣きながらうまく話せないという状況で，感情と内受容感覚の対応関係を安定的に理解している親であれば，「悲しくて涙が出るね．息が苦しかったり，喉のところが痛かったりしてうまくお話できないね．まず深く息を吸ったり吐いたりしたら，少し楽になって，涙も止まるよ」といった語りかけがありうるだろう．こうした語りかけは，どういう状況で「悲しい」という感情が生じるのか，その時の身体の感覚はどういったものであるのか，どうすれば対処ができるのかを学習するための助けになる．すなわち，自分の心と身体の状態を予測するための手がかりとして，感情語や状況を利用できるようになり，必要な場合に適切な対処行動をとることもできるようになる．しかし，悲しみ，怒り，悔しさなどが想定される状況に対して，常に「嫌だね．でも仕方ないよ」と言われたならば，これらの感情に対応する経験は子どもの中で区別されず，感情語や状況は，自分の内受容感覚を予測するための有益な手がかりにならない．このような過程から，精度の低い内受容予測モデルが生み出され，効果的な対処行動をとることができない状況が生み出されるかもし

れない.

　感情語と主観的経験の対応関係の認識の不調を表す性格傾向として，アレキシサイミアがある．アレキシサイミアは，失感情症あるいは失感情語症と訳され，自分自身の感情を同定したり伝達したりすることに困難さを示し，感情が関連する問題を解決するために，心理的な問題として向き合うことを苦手とする性格特性である（Sifneos, 1973）．心身症の発症や症状の悪化と深く関連する性質として注目されてきた．アレキシサイミアに見られるような感情語がうまく機能しないことの基礎に，内受容感覚システムの問題があるという見方ができる．つまり，発達過程において感情語とそれに対応する内受容感覚の組み合わせの学習を十分に行う機会が得られず，その結果として情動反応をどのように解釈してよいのか，どのような対処行動が有益であるのかの理解が十分ではないという考え方である．このような積み重ねが慢性的な身体の不調を引き起こすがゆえに，心身症とのかかわりが観察されてきたのだろう．実際に，慢性的な頭痛を持っている大学生に対して，一般的に怒りが報告される状況や，それに伴う身体感覚について説明し，日常生活において当てはまる状況で，怒り感情を認識することを促すトレーニングを行った研究では，怒りが認識できるようになるとともに頭痛の頻度も減少した（Slavin-Spenny *et al.*, 2013）．あるいは，高いアレキシサイミア性が報告されている摂食障害例において，不安な状況で，実際には心拍数の上昇が見られないにもかかわらず，心拍数の上昇の知覚が報告される（Khalsa *et al.*, 2018）．この事例も，内受容感覚システムの問題により，心と身体の認識の乖離が引き起こされ，生活に大きな影響が及んでいる例と考えられるだろう．このように，内受容感覚システムを研究することは，心の様々な側面の身体との接地点を見出すことにつながっていく．

4　記憶と内受容感覚

　感情と記憶の関連性についての追究は，認知と感情の相互作用研究のメインテーマとして多くの有益な研究を生み出してきた．ポジティブあるいはネガティブな感情価を持つ出来事とニュートラルな出来事の記憶のされ方を比較すると，思い出せる事象の数，詳細の正確さ，鮮明さが異なることが示されている

(Kensinger & Schacter, 2008). あるいは，感情状態が思い出されるイベントやその内容に及ぼす影響についても数多く指摘されている（Bower, 1981 など）．うつや不安といった情緒障害の人々において，記憶の処理のされ方に特徴があることも示されている（Williams *et al.*, 2007）．このような現状を踏まえれば，感情が記憶に及ぼす影響について研究することの重要性を疑う人は少ないだろう．それでは，記憶と身体反応の変化の関連性についてはどうであろうか．両者の間に関連性を想定した研究は現在のところ多くない．しかし，本当に記憶と身体反応は関連性の薄い事柄なのだろうか．

　古典的な恐怖条件づけを例にとれば，恐怖条件づけが成立しているかどうかは，条件刺激が提示された際に恐怖反応が観察されるかどうかで判断する．ラットであればフリージングなどが指標になることもあるが，人間では心拍数や呼吸数の変化，あるいは皮膚電気反応といった交感神経系の活性化の指標が採用されることが多い．このような身体反応の変化に着目した指標を用いていながら，この変化の受容過程は条件づけのシステムと無関係であると言えるのであろうか．身体が人間の心に及ぼす影響に関する研究には広く関心が持たれている一方で，これまでに行われてきた先行研究を概観してみると，記憶（特に宣言的記憶）に及ぼす身体状態の影響については，まだ検討の余地が十分に残されているように見える．

覚醒度は記憶されるのか

　まず初めに，記憶を修飾する感情と身体反応の関係性について考えてみたい．感情価から記憶と感情の関連性を議論した研究も数多くあるが，本章では，特に「覚醒度」という切り口に着目した．覚醒度は内受容感覚との関連が強いことが指摘されてきているためである（Barrett *et al.*, 2004）．覚醒度とは興奮や鎮静を表現している．実際のところ，覚醒度の評価には，主に交感神経系の活動である皮膚電気活動などの末梢の自律神経反応の測定が有効であると考えられており（Boucein, 1992），身体の状態の変化と不可分である．実験参加者にエピソード記憶を想起してもらった時，そのエピソードの内容だけでなく，全般的な感情価が報告されることはよくある．しかし，覚醒度に影響を及ぼす身体の感覚そのものは記憶されているのだろうか．それとも感情として解釈され，

大まかな評価が記銘，あるいは想起されるに過ぎないのだろうか．

　McCall *et al.*（2015）はバーチャルリアリティ（VR）状況によってこの問題を追究している．彼らは，VR を使って実験参加者に 3D で脅威を感じるような状況を経験させ，その間に心拍と皮膚コンダクタンス反応（skin conductance response: SCR）の連続的な記録を行った．その後，PC 上で再度同一の動画を見せながら，それぞれのシーンでどれくらい覚醒度が高かったかを連続的に報告させた．このような回顧的な方法であっても，実験参加者の報告と 3D 画像視聴時の SCR や心拍数の変動は実によく一致していた．また，この一致の程度は，内受容感覚が鋭敏な参加者，つまり身体内部で生じている変化（心拍数や呼吸，血圧など）の感知に優れた人々において高いということも示された．この事実は，イベントの内容とともに，その時に経験していた覚醒度も記憶されるということを如実に示している．彼らは，覚醒度符号化仮説（arousal encoding hypothesis）を提唱し，「記憶はある経験をしている間の個人の生理的信号を自発的に符号化している」と述べている．この研究から，記憶内容とそれに付随する身体反応は，予想よりもはるかに強く連結していることが読み取れる．この密接な関連性は，その記憶のリアリティや顕著性といったものを規定する役割を持つのかもしれない．

　内受容感覚は，純粋にその感覚のみで認識されるよりも，目の前の対象物や，状況，出来事に対する評価に影響する一因として，潜在的に処理される場合も多い．顕在的に意識される内容は，その対象の価値であり，それに伴う身体状態の変動ではない場合が多い．しかし，その価値はどのように形成されるのかを考えてみると，内受容感覚の役割が大きい可能性がある．出来事の内容の記憶に関して，それに付随する感情が及ぼす影響については多くの研究がなされてきたが，その根底に身体反応の連続的な変化とその受容というプロセスが存在することはとても興味深い事実であろう．特に，心的外傷後ストレス障害（post-traumatic stress disorder: PTSD）に見られるような，ありありとした感覚を伴う出来事の想起について考えてみた時に，内受容感覚が記憶の定着に及ぼす潜在的な，しかし大きなインパクトを持つ影響について検討を深める意義に気づかされる．

　内受容情報が，エピソード記憶と強く連合していることを示唆する研究デー

タは他にもある．Hirsh（1974）は，「内受容感覚は記憶の検索に重要な手がかりとなる」と述べており，Araujo *et al.*（2015）によって行われた研究では，内受容感覚に注意を向けさせると，外受容感覚に注意を向けている時よりも海馬の活動が高まることが示されている．これは，内受容感覚がより多くの記憶を引き起こすきっかけになっていることを意味しているのではないだろうか．

　また，海馬では海馬内部，そして外部との連絡によって，エピソード記憶にかかわる外受容情報の符号化が行われていると指摘されてきたが，Kassab & Alexandre（2015）は，内受容情報についての符号化にも関与していると指摘している．内受容感覚に関する情報処理は，エピソードに伴って生じた感情の感情価の認識を支える機能を持っている．海馬において，このような内受容情報と外受容情報が符号化され想起を支持するシステムが存在していると考えると，McCall *et al.*（2015）が指摘したように，エピソード記憶には内受容情報も含まれており，外受容情報に関連した内受容感覚の想起に役立つことも適切な推論であると言えるだろう．

記憶に関する判断過程と内受容感覚

　前項では，エピソード記憶の内容には，これまでに指摘されてきたようなイベントの外受容的な側面だけでなく，内受容情報も含まれている可能性を指摘してきた．特に，符号化される情報の一部として身体情報を取り上げ，覚醒度との関連性についても述べた．しかし，記憶と身体反応に関しては，比較的古典的な心理学の領域においても繰り返し指摘されてきた事実がある．

　古典的な生理心理学の手法を用いた研究では，以前に接したことがある情報とない情報では，生じさせる身体反応が異なるという考え方がある．その源泉は，Sokolov（1963）の提唱した刺激の新規性に対する定位反応に関する理論に求められるかもしれない．この理論では，現在接している刺激と，大脳皮質内に存在する過去に接したことのある刺激の表象（neuronal model）を比較して，一致するものがない時に定位反応が生じると仮定している．この仮説の詳細なプロセスの正しさについては現在の研究結果からは同意できない点も多々あるが，顕在的な記憶判断とは異なる身体反応を生じさせる潜在的な記憶処理システムの指摘はとても興味深い．

　実際，健忘症患者（Rapcsak *et al.*, 1998; Verfaellie *et al.*, 1991）や相貌失認患者（Tranel & Damasio, 1985），幼児期健忘（Newcombe & Fox, 1994; Stormark, 2004）を例として，顕在記憶による再認課題のパフォーマンスと課題遂行中の自律神経反応の間には乖離が見られることが報告されている．いずれの研究でも，学習したはずの刺激に対して，顕在的に「知っている」と報告することができないアイテムに対しても，SCR の増大や心拍の加速といった特異的な自律神経反応の変化が観察されている．たとえば，相貌失認患者を対象とした研究では，顕在的には顔の区別を行うことができないにもかかわらず，顔に対して正しい名前が読み上げられるのを聞いた場合や，親近性の高い人物の顔が提示された場合に，大きな SCR が観察された（Tranel & Damasio, 1985）．また，幼児や児童に現在のクラスメイト，以前のクラスメイト，知らない子どもの写真を提示し，既知判断を求めると，以前のクラスメイトを認知できない確率が高く，知らない子どもに対する反応と同程度であった．しかし，顔刺激提示時の SCR は現在のクラスメイトを提示した時と，以前のクラスメイトを提示した時に大きく，知らない子どもの写真に対しては前述の 2 条件よりも小さかった（Newcombe & Fox, 1994; Stormark, 2004）．

　前述のような研究は，親近性を構成するための潜在的な処理過程に身体反応の変化が関与することを示している．観察された自律神経反応の変化が，単に潜在処理過程に付随して出現するものなのか，あるいは，われわれの認知過程に何らかの影響を与えるものであるのかは定かでない．しかし，エラー反応時の心拍数の増大やそれに伴う一時的な反応の抑止を考えると（Hajcak *et al.*, 2003），生じた自律神経反応を知覚することで，有限である認知資源の効率的な利用を可能にし，より深い処理を進めるべきものに焦点化する，いわば注意喚起としての機能も推測される（Öhman, 1979）．この過程の一つとして，覚醒度の高まりの知覚も包含されているであろう．後者の解釈は，定位反応に対する解釈から援用されたものであるが，脳機能画像研究や神経心理研究によって，さらなる検討が可能であろう．

　たとえば Feeling of Knowing（FoK）判断は，内受容感覚処理と意思決定の関連を見出せる現象の一つである．この判断は，提示されたアイテムについて知っていると感じるか否かを即座に判断することを求めるものであり，得られ

た反応と実際の既知・未知を照らし合わせて，メタ認知の正確さを評価できると考えられている．FoK 判断は，腹内側前頭前野の損傷例において，その正確性が著しく低下すると報告されている（Schnyer *et al.*, 2004）．つまり，彼らにおいては，知っていると感じられたものが実際には未知であったり，知らないと感じられたものが既知のものであったりする割合が上昇する．この領域は，その損傷によって健忘症が起きる部位とは異なっており，記憶の想起そのものよりも，自分の判断の確からしさを感じとることに深いかかわりを持つと考えられる．腹内側前頭前野は，筆者らの研究（Terasawa *et al.*, 2013）において，内受容感覚処理における重要な領域として特定した領域の一つである．これまでに Craig（2009）は，島皮質が FoK 判断に対して支持的な働きをしていると推測しているが，FoK 判断における内受容感覚処理の存在について明示的には述べていない．しかし，先行研究と筆者らの研究の結果を概括すると，興味深い仮説が導き出される．すなわち，何らかの心的過程に伴って生じる身体反応を正確に受容することが，自己に関するモニタリングの正確さの向上をもたらすという仮説である．再認や FoK 判断といった記憶にかかわる判断において，内受容感覚処理が判断の正確性の向上，あるいはバイアスの生成に何らかの影響力を持っているのかは，現在のところ明らかではない．しかし，筆者らの研究の結果は，このような領域への応用可能性を持っており，リハビリテーション場面での利用を含めた今後の展開が期待できる．

展望記憶と内受容感覚

再認時に生じる身体反応が，記憶に関する判断の精度を向上させる機能を持つのか，あるいは認知的操作に付随する反応に過ぎないのかを解明することは容易ではない．筆者らは，展望記憶という枠組みを用いて，この疑問に関する検討を行ったので，その試みを紹介したい（Umeda *et al.*, 2016）．

展望記憶とは，過去に記憶した意図を将来よいタイミングで思い出し，意図通りの行動を行うための能力のことである．日常生活では，将来のある時点で想起することを期待してものごとを覚えることは多く，展望記憶はスムーズな日常生活を支えるために欠かすことのできない記憶機能である．完了した課題よりも未完了の課題の内容をよく覚えていることを表すツァイガルニック効果

から類推できるように，意図を保持しておくためには心理的ストレスが存在するものである．この心理的ストレスは，SCR や心拍数といった自律神経活動の変化を観察することで評価ができる．これまでの研究でも，意図に関連づけられたキューの提示に伴って SCR の増大が観察され，意図の想起にかかわる処理が促されている可能性が指摘されていた（Kliegel *et al.*, 2007; Rothen & Meier, 2014）．

　筆者らが行った実験では，基本的にはアルファベットを用いたワーキングメモリの 2-back 課題を行った．アルファベットを一つずつ連続して提示し，現在提示されているアルファベットが 2 試行前に提示されたものと同一かどうかを判断し続ける課題である．この時，特定のアルファベット（a, i, u, e, o）が提示された場合のみにおいて，2-back 課題ではなく特定のボタンによる反応を行うように求めた．この特定のアルファベットが展望記憶ターゲットであり，ターゲットの提示に応じて，特定のボタンを押せたかどうかが展望記憶パフォーマンスとなる．この展望記憶パフォーマンスと展望記憶ターゲット提示時の心拍数の変動を観察してみると，興味深いことにこの二者は正の相関関係にあった．すなわち，展望記憶課題を忘れずに遂行できる人では，ターゲットの観察時に心拍が加速していたのである．さらにこのパフォーマンスは，心拍知覚課題で計測した個人の内受容感覚の鋭敏さ（interoceptive accuracy）とも正の相関関係にあった．つまり，内受容感覚が鋭敏な個人のほうが，展望記憶パフォーマンスが高いということである．

　さて，展望記憶パフォーマンス，心拍数の変動，そして内受容感覚の鋭敏さの三者関係をどのように理解するべきであろうか．筆者らは，展望記憶ターゲットの提示に伴う心的処理に関連して生じた身体における変化を感じ取ることで，適切なタイミングで以前に記銘した意図の想起が促進されるのではないかと考えている．内受容感覚が，展望記憶の成否に影響を及ぼす，という考え方は一見納得しづらいように思えるかもしれない．しかし，これまでの研究でも展望記憶ターゲットへの気づきが展望記憶の想起の成功に影響を及ぼす因子であることは指摘されている（West & Craik, 1999）．そして，この気づきというものはいわば定位反応とも共通するところが大きい現象であり，定位反応に対する自律神経反応の寄与の大きさから，展望記憶ターゲットへの気づきについ

ても自律神経反応の変化，そしてその受容が通底していると考えることもできる．

　前述の研究結果は，展望記憶にとどまらず，記憶と身体反応，そして内受容感覚の関係性を示唆する重要なデータの一つである．内受容感覚の主な神経基盤の一つである島皮質の重要な役割として，注意の方向性を自分の内側に向けるのか，外側に向けるのかの切り替えが挙げられる（Menon & Uddin, 2010）．展望記憶やエピソード記憶の再認という事態を考えてみると，いずれもまずは膨大な環境情報からトリガーを検出し，そのトリガーに対してさらなる認知的処理を重ねることで，以前に経験した状況が想起されたり，その内容が精緻化されたりする．あるいはトリガーと関連づけられた特定の行動が引き起こされることもある．このようなシステムは，外的環境に対する注意と処理のみで説明するよりも，内部環境の変化が重要なトリガーの検出や処理の深化を促すシグナルとして機能することを仮定して説明を試みたほうがうまくいくかもしれない．このつなぎ役としての身体反応や島皮質の活動を検討する試みは，今後の発展が期待されるテーマである．

5　まとめ

　本章では，感情の経験や獲得，記憶の鮮明さや想起，そして記憶に関する判断といった心の機能の諸側面と，内受容感覚やその処理基盤とのかかわりについて考えてきた．感情や自己主体感など，身体反応が重要な役割を担うトピックでは，内受容感覚のかかわりを想定することが受け入れられつつあるが，それ以外の記憶や概念といったテーマとの関連は，まだあまり議論がされていない．しかし，これまでに述べてきたように，身体と環境の相互作用によって内受容感覚が顕在化し，行動の方向づけを行うことや，経験の分節化に寄与するといった特徴を鑑みると，様々な角度からこの感覚が包摂する機能について広く検討してみる意義が見えてくる．その過程で，今までには見えてこなかったわれわれの意識や行動にもたらす身体由来情報の影響に気づかされ，身体を持つ生物としてのヒトの心の仕組みの新たな理解がもたらされるのではないだろうか．本書では「心と身体」にまつわる多角的な視点が展開され，二者のとら

え方の多様さを理解できる構成になっている．本章もその一部として，心と身体のかかわりの新たな視点を提供することができたならば幸いである．

引用文献

Araujo, H. F., Kaplan, J., Damasio, H., & Damasio, A.（2015）. Neural correlates of different self domains. *Brain and Behavior*, *5（12）*, e00409. doi: 10.1002/brb3.409

Barrett, L. F., Quigley, K. S., Bliss-Moreau, E., & Aronson, K. R.（2004）. Interoceptive sensitivity and self-reports of emotional experience. *Journal of Personality and Social Psychology*, *87（5）*, 684–697.

Barrett, L. F.（2006）. Emotions as natural kinds? *Perspectives on Psychological Science*, *1*, 28–58.

Barrett, L. F., & Simmons, W. K.（2015）. Interoceptive predictions in the brain. *Nature Reviews Neuroscience*, *16（7）*, 419–429.

Boucein, W.（1992）. *Electrodermal activity*. Plenum Press.

Bower, G. H.（1981）. Mood and memory. *American Psychologist*, *36（2）*, 129–148.

Carvalho, G. B., & Damasio, A.（2020）. Interoception and the origin of feelings: A new synthesis. *BioEssays*, e2000261. doi: 10.1002/bies.202000261

Craig, A. D.（2000）. The functional anatomy of lamina I and its role in post-stroke central pain. *Progress in Brain Research*, *129*, 137–151.

Craig, A. D.（2003）. Interoception: the sense of the physiological condition of the body. *Current Opinion in Neurobiology*, *13（4）*, 500–505.

Craig, A. D.（2009）. How do you feel—now? The anterior insula and human awareness. *Nature Reviews Neuroscience*, *10（1）*, 59–70.

Critchley, H. D., Wiens, S., Rotshtein, P., Ohman, A., & Dolan, R. J.（2004）. Neural systems supporting interoceptive awareness. *Nature Neuroscience*, *7（2）*, 189–195.

Damasio, A. R.（1994）. *Descarte's error*. Penguin Putnam.

Damasio, A. R.（2003）. Feelings of emotions and the self. *Annals of the New York Academy of Sciences*, *1001*, 253–261.

Damasio, A. R., et al.（2000）. Subcortical and cortical brain activity during the feeling of self-generated emotions. *Nature Neuroscience*, *3（10）*, 1049–1056.

Dunkley, P., et al.（2005）. A comparison of visceral and somatic pain processing in the human brainstem using functional magnetic resonance imaging. *The Journal of Neuroscience*, *25（32）*, 7333–7341.

Dworkin B. R.（2007）. Interoception. In J. T. Cacioppo, L. G. Tassinary, & G. G. Berntson（Eds.）, *Handbook of psychophysiology*（3rd ed.）（pp.482–506）. Cambridge University Press.

Evans, K. C., et al.（2002）. BOLD fMRI identifies limbic, paralimbic, and cerebellar activation during air hunger. *Journal of Neurophysiology*, *88*, 1500–1511.

Hamaguchi, T., et al.（2004）. Brain activity during distention of the descending colon in humans. *Neurogastroenterology & Motility*, *16（3）*, 299–309.

117

Hajcak, G., McDonald, N., & Simons, R. F. (2003). To err is autonomic: Error-related brain potentials, ANS activity, and post-error compensatory behavior. *Psychophysiology, 40*, 895–903.

Hirsh, R. (1974). The hippocampus and contextual retrieval of information from memory: A theory. *Behavioral Biology, 12(4)*, 421–444.

Hoemann, K., et al. (2020). Developing an understanding of emotion categories: Lessons from objects. *Trends in Cognitive Sciences, 24(1)*, 39–51.

James, W. (1884). What is an emotion? *Mind, 19*, 188–205.

Kassab, R., & Alexandre, F. (2015). Integration of exteroceptive and interoceptive information within the hippocampus: A computational study. *Frontiers in Systems Neuroscience, 9*, 87.

Kensinger, E. A., & Schacter, D. L. (2008). Memory and emotion. In M. Lewis, J. M. Haviland-Jones, & L. F. Barrett (Eds.), *Handbook of emotions* (pp.601–617). The Guilford Press.

Khalsa, S. S., et al. (2018). Interoception and mental health: A roadmap. *Biological Psychiatry: Cognitive Neuroscience and Neuroimaging, 3(6)*, 501–513.

Kliegel, M., Guynn, M. J., & Zimmer, H. (2007). The role of noticing in prospective memory forgetting. *International Journal of Psychophysiology, 64(3)*, 226–232.

Kuppens, P., Tuerlinckx, F., Russell, J. A., & Barrett, L. F. (2013). The relation between valence and arousal in subjective experience. *Psychological Bulletin, 139(4)*, 917–940.

Lange, C. G. (1885/1992). *The emotions: A psychophysiological study*. Williams and Wilkins.

Levenson, R. W., Ekman, P., & Friesen, W. V. (1990). Voluntary facial action generates emotion-specific autonomic nervous system activity. *Psychophysiology, 27(4)*, 363–384.

Liotti, M., et al. (2001). Brain responses associated with consciousness of breathlessness (air hunger). *Proceedings of the National Academy of Sciences of the United States of America, 98(4)*, 2035–2040.

MacCormack, J. K., Castro, V. L., Halberstadt, A. G., & Rogers, M. L. (2020). Mothers' interoceptive knowledge predicts children's emotion regulation and social skills in middle childhood. *Social Development, 29*, 578–599.

McCall, C., Hildebrandt, L. K., Bornemann, B., & Singer, T. (2015). Physiophenomenology in retrospect: Memory reliably reflects physiological arousal during a prior threatening experience. *Consciousness and Cognition, 38*, 60–70.

Menon, V., & Uddin, L. Q. (2010). Saliency, switching, attention and control: A network model of I insula function. *Brain Structure and Function, 214(5–6)*, 655–667.

Motomura, K., et al. (2019). Anterior insular cortex stimulation and its effects on emotion recognition. *Brain Structure and Function, 224(6)*, 2167–2181.

Newcombe, N., & Fox, N. A. (1994). Infantile amnesia: Through a glass darkly. *Child Development, 65(1)*, 31–40.

Nummenmaa, L., Glerean, E., Hari, R., & Hietanen, J. K. (2014). Bodily maps of emotions. *Proceedings of the National Academy of Sciences of the United States of America, 111(2)*, 646–651.

Öhman, A. (1979). The orienting response, attention and learning: An information-processing perspective. In H. D. Kimmel, E. H. van Olst, & J. F. Orlebeke (Eds.), *The orienting reflex in humans* (pp. 443–471). Erlbaum.

Petzschner, F. H., *et al.* (2019). Focus of attention modulates the heartbeat evoked potential. *NeuroImage, 186*, 595–606.

Pollatos, O., & Schandry, R. (2004). Accuracy of heartbeat perception is reflected in the amplitude of the heartbeat-evoked brain potential. *Psychophysiology, 41(3)*, 476–482.

Pollatos, O., Kirsch, W., & Schandry, R. (2005). Brain structures involved in interoceptive awareness and cardioafferent signal processing: A dipole source localization study. *Human Brain Mapping, 26(1)*, 54–64.

Rapcsak, S. Z., *et al.* (1998). Dissociation between verbal and autonomic measures of memory following frontal lobe damage. *Neurology, 50(5)*, 1259–1265.

Rothen, N., & Meier, B. (2014). Psychophysiology of prospective memory. *Memory, 22(7)*, 867–880.

Rudrauf, D., *et al.* (2009). Enter feelings: Somatosensory responses following early stages of visual induction of emotion. *International Journal of Psychophysiology, 72(1)*, 13–23.

Russell, J. A., & Lemay, G. (2000). A dimensional-contextual perspective on facial expressions. *Japanese Psychological Review, 43*, 161–176.

Schnyer, D. M., *et al.* (2004). A role for right medial prefontal cortex in accurate feeling-of-knowing judgements: Evidence from patients with lesions to frontal cortex. *Neuropsychologia, 42(7)*, 957–966.

Seth, A. K. (2013). Interoceptive inference, emotion, and the embodied self. *Trends in Cognitive Sciences, 17(11)*, 565–573.

Sherrington, C. S. (1906). *The integrative action of the nervous system*. Yale University Press.

Sifneos, P. E. (1973). The prevalence of 'alexithymic' characteristics in psychosomatic patients. *Psychother Psychosom, 22(2)*, 255–262.

Slavin-Spenny, O., Lumley, M. A., Thakur, E. R., Nevedal, D. C., & Hijazi, A. M. (2013). Effects of anger awareness and expression training versus relaxation training on headaches: A randomized trial. *Annals of Behavioral Medicine, 46*, 181–192.

Sokolov, E. N. (1963). *Perception and the conditioned reflex*. Pergamon.

Stephan, K. E., *et al.* (2016). Allostatic self-efficacy: A metacognitive theory of dyshomeostasis-induced fatigue and depression. *Frontiers in Human Neuroscience, 10*, 550.

Stormark, J. K. (2004). Skin conductance and heart-rate responses as indices of dovert face recognition in preschool children. *Infant and Child Development, 13*, 423–433.

Susskind, J. M., *et al.* (2008). Expressing fear enhances sensory acquisition. *Nature*

Neuroscience, 11(7), 843–850.

Terasawa, Y., Fukushima, H., & Umeda, S. (2013). How does interoceptive awareness interact with the subjective experience of emotion? An fMRI study. *Human Brain Mapping, 34*(3), 598–612.

Terasawa, Y., *et al.* (2021). Effects of insular resection on interactions between cardiac interoception and emotion recognition. *Cortex, 137*, 271–281.

Teves, D., Videen, T. O., Cryer, P. E., & Powers, W. J. (2004). Activation of human medial prefrontal cortex during autonomic responses to hypoglycemia. *Proceedings of the National Academy of Sciences of the United States of America, 101*(16), 6217–6221.

Tranel, D., & Damasio, A. R. (1985). Knowledge without awareness: An autonomic index of facial recognition by prosopagnosics. *Science, 228*, 1453–1454.

Umeda, S., Tochizawa, S., Shibata, M., & Terasawa, Y. (2016). Prospective memory mediated by interoceptive accuracy: A psychophysiological approach. *Philosophical Transactions of the Royal Society B, 371*, 20160005. doi: 10.1098/rstb.2016.0005

Vaitl, D. (1996). Interoception. *Biological Psychology, 42*(1–2), 1–27.

Verfaellie, M., Bauer, R. M., & Bowers, D. (1991). Autonomic and behavioral evidence of "implicit" memory in amnesia. *Brain and Cognition, 15*(1), 10–25.

Weitkunat, R., & Schandry, R. (1990). Motivation and heartbeat evoked potentials. *Journal of Psychophysiology, 4*(1), 33–40.

West, R., & Craik, F. I. (1999). Age-related decline in prospective memory: The roles of cue accessibility and cue sensitivity. *Psychology and Aging, 14*(2), 264–272.

Wiech, K., *et al.* (2006). Anterolateral prefrontal cortex mediates the analgesic effect of expected and perceived control over pain. *The Journal of Neuroscience, 26*(44), 11501–11509.

Williams, J. M. G., *et al.* (2007). Autobiographical memory specificity and emotional disorder. *Psychological Bulletin, 133*(1), 122–148.

Zaki, J., Davis, J. I., & Ochsner, K. N. (2012). Overlapping activity in anterior insula during interoception and emotional experience. *NeuroImage, 62*(1), 493–499.

第5章 身体表象と社会性の発達

◆

宮崎美智子

1 身体表象の区分

身体スキーマと身体イメージ

ヒトの乳児は，体重およそ3kg，身長およそ50cmで出生し，数年の間に大きな成長を遂げる．単に物理的に成長するだけではない．生まれ持つ社会性発達の足がかりとして，自発的な探索，予測，そして養育者を始めとする他者との豊かな相互作用のループに乗って，相互に影響し合いながら社会性を育んでいく．本章では，身体性認知科学の観点から社会性発達研究の興味深さを著すことを目指し，身体表象の初期発達とそれにかかわる社会性発達の諸研究を紹介していく．

身体表象（body representations）にまつわる乳幼児行動研究の知見を紹介する前に，重要概念を整理しておきたい．身体表象とは，身体に関連する知覚・記憶・認知であり，感覚入力によって継続的に更新される身体の表現である（Meltzoff & Marshall, 2020; Montirosso & McGlone, 2020）．身体表象を考える際には，いくつかの重要な概念に分けて議論されることが多く，第1章でも示されている通り，代表的には身体スキーマ（body schema）と身体イメージ（body image）という二つの概念が用いられる（Ataria *et al.*, 2021）．両概念成立の歴史的経緯，理論的整理，神経基盤との関連は田中ら（2019）のレビューに詳しいので，ぜひ参照されたい．ここでは田中ら（2019）に基づき，両概念の大意のみ示しておく．身体スキーマとは，身体部位間の関係を調整しつつ身体を統合された運動に導くシステムである．運動主体感との関連が強いと考えられるが，それ自体は意識の対象として現れてこない．与えられた環境に対応して暗

黙のうちに姿勢を整え，また，行為の意図に沿って全身の身体運動を自動的に組織化する．身体イメージは自己の身体について心的に保持されているイメージである．身体イメージは，①身体パーセプト，②身体コンセプト，③身体アフェクトによって構成される複合体であり（Gallagher, 2006），身体所有感との関連が強い．これらは常に意識されるとは限らないが，いずれも知覚，思考，情動という心的機能を通じて自己身体が対象として経験される点で身体スキーマとは現象面で区別できる．

身体スキーマ・身体トポロジー・身体セマンティクス

　身体スキーマと身体イメージは，これまで身体表象の区分として支持されてきたが，それぞれの神経基盤や身体表象に問題を呈する症例研究との対応の難しさから，より多くの区分に整理し直したほうがよいのではないかという指摘がある（de Vignemont, 2010；田中ら，2019）．一つの有望なアイデアとして，脳損傷患者の多数症例の検討を通じて導かれた三つの身体表象の区分を紹介したい．Schwoebel & Coslett（2005）は，70 人の脳損傷患者の身体認識について調べ，身体スキーマはそのままに，身体イメージを身体トポロジーと身体セマンティクスに分類する，三つの身体表象を提案した．身体トポロジーは，身体の境界や近接する身体部位の関係を定める視覚入力に基づいた空間的な地図と定義され，指示された身体部位を指差す能力にかかわる．身体スキーマが多様な感覚・運動情報の入力によって規定されるのに対し，身体トポロジーでは，視覚情報の入力が重要視される．また，身体セマンティクスは身体部位の名称や機能に関する意味的知識に関係するものである．

　発達的には感覚運動レベルの身体表象，すなわち身体スキーマから獲得していくと考えられるが，三つの分類は発達段階的なものでもなく，排他的な独立性を保つものでもない．地層のように重なりながら，一つの現象を多面的に説明しうる概念だと考える．たとえば，ラバーハンド錯覚（第 1 章参照）においても，三つの身体表象それぞれの側面から現象を記述することが可能であろう．具体的には，体性感覚ドリフト（proprioceptive drift）で評価される手の位置のずれの知覚は身体トポロジーに強く関係し，ラバーハンドに対する身体所有感の主観的体験は身体セマンティクスに強く関係する．また，自分で動かせるラ

バーハンドを用いるロボットハンド錯覚では、あたかも自分が動かしていると感じる運動主体感が身体スキーマとのかかわりで現れてくる。この三つの身体表象はある程度は独立しているが、明確に切り分けられるものではない。多感覚の入力情報や予測・信念、フィードバック情報との誤差評価などに基づき、姿勢、運動、知覚、体験のダイナミクスとして立ち現れるため、明確に分離して表現することはできないのである。

次節からは、この三つの身体表象を意識しながら、身体表象発達の時系列変化について概観していく。その中で、身体表象形成にかかわる代表的な現象としてラバーハンド錯覚と自己像認知に関する知見の整理を試みようと思う。

2 自己身体表象の初期発達

胎児期

子宮内の胎児は、自分の身体に対する理解をどのように深めていくのだろうか。胎内では明暗以外の映像的な視覚入力を受容できないため、この時期の身体表象は主に感覚運動に基づく身体スキーマの獲得が中心となると考えられる。1970年代に、超音波を使った二次元でのリアルタイムの検査ができるようになってから、子宮内の運動発達の様子が次々と明らかにされてきた。de Vries & Fong(2006)のレビューによると、胎児は妊娠7週目頃から動き始め、妊娠9週目頃には独立した腕や足の動きを示し、妊娠10週目頃には手と顔を合わせるような複雑な自発運動を示すとのことだ。驚くのは、手と口の制御もすでに胎児期から観察できることである。Myowa-Yamakoshi & Takeshita(2006)は四次元超音波検査を用いて、19週齢の胎児が自分の手を頭に向けて動かすと、予測的に口を開けることを報告した。予測的な口開けは、手の最終的な位置が実際に口に接触した場合に特に顕著で、頭の別の部分に接触した場合には有意に少なかったことから、手と口の予測的な協調関係の証拠として注目されている。

超音波検査技術の発展は胎児研究を加速したが、要因を統制した行動実験を行うことは困難なので、胎児の運動や身体スキーマ獲得のメカニズムに迫るのはなかなか難しい。一つの光明となりうるのが構成論や計算論に基づくシミュ

レーションやモデルベースの研究である（Pfeifer *et al.*, 2014）. Mori & Kuniy-oshi（2010）は，構成論の立場から，胎児の身体と子宮内での触覚経験，神経系の相互作用によって胎児の運動が成立することを，人間らしい触覚分布を持つ胎児モデルと，ランダムに配された触覚分布を持つ胎児モデルとの比較によって示した．人間らしい触覚分布を持つ胎児モデルには，ジェネラルムーブメント（GM）と呼ばれる自発的ななめらかな動き，他の身体部位から独立した手や足のぎこちない（jerky な）動き，手が顔に触れるハンドフェイスコンタクト，といった実際の観察に基づく運動パターンの創発が確認されたという．一方，ランダムに配された触覚分布の胎児モデルでは，このような運動パターンは観察されなかった．これは乳児の身体スキーマの獲得にはヒト身体の構造的制約の影響が働いていることを示している．このようなシミュレーションやモデルベースのアプローチは，様々な初期状態が後にどのような変化をもたらすかを文字通りシミュレートできるため，定型発達のメカニズム，ひいては障害の理解や介入にも役立つと思われる．

新生児期・乳児期前半（出生～生後 6 カ月くらい）

　新生児の視力は 0.01 くらいで，とても低いことが知られているが（山口・金沢, 2019），外界の視覚情報を自分の身体由来の情報に結びつける能力は高く，驚かされる．多感覚情報処理に対する新生児の敏感さを示したいくつかの研究を概観していこう．まず，体性感覚と視覚にまつわる研究である．van der Meer *et al.*（1995）は，生後 10～24 日の新生児を対象にして，腕の動きの視覚的制御の発達がすでに進んでいることを示した．通常，新生児は非対称性緊張性頸反射（asymmetrical tonic neck reflex）と言われる，自分の頭の向いているほうの上肢を伸展し，反対側の上肢を屈曲するという姿勢をとる傾向がある．彼女らは軽いおもりを使って，新生児の腕が足のほうに引っ張られるような装置を取りつけ，自然に手が足のほうに伸びてしまうような状況を作った（図5-1）．そして，頭の向きと同じ側の手が直接見える場合と，頭と反対側の手がビデオモニタ越しに見える場合を設定したところ，新生児は自分から見えたほうの腕をおもりに逆らって支えた．自らの腕の感覚運動情報，見えている腕の視覚的情報を利用して，自分から見える位置に手の位置を調整するというふるま

いが示された.

　視覚—触覚間の同期検出も新生児期から可能である．Filippetti *et al.*（2013）は，生後12〜103時間の新生児40人を対象として，自分の顔が左右に二つ並んで眼前のビデオモニタに映し出される状況を作った．この時，頬をブラシでなでるという触覚刺激を加え，一方は視覚—触覚が同期している刺激，もう一方はなでるタイミングをずらした非同期刺激とした．すると，新生児は非同期刺激よりも同期刺激のほうを好んで見ることがわかった．ただし，それは視覚刺激が身体に沿った正立刺激の場合のみで，顔

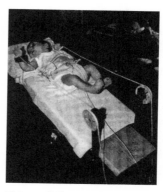

図5-1　生後18日目の新生児が実験に参加している様子（van der Meer *et al.*, 1995）

刺激が倒立で示されている場合には生じなかった．この結果は，新生児が自分の身体に関連する感覚間同期を検出すること，身体知覚の基礎となるプロセスが出生時にすでに存在することを示している（Filippetti *et al.*, 2013, 2015）．

　セルフタッチにおける敏感さも興味深い．フィリップ・ロシャとスーザン・ヘスポスは，口唇探索反応（rooting response）という，何かが口に触れると頭を向けたり吸おうとしたりする乳児の反応を利用して，自分がさわっている感覚と，自分がさわられている感覚を区別できるかを調べた（Rochat & Hespos, 1997）．自分が自分の頬に触れる際には，さわっている感覚とさわられている感覚の，二重の触覚が生じる．ロシャはこれをダブルタッチ（double touch）と呼び，自己認識の重要な源泉として着目したのである．ロシャらの検討では，口唇探索反応の出現率の違いから，新生児においても自分がさわっている時と他者がさわっている時を区別できるという報告がなされている．また，近年では詳細な観察研究によって自発的なセルフタッチの発達的変化も徐々に明らかになりつつある（Thomas *et al.*, 2015; DiMercurio *et al.*, 2018）．生後3週間から首が据わるまでの期間に，4人の乳児を対象に行われた詳細な観察研究（DiMercurio *et al.*, 2018）からは，自己身体に対するセルフタッチのバリエーションの豊かさや長さが明らかにされただけでなく，床面へのアクティブタッチも頻繁に行われていることがわかった．自発的な自己や周囲への接触が，自己身

体の空間的位置づけに役立っていることが示唆される.

　また，生後3カ月くらいから，眼前のテレビモニタに映る自分の足の映像を系統的に見分ける能力が観察される（Bahrick & Watson, 1985; Rochat, 1995; Rochat & Morgan, 1998）．Bahrick & Watson（1985）は生後5カ月の乳児を対象に，自分の足と他者の足のリアルタイムの映像を並べて提示した．すると，乳児は自分の足でないほうをよく見た．また，自分の足の映像と，録画されたリプレイの足の映像も区別することができた．自分に関係する感覚運動情報の検出能力が高く，映像との連関を区別できると言って差し支えないだろう．さらに興味深いのは，自分の視点とそうでない視点，という空間的一貫性にも敏感になってくる点である．自分の身体からの視点を系統的に変化させた実験からは，自分が普段見慣れている視点と，観察者視点，左右反転視点を，3カ月児，5カ月児が区別していることが示された（Rochat, 1995）．これは自己身体からの空間的一貫性を評価できるという意味で，身体トポロジーと関連すると考えられる.

　これらの実験結果は，ビデオモニタに映し出される身体映像が自分の体性感覚と一致しているかどうかについての乳児の敏感さを示しているが，身体映像に対して自己を認識しているかについては別問題であることに注意したい．前述の研究結果は，選好注視法[1] に基づく研究成果であり，映像刺激を弁別できることは示されても，映像に対して自己を帰属させているかどうかはわからないからである．身体スキーマが意識に上る前の身体運動の自動的な組織化であることを考えると，自己という帰属が成立していなくても，弁別ができてしまうのかもしれない．自己映像に対する帰属の成立の問題は，次節で取り上げる.

　ところで，近年では脳機能計測技術の発展に伴い，触覚刺激に対する脳波の反応を指標として，乳幼児の身体地図（body map）を明らかにしようとする試みが進んできている（Marshall & Meltzoff, 2015; Meltzoff *et al.*, 2019; Saby *et al.*, 2015）．アンドルー・メルツォフらは，生後60日目の乳児を対象に，手，足，

---

1)　乳児の視覚行動を観察するための手法．ロバート・ファンツ（Fantz, 1961）らによって開発された．眼前に2種類の視覚刺激を提示し，どちらの刺激を長く注視するかを測定することで，両刺激に対する弁別・選好を評価する.

唇の三つの異なる身体部位を触覚刺激した時の脳波（体性感覚誘発電位：SEP）を調査した（Meltzoff *et al.*, 2019; Saby *et al.*, 2015）．その結果，各身体部位に対応して反応部位が異なっていたことから，身体の神経表現の初期発達の解明が期待されている．

脳波計測ではなく，行動指標を用いた身体地図の研究も紹介しよう（Chinn *et al.*, 2019; Leed *et al.*, 2019; Somogyi *et al.*, 2018）．エスター・ソモギらは，生後3〜6カ月の乳児を対象として，身体の各部位に小さなバイブレータを配置し，手足に局所的な振動刺激を与えた時の乳児の運動反応を調べることで，生後数カ月の間に身体スキーマがどのように発達するかを調べた．そして，各月齢において，刺激された身体の部位に関連した特定の運動パターンを見出した．生後3カ月ではバイブレータの位置に関係なく，全身の活動が活発になった．生後5カ月頃には手の刺激に対する反応と足の刺激に対する反応の分化が見られた．生後6カ月頃には振動しているバイブレータに直接手を伸ばすことができるようになった．しかし，バイブレータを視覚的に確認しながら手を伸ばすわけではなかった（Somogyi *et al.*, 2018）．

ソモギらの観察によって示された運動反応は，視線や脳波の計測によって示された新生児期からの感覚マップの分化の早さや多感覚情報処理に対する敏感さに比して，ぎこちなくゆっくりと発達するように見受けられる．この点は大変興味深い．乳児は知覚レベルでの弁別能力には優れていても，それを実際に利用できるようになるためには時間を要する．このような乳児の知覚と行為の乖離は以前より指摘があり，運動や経験の重要性が再認識される（下條, 1988）．

乳児期後半（生後 6 カ月〜1 歳半くらい）

生後半年を過ぎる頃，乳児の空間的世界は大きく変化する．お座りができるようになり，両手を自由に使って，外界により積極的に働きかけたり探索したりできるようになるからである．この頃から，自己身体とその周りの空間（ペリパーソナルスペース：peripersonal space）の認知は急激に発達する．それに伴って身体トポロジーの獲得も進むと考えられる．たとえばアンドルー・ブレムナーらは，両手を交差させた時，両手に与えられた触覚刺激の順序同定が，視野における手の配置と食い違うために間違うことがあるという定位逆転現象

（Yamamoto & Kitazawa, 2001）に着目し，これを乳児に応用した（Bremner *et al.*, 2008a; Bremner & Spence, 2017）．すなわち，両手を交差させても正しく触覚刺激の位置を同定できるようになるのはいつかを検討することで，自己身体と空間認知の初期発達を検討したのである．ブレムナーらは図 5-2A に示す通り，右手に触覚刺激を与えると，手を交差させない時には触覚刺激（白丸）も視覚刺激（ジグザグ）も対側の半球に投射され，手を交差させる時には触覚は同側半球，視覚は対側半球に投射されるという前提に基づき，手を交差させる条件では，交差した手に与えられた触覚刺激を視覚的に位置づけるためには，半球間における再マッピングが必要であると考えた．彼らは 6.5 カ月児と 10 カ月児を対象として，手を交差させる時とさせない時の触覚刺激に対する視覚的反応と手の反応を評価した．両手を使ったリズム遊びの最後に，実験者は乳児の左右どちらかの手に，あらかじめ手のひらに貼りつけたバイブレータから振動を与えた．そして，それに対する乳児の視覚的な反応（頭部の動きを伴って対象を見る）と，手の反応（拳を握る，手を身体のほうに引くなど）をビデオからコーディングした．6.5 カ月児では手を交差させた時にも，手を交差させない時にも対側（contralateral）での反応が多かった．すなわち，視野上の手の並びに影響されて，触覚刺激を受けた手を間違う傾向があった．一方，10 カ月児では，手を交差させる時／させない時とで反応の出方が変化し，手を交差させない時には対側，交差させる時には同側（ipsilateral）の反応が見られ，反応の切り替えが見られたのである（図 5-2）（Bremner *et al.*, 2008b）．しかしながら，乳児で観察された姿勢の再マッピングの能力はしばらく安定しないことも示されている．Ali *et al.*（2014）は，同じ手の交差課題を 4 歳と 6 歳の幼児を対象に実施した．すると，年齢にかかわらず，手を見ていない時に交差時の定位を誤ったことから，幼児の触覚は手の位置に応じた再マッピングがなされておらず，外部の参照枠に依存していることが示された．さらに，4 歳児では手が見えていると，どちらの手に触覚刺激が感じられるのかを判断するのが苦手であった．

　さらに，近年では触覚刺激の定位だけでなく，触覚刺激と視覚刺激のクロスモーダル処理についても検討が進められている．触覚刺激（バイブレータ）と視覚刺激（LED ライト）をどちらか一方の同じ足に提示する（colocated）条件と，左右の足に別々に提示する（non-colocated）条件を用意し，4 カ月児，6 カ

A　右手に触覚刺激を受けている乳児

手を交差させない時　　　　手を交差させる時

B　定位に利用できる空間的情報

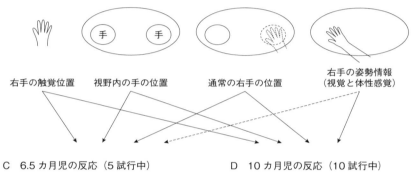

右手の触覚位置　　視野内の手の位置　　　通常の右手の位置　　右手の姿勢情報
（視覚と体性感覚）

C　6.5 カ月児の反応（5 試行中）　　　D　10 カ月児の反応（10 試行中）

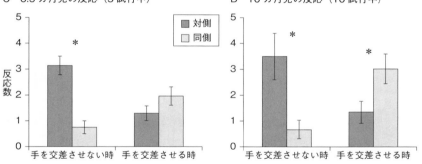

図 5-2　Bremner *et al.*（2008b）による姿勢の再マッピング実験

月児の視覚的選好を検討したところ，4カ月児では触覚刺激と視覚刺激が同じ足に提示されている場合に刺激（足）をより注視し，6カ月児では逆に触覚刺激と視覚刺激が両足それぞれに提示された場合に刺激（足）をより注視した（Ali et al., 2015; Ali et al., 2021）．視触覚刺激の空間知覚は，視覚を伴うリーチングが上達する以前から始まっていることが示唆される．また，より慣れ親しんでいると考えられる刺激（colocated）から新奇性のある刺激（non-colocated）への選好パターンの切り替わりは先行研究でも観察されているため（Freier et al., 2016），視触覚刺激の経験の蓄積が反映されているのではないかと指摘されているが，まだ議論が続いている．視覚と触覚のクロスモーダル処理がどのような発達的変化を遂げるのかを描き出すには，まだ多くの研究の蓄積が待たれる．

幼児期（主に1歳半〜3歳）

次は身体セマンティクスの獲得を概観してみよう．子どもはいつから人間の身体を見た目によって区別し，その機能的構造を理解するのだろうか．無論，身体セマンティクスも身体スキーマや身体トポロジーとの相互作用を通じて獲得されるものであると考えられる．身体構造の意味的・概念的理解という部分に焦点を当て，乳児期にさかのぼって知見を紹介する．

まず，視覚的な区別としての身体認識に関する研究を見ていく．視覚的に顔を検出し，見分ける能力は新生児期から（Bushneil et al., 1989; Morton & Johnson, 1991），身体全体については生後4カ月頃からその萌芽が見られるという（Slaughter et al., 2012）．Slaughter et al.（2012）は，福笑いのように身体部位がごちゃ混ぜに接続されているスクランブルされた身体と典型的な身体の視覚刺激を用意し，スクランブル身体と通常の身体に対する弁別を馴化—脱馴化法[2]と選好注視法によって系統的に調べている．一連の実験から，生後9カ月頃から徐々に区別が成立し始め，生後15〜18カ月頃に見た目によらず識別ができるようになることが示されている（詳細は，Slaughter et al., 2012）．身体部位のありえない動き（肘が反対に曲がるなど）に対する感受性は，生後12カ

---

2) 乳児の視覚行動を観察するための手法．ある視覚刺激を乳児に提示し，慣れる（馴化する）まで見せ続ける．乳児が一定の基準で馴化したらテスト刺激を提示し，注視の回復（脱馴化）を評価する．脱馴化が起これば2種類の刺激は区別できたことを示せる．

月には成立しているようだ（Morita *et al.*, 2012）.

　幼児期における身体セマンティクスの研究は，方法論の取りやすさから，身体部位名称の理解を評価させたり，名称／写真／イラストの指示により身体部位のポインティングをさせたりする手法がとられてきた（Brownell *et al.*, 2007, 2010; Camões-Costa *et al.*, 2011; Waugh & Brownell, 2015; Witt *et al.*, 1990）. Camões-Costa *et al.*（2011）は，26〜41 カ月児 17 人を対象に，50 種類の身体部位を提示し，部位名を答えさせる課題と指差しをさせる課題を，複数日にわたり 1 人当たり計 200 試行も実施した. 部位名を答えさせる課題は身体セマンティクス，指差しは身体トポロジーに関連が深い. 50 個の身体部位のうち，60% 以上の正解率が得られたのは，12 カ所（舌，頭，背中，お腹，目，歯，手，足，腕，耳，お尻，髪）であった. また，顔にまつわる身体部位と比較的広範囲を示す身体部位（お腹，頭など）の理解度が，狭い範囲や関節部位よりも高かった. さらなる分析で，ワイルダー・ペンフィールドの感覚野における責任部位の大きさ順と正答率の相関は，ラベルづけ課題，ポインティング課題ともに有意であり，運動野における責任部位の大きさ順とはどちらも有意な相関は見られなかった. 感覚野・運動野ホムンクルスとの比較は，成人患者のデータに基づくという制限つきではあるものの，興味深い結果である.

　なお，身体部位のポインティングと類似した手法として，シール貼りの模倣によって自己身体部位の定位を評価した研究がある. Brownell *et al.*（2010）は 20〜30 カ月児が自分の身体部位についての理解を評価するため，実験者が自身の身体部位 12 カ所にシールを貼るのを真似させた. 20 カ月児では 20%，30 カ月児では 35% の正答率であったという. Witt *et al.*（1990）が 12〜24 カ月児を対象に行ったポインティング課題で，24 カ月児で 11 カ所以上の正答を示したことと比較すると，やや低めの正答率である. おそらく，Brownell *et al.*（2010）の手続きは，実験者の言語的指示（「今度はあなたがこのように貼るのよ」といった指示語を含む教示）の難易度の高さや，シール貼りの単調な繰り返しが飽きを生じさせ，低い正答率に結びついた可能性がある. 幼児を対象に彼らの認知能力を妥当に評価するには，言語能力の未熟さの影響を低減させ，高い動機を維持しやすい課題の開発が不可欠である.

3 対象化された身体表象発達の検討

ラバーハンド錯覚の発達過程

前節までで取り上げてきた身体表象発達にまつわる知見は，自分の身体に対する理解を直接的に扱うものが主であった．だが，成人の研究ですでに示されているように，身体表象の学習や変容の過程を知るには，実際の自己身体における経験や制約の影響をできるだけ低減するような課題が必要である．これについては，ラバーハンド錯覚のように，対象として提示された代替身体に対する知覚や認識過程に着目して検討を行う方法が有効である．ラバーハンド錯覚の発達過程を探ることは，身体表象の発達的起源や，身体の大きさが変化し続ける発達過程ならではの特異性の検討など，身体表象にまつわる興味深い問いに答えを与えることができると考えられる．

では，ラバーハンド錯覚の発達的起源はいつだろうか．成人と幼児とで錯覚成立のプロセスは異なるのだろうか．ラバーハンド錯覚の発達的観点からの検討はまだそれほど蓄積がないが，現時点までの実証的発達研究の知見をまとめておく．現時点では，4歳がラバーハンド錯覚を示した最年少の年齢である（Cowie *et al.*, 2013, 2016）．ただ，4～5歳児の反応はノイズが大きく，体性感覚ドリフトの測定値は統計的に信頼できないレベルであったことも報告されているため，解釈には慎重さが必要だ．体性感覚ドリフトの反応が比較的安定してくるのは6～7歳である（Gottwald *et al.*, 2021）．

6～7歳児と成人との比較により，ラバーハンド錯覚の発達的特性が明らかになり始めている．まず，体性感覚ドリフトについては，成人同様の反応の変化が見られる．たとえば，時間的同時性（同期，非同期）と空間的一貫性（自然な手の配置（0度），可能だが不自然（20度傾斜），不可能で不自然（90度傾斜））を系統的に操作すると，体性感覚ドリフトは，時間的同期，空間的一貫性が高い状態（0度）で最も大きくなり，それ以外の条件では小さくなる．これは成人と同様の反応である．一方，体性感覚ドリフトの振れ幅は成人より大きかった．また，もう一つのラバーハンド錯覚の指標である，主観報告（ラバーハンドに対する触覚や身体所有感の評価）についても，子どもは成人よりも身体所有感の錯

覚を抱きやすかった．子どもは成人よりも視覚的な情報を優先させるため，感じられる手より，見える手のほうを優先した定位を行ってしまうようである（Cowie *et al.*, 2018）．

　ラバーハンド錯覚では，自分の手からの体性感覚によって錯覚が弱まってしまうことを防ぐために，手をできるだけ動かさないように教示し，いわば受け身の状態で，触覚と視覚と体性感覚の統合処理（身体所有感）を検討することが多い．だがそれでは身体イメージの獲得過程を検討するには不十分であり，第1章で示されているように，能動的に動くこと（運動主体感）の貢献，すなわちロボットハンド錯覚（バーチャルハンド錯覚）の発達過程を検討することが重要である．筆者の知る限り，現状では発達期におけるロボットハンド錯覚に関する検討はまだ行われていないが，今後，子どもにも適用可能なバーチャルリアリティー（VR）ゴーグル等が開発されれば，VR等を用いたロボットハンド錯覚の検討が行われるようになり，身体所有感，運動主体感の双方向から身体表象獲得の発達的起源や成立過程が明らかにされていくだろう．

自己像認知の再考

　将来的にはロボットハンド錯覚等を用いた検討が期待されるが，現状では，視覚機能が発達途上である乳幼児を対象にVR映像に対する認識を検討することは難しい．しかし，自己鏡像やビデオのライブ自己映像も，乳幼児にとってはVR上のアバターと大きく変わらないのではないか．自己鏡像／映像を自分だと認識するだけでなく，もう一つの自己身体として対象化し，自在に操れるようになるまでの発達的変化を明らかにすることで，ラバーハンド錯覚で扱うような身体表象の学習や変容の過程の解明に貢献できると筆者は考えている．

　自己像認知を評価するためのテストと言えば，マークテストが有名である（Amsterdam, 1972; Gallup, 1970）．対象者に気づかれないように鼻や頬など，顔の一部につけたマークを，自己鏡像を介して直接的にぬぐうかどうかを観察するテストとして知られている．人間の幼児では1歳半頃からマークに触れるようになる．これまで人間だけでなく，大型類人猿，マカク，イルカ，ゾウ，カササギなど，様々な動物種を対象に用いられてきた（Anderson & Gallup, 2015;

図 5-3　全身版 XR マークテスト（Miyazaki *et al.*, 2021 より作成）

Prior *et al.*, 2008; Reiss & Marino, 2001）．これまでのマークテストは自己認識や視覚と体性感覚の統合的処理を検討する課題として見られてきたが，身体の使い方の理解や身体表象発達を検討する課題としてとらえている研究はほとんどない．

　筆者らは，マークテストが自己認識だけでなく，自己身体表象の検討にも適している可能性を探るため，新たな課題の開発を試みている（Miyazaki *et al.*, 2019, 2021）．画像処理によるリアルタイム骨格検出と拡張現実の技術を組み合わせ，自己映像身体の各部位にバーチャル・マークを映し，参加者がバーチャル・マークに触れると，視聴覚フィードバックの報酬が表示されるようにした（図 5-3）．いわば現実と仮想空間のインタラクションを可能にした全身版クロスリアリティ（XR）マークテストである．ここでは，2〜3 歳児の身体各部位に対する定位精度を評価した．特に，リーチング・エラーの運動軌跡を詳細に解析することによって，身体トポロジーや身体セマンティクスの発達過程の一端を明らかにしようという狙いがある．ここまでの結果から，2 歳児のバーチャル・マークに対するリーチングは軌道修正が難しい弾道的な探索的リーチングから視覚的に誘導されたリーチングへと変化することがわかっている．さらに，3 歳児になるとリーチングはより精緻化されていき，視覚的に誘導された

慎重なリーチングから迅速で予測的なリーチング，すなわちフィードフォワード制御を獲得していくことが窺える運動軌跡の変化が示された．このように，自己指向性リーチングの運動解析により，身体表象発達の新たな側面が明らかになりつつある（Miyazaki *et al.*, 2021）．

乳幼児の運動主体感

第 2 節で，自己映像に対する自己の帰属の問題を指摘した．乳児はたしかに知覚的弁別として自己に関係する感覚運動情報の検出に長けている．たとえば，7 カ月児はライブと 2 秒遅延の自己映像を左右に並べて提示されると，2 秒遅延映像を選好注視し，両者を弁別していることが窺える（Hiraki, 2006）．だが，このような注視時間の偏りをもって，映像に対して「映っているのは自分である」という帰属感を抱いているかどうかはわからない．

自己への帰属感を評価するには，自己映像に対して運動主体感を持てているかどうかが一つの重要な要因となる．運動主体感が成立するには，感覚運動情報に対する視覚的フィードバックの同時性がカギである．筆者らは，自己映像に数秒間の時間的遅延を挿入し，感覚運動情報に対する視覚フィードバックの非同時性（同時性の崩れ）が自己像認知に及ぼす影響を検討した．すると，ライブの自己映像であれば問題なく自分であると帰属できる 3 歳児が，映像に 2 秒間の遅延を挿入しただけで，自己映像が自分であると帰属することに躊躇を示すようになった（Miyazaki & Hiraki, 2006）．

では，単なる知覚的弁別ではない，体験としての運動主体感の成立はいつ頃なのだろうか．運動主体感の発達的起源は未だ議論の渦中にあり，生後数カ月以内に獲得されると主張する研究者もいれば（Rochat, 2001），生後 9 カ月以降に生じると示唆する研究者もいる（Verschoor & Hommel, 2017）．内省報告が難しい乳児の運動主体感を，視線や行為の随意的な反応によって評価しようとする試みはいくつかなされているが，運動主体感の発達的起源については残された課題となっている（Miyazaki *et al.*, 2014; Teichmann *et al.*, 2020; Wang *et al.*, 2012; Zaadnoordijk *et al.*, 2018）．

4 他者ありきの社会性発達

新生児模倣とその論争

前節まで，主に乳幼児自身の身体表象や自己意識に関する発達の道筋の概要を描き出すことに注力してきた．本節では，他者を通じて自己を発見し，他者に影響を与える，という社会性を育むループに着目して，模倣や相互作用の研究を概観していく（Hurley & Chater, 2005）．哲学者アンナ・チアウニカらの最近のレビューによると，身体性に関して，重要であるが見逃されている視点は，われわれの身体的自己意識は初めから他者の経験している主観を通じて生まれてくる，という事実であるという（Ciaunica & Crucianelli, 2019）．この事実は，特に乳幼児の社会性発達のプロセスを明らかにするためには外せない重要な視点である．本節では，他者ありきの乳幼児のコミュニケーションについて概観していきたい．

1970年代，表情模倣は生後8〜12カ月頃にならないと成立しないという考えが主流だった（Piaget, 1952）．そのような時代背景の中で，生まれたばかりの乳児が顔まねをすることを実証的に示したメルツォフらの新生児模倣（neonatal imitation）の発見は，大きなインパクトをもって迎えられた（Meltzoff & Moore, 1977）．生後2〜3週間の新生児に対し，成人のモデルが4種類の表情やジェスチャー（口唇の突き出し，口開け，舌出し，手を握る動作）を見せたところ，新生児がモデルに近い表情やジェスチャーを行ったという．その後，生まれてから一度も人の顔を見たことがない，生後72時間までの新生児でも同様の傾向が見られたという（Meltzoff & Moore, 1983）．

新生児模倣が重要視される理由は，生得的に自他を結びつけるようなメカニズムを前提に置けるからである．メルツォフは，模倣が能動的な感覚間協応（intermodal mapping）に基づいていることを主張している．観察に基づく他者の行為と，自らが感じている行為を，感覚を超えた表象（supramodal representation）を介して統合できる，原始的で基礎的な身体スキーマを想定しているのだ．メルツォフは，この観察された行為と実行された行為の間の本質的なつながりをもたらす生得的な感覚間協応の仕組みを第一ステップとして，全三ス

テップからなる社会性発達の理論, like-me 仮説を提唱した (Meltzoff, 2005). 第二ステップでは, 一人称経験の蓄積が行われる. すなわち, 自分の行為とその背景にある自分の心的状態との間にある規則的な関係に気づき, 一人称的な経験を繰り返し積んでいく段階である. そして第三ステップで, 心の理論を含む, 他者の心の理解へと社会性を発達させていくという.

　一方で, 新生児模倣の存在を疑問視する研究者もある (Anisfeld, 1996). 2016 年には大規模な追試が行われて, 舌出し以外の表情については, 新生児が模倣をしていない可能性が指摘された (Oostenbroek *et al.*, 2016). メルツォフはこれに方法論上の問題などを示して反論したが (Meltzoff *et al.*, 2018), 再反論もなされ (Redshaw *et al.*, 2020), 今なお論争が繰り広げられている. 新生児模倣の存在は議論の渦中にあるものの, 新生児の表情変化が養育者の関心を惹きつけることそれ自体は疑いようのない現象であり, 養育者の養育行動を引き出し, 社会的相互作用のループの発端を担うと言って差し支えないだろう.

原始的会話, 豊かな情緒のやりとり

　生後 2 カ月を過ぎる頃から, 乳児は主たる養育者と情緒豊かなやりとりを繰り広げられるようになる. 原始的会話 (protoconversation) と呼ばれる, 非言語のコミュニケーションの始まりである (Bateson, 1975). 優しいタッチ, 情緒豊かな子ども向けの発声, やや大げさな表情による養育者からの働きかけに, 乳児は敏感に反応する (Trevarthen & Aitken, 2001). 機嫌のよい時には, クーイングと呼ばれる発声を伴ったやりとりになることもある. この発達初期の情緒豊かなやりとりは, その後の社会性発達の足がかりとなるため, 多くの研究の蓄積があり, 今もなお数多くの発達研究者を惹きつけ続けている.

　この豊かなやりとりをもたらす要因の中で, とりわけ身体性や模倣との関連で重要なのは, 乳児側にフォーカスを当てれば, 社会的随伴性 (social contingency) への感度の高さ, 養育者側にフォーカスを当てれば, 社会的ミラーリング (social mirroring) であろう. ともに膨大な数の先行研究が存在しているが, 重要なエッセンスだと思われる部分を, 浅野 (2012) を参照しながら簡単に紹介したい.

　社会的随伴性とは, 他者とのやりとりの自然な流れのことである. 乳児は自

分が話しかけられていることに対しても，自分がまねされていることに対しても敏感に反応する．社会的随伴性に対する敏感性を評価する代表的な方法として，ダブルビデオパラダイム（Murray, 1985; Rochat *et al.*, 1998）や静止顔（still face）のパラダイム（Mesman *et al.*, 2009; Tronick *et al.*, 1978）が挙げられる．ダブルビデオパラダイムは，いわゆるテレビ電話のような装置を用いて，親子のやりとりの間に撮影機材を挟み，映像をライブやリプレイで流すことで，親子間の自然なやりとりのタイミング等を操作する方法である．Murray & Trevarthen（1986）は，ライブ／リプレイの映像を交互に提示し，それに対する母親の発話や応答性を分析することで，2 カ月児がライブとリプレイの映像を区別できることを示した．

　社会的随伴性に対する敏感性を評価するもう一つの方法として，静止顔のパラダイムがある．静止顔のパラダイムとは，自然なやりとりの間に母親が突如表情をなくして真顔で乳児を見つめる静止顔の時間を挿入し，その際の乳児の反応を観察する，というものである（Tronick *et al.*, 1978）．社会的随伴性に敏感な乳児は，静止顔の際にぐずったり，視線をそらしたり，笑顔を減少させることが知られている．また，生後半年を過ぎた乳児では，単にネガティブな応答を示すだけではなく，母親の応答を取り戻そうとする働きかけも観察されている（Adamson & Frick, 2003）．

　また，乳幼児には自分が模倣されていることに対する敏感さが備わることについても紹介しておきたい（Agnetta & Rochat, 2004; Meltzoff, 1990; Meltzoff & Moore, 1999; Nadel, 2002; Rochat & Striano, 2002）．たとえば，Meltzoff（1990）は，模倣されていることへの敏感さを示す行動として「テスト行動」の表出を挙げる．テスト行動とは，相互作用の相手を見つめながら，乳児が玩具に対して行う何らかの突発的で予期しない動作と説明される．やや抽象的な表現であるが，自分の行為が相手にどう影響するのかを試すような行動のことである．ただ，実際にいつ頃から自分がまねされていることに気づくかという問いに対する答えはまだ出ていない．生後 2 カ月でその兆候が見られるというデータもあるが（Nadel *et al.*, 1999），概ね 6〜9 カ月の間であると考えられている（Sauciuc *et al.*, 2020）．

　一方，養育者側にフォーカスを当てた際に重要なのが，社会的ミラーリング

である．社会的ミラーリングは，養育者が自然に行ってしまう，情動を伴った表情・発声・行動の模倣であり，その重要性は多くの発達研究者から指摘されている（Bigelow *et al*., 2015; Gergely & Watson, 1996; Meltzoff, 2013; Trevarthen & Aitken, 2001；スターン，1990）．社会的ミラーリングは，養育者が乳児の感情を調整し，感情的なつながりを伝えるための手段である．ミラーリングにさらされることで，乳児は自分が今感じていることが知覚的に表現されていることを体験する．乳児が感じている感情と，養育者の行動に反映されたその感情を知覚することは，乳児の自己と養育者の間の関連性の感覚を促進する（Beebe *et al*., 2003）．

　養育者のミラーリングが乳児の社会性発達に及ぼす影響を検討した研究をいくつか見てみよう．前述した通り，乳児の社会的随伴性に対する敏感さの萌芽は生後 2 カ月で観察できるが，生後 3 カ月までの社会的随伴性の検出能力は安定しないこともまた事実のようだ（Bigelow & DeCoste, 2003; Rochat *et al*., 1998）．そして社会的随伴性に対する敏感さは，普段接している養育者の養育態度などに影響を受ける（Bigelow & Rochat, 2006; Legerstee & Varghese, 2001）．たとえば，Legerstee & Varghese（2001）は，母親の情動性のミラーリング（affective mirroring）について事前に調査し，情動ミラーリングの高低による乳児の反応の違いを明らかにしている．情動ミラーリングの高い母親に育てられている乳児は，笑顔，発声，視線でライブ／リプレイの映像を理解するだけでなく，母親に対する積極的な働きかけと感情の共有期待が見られた．一方，情動ミラーリングの低い母親に育てられている乳児は，映像の区別はできたが，積極的な働きかけや感情の共有期待は少なかったという．

　もう一つ，養育者のミラーリングに関する最近の研究を紹介する（Bigelow *et al*., 2018）．長年，母子間相互作用の研究に携わっているアン・ビゲロウらは，母親のミラーリング行動が，静止顔パラダイムにおいて，静止顔になった母親から社会的相互作用を引き出そうとする自発的な働きかけに影響を与えるかどうかを，5 カ月児を対象に調べた．その結果，ミラーリング行動を平均以上の回数で行う母親の乳児は，母親が静止顔になると，母親に注目しながら笑顔や発声をすることがわかった．これらの行動は，反応しない母親に対する社会的な働きかけであり（Goldstein *et al*., 2009），典型的には 1 歳半過ぎによく観察さ

れると言われている（Bigelow & Power, 2016）．母親がミラーリングをよく行う
5カ月児は，典型的には1歳後半になるまで見られない社会的な働きかけを行
うのだ．ここに養育者と乳児の社会性のループの影響を見てとれる．

心地よい接触

前項まで，社会的随伴性への敏感さと社会的ミラーリングに焦点を当てた相
互作用研究を概観してきたが，今後の相互作用研究の流れは，おそらく身体接
触，中でも心地よい接触（pleasant touch）がもたらす社会性発達への効果の検
討へとシフトしていくのではないだろうか（Bremner & Spence, 2017; Montiros-
so & McGlone, 2020）．

というのも，近年その機能が明らかにされつつあるC触覚求心性線維（C-T
線維）の働きが，特にユニークで興味深いからである．手のひらや足の裏など
を除く有毛皮膚に存在するC-T線維は，皮膚が1〜10 cm／秒の速さでゆっく
りなでられた時，心地よい感覚を伝えることが知られている（Essick et al.,
2010）．このような心地よい接触は，成人では島皮質や扁桃体といった社会的
知覚や社会的認知を司る脳領域のネットワークを広範に活性化させ，社会的タ
ッチの価値の高さを示唆している（Olausson et al., 2002; McGlone et al., 2007）．
乳幼児におけるC-T線維の発達や機能はまだあまりわかっていないが，近年
のいくつかの研究からは，社会的タッチの社会性発達に対する貢献の一端が明
らかにされつつある．たとえば，生後9カ月において，乳児は一般的な触覚刺
激と，ゆっくりとした心地よい触覚刺激を区別することができるという．ゆっ
くりとしたなで方をされた時に，心拍数の低下となでたブラシに対する関与行
動の増加が観察された（Fairhurst et al., 2014）．この結果は，乳児が触覚刺激
から快情動を感じていたことを直接的に示すものではないものの，大人が心地
よいと思う速度での触覚刺激に対して選択的な反応を示したことは示唆される．
さらには，ゆっくりとしたなで方を母親，あるいは見知らぬ人から与えられる
と，母親に触覚刺激を与えられた時のみ，心拍数の低下が観察されたという
（Aguirre et al., 2019）．

社会性発達における身体接触の重要性は，これまで当然と扱われてきたが，
今後はさらに生理学的な裏づけを伴った検討が進められていくことと思う．

5　まとめ

　本章では，身体性認知科学の観点から社会性発達研究の興味深さを著すこと
を目指し，身体表象発達とそれにかかわる社会性発達の諸研究を紹介してきた．
この半世紀にわたり，乳幼児の有能性を示す研究から，他者との関係性や外界
とのインタラクションとの関係の様相を検討するものに変化してきている．他
者ありき，運動や接触ありきの認知発達研究は今後注目されるべきアプローチ
の一つとなると考えられる．

引用文献

Adamson, L. B., & Frick, J. E. (2003). The still face: A history of a shared experimental paradigm. *Infancy, 4(4)*, 451–473.

Agnetta, B., & Rochat, P. (2004). Imitative games by 9-, 14-, and 18-month-old infants. *Infancy, 6(1)*, 1–36.

Aguirre, M., Couderc, A., Epinat-Duclos, J., & Mascaro, O. (2019). Infants discriminate the source of social touch at stroking speeds eliciting maximal firing rates in CT-fibers. *Developmental Cognitive Neuroscience, 36*, 100639.

Ali, J. B., Cowie, D., & Bremner, A. J. (2014). Effects of posture on tactile localization by 4 years of age are modulated by sight of the hands: Evidence for an early acquired external spatial frame of reference for touch. *Developmental Science, 17(6)*, 935–943.

Ali, J. B., Spence, C., & Bremner, A. J. (2015). Human infants' ability to perceive touch in external space develops postnatally. *Current Biology, 25(20)*, R978–R979.

Ali, J. B., Thomas, R. L., Raymond, S., & Bremner, A. J. (2021). Sensitivity to visual-tactile colocation on the body prior to skilled reaching in early infancy. *Child Development, 92(1)*, 21–34.

Amsterdam, B. (1972). Mirror self-image reactions before age two. *Developmental Psychobiology, 5(4)*, 297–305.

Anderson, J. R., & Gallup, G. G., Jr. (2015). Mirror self-recognition: A review and critique of attempts to promote and engineer self-recognition in primates. *Primates, 56(4)*, 317–326.

Anisfeld, M. (1996). Only tongue protrusion modeling is matched by neonates. *Developmental Review, 16(2)*, 149–161.

浅野大喜 (2012). リハビリテーションのための発達科学入門——身体をもった心の発達　協同医書出版社

Ataria, Y., Tanaka, S., & Gallagher, S. (2021). *Body schema and body image: New directions*. Oxford University Press.

Bahrick, L. E., & Watson, J. S. (1985). Detection of intermodal proprioceptivevisual contingency as a potential basis of self-perception in infancy. *Developmental Psychology, 21(6)*, 963–973.

Bateson, M. C. (1975). Mother-infant exchanges: the epigenesis of conversational interaction. *Annals of the New York Academy of Sciences, 263*, 101–113.

Beebe, B., Sorter, D., Rustin, J., & Knoblauch, S. (2003). A comparison of Meltzoff, Trevarthen, and Stern. *Psychoanalytic Dialogues, 13(6)*, 777–804.

Bigelow, A. E., & DeCoste, C. (2003). Sensitivity to social contingency from mothers and strangers in 2-, 4-, and 6-month-old infants. *Infancy, 4(1)*, 111–140.

Bigelow, A. E., & Power, M. (2016). Effect of maternal responsiveness on young infants' social bidding-like behavior during the still face task. *Infant and Child Development, 25(3)*, 256–276.

Bigelow, A. E., Power, M., Bulmer, M., & Gerrior, K. (2015). The relation between mothers' mirroring of infants' behavior and maternal mind-mindedness. *Infancy, 20 (3)*, 263–282.

Bigelow, A. E., Power, M., Bulmer, M., & Gerrior, K. (2018). The effect of maternal mirroring behavior on infants' early social bidding during the still-face task. *Infancy, 23(3)*, 367–385.

Bigelow, A. E., & Rochat, P. (2006). Two-month-old infants' sensitivity to social contingency in mother-infant and stranger-infant interaction. *Infancy, 9(3)*, 313–325.

Bremner, A. J., Holmes, N. P., & Spence, C. (2008a). Infants lost in (peripersonal) space? *Trends in Cognitive Sciences, 12(8)*, 298–305.

Bremner, A. J., Mareschal, D., Lloyd-Fox, S., & Spence, C. (2008b). Spatial localization of touch in the first year of life: early influence of a visual spatial code and the development of remapping across changes in limb position. *Journal of Experimental Psychology: General, 137(1)*, 149–162.

Bremner, A. J., & Spence, C. (2017). The development of tactile perception. *Advances in Child Development and Behavior, 52*, 227–268.

Brownell, C. A., Nichols, S. R., Svetlova, M., Zerwas, S., & Ramani, G. (2010). The head bone's connected to the neck bone: When do toddlers represent their own body topography? *Child Development, 81(3)*, 797–810.

Brownell, C. A., Zerwas, S., & Ramani, G. B. (2007). "So big": The development of body self-awareness in toddlers. *Child Development, 78(5)*, 1426–1440.

Bushneil, I. W. R., Sai, F., & Mullin, J. T. (1989). Neonatal recognition of the mother's face. *British Journal of Developmental Psychology, 7(1)*, 3–15.

Camões-Costa, V., Erjavec, M., & Horne, P. J. (2011). Comprehension and production of body part labels in 2- to 3-year-old children. *The British Journal of Developmental Psychology, 29(Pt 3)*, 552–571.

Chinn, L. K., Hoffmann, M., Leed, J. E., & Lockman, J. J. (2019). Reaching with one arm to the other: Coordinating touch, proprioception, and action during infancy. *Journal of Experimental Child Psychology, 183*, 19–32.

Ciaunica, A., & Crucianelli, L. (2019). Minimal self-awareness: From within a developmental perspective. *Journal of Consciousness Studies, 26(3-4)*, 207-226.

Cowie, D., Makin, T. R., & Bremner, A. J. (2013). Children's responses to the rubber-hand illusion reveal dissociable pathways in body representation. *Psychological Science, 24(5)*, 762-769.

Cowie, D., McKenna, A., Bremner, A. J., & Aspell, J. E. (2018). The development of bodily self-consciousness: Changing responses to the Full Body Illusion in childhood. *Developmental Science, 21(3)*, e12557.

Cowie, D., Sterling, S., & Bremner, A. J. (2016). The development of multisensory body representation and awareness continues to 10 years of age: Evidence from the rubber hand illusion. *Journal of Experimental Child Psychology, 142*, 230-238.

DiMercurio, A., Connell, J. P., Clark, M., & Corbetta, D. (2018). A naturalistic observation of spontaneous touches to the body and environment in the first 2 months of life. *Frontiers in psychology, 9*, 2613.

Essick, G. K., *et al.* (2010). Quantitative assessment of pleasant touch. *Neuroscience & Biobehavioral Reviews, 34(2)*, 192-203.

Fairhurst, M. T., Löken, L., & Grossmann, T. (2014). Physiological and behavioral responses reveal 9-month-old infants' sensitivity to pleasant touch. *Psychological Science, 25(5)*, 1124-1131.

Fantz, R. L. (1961). The origin of form perception. *Scientific American, 204(5)*, 66-72.

Filippetti, M. L., Johnson, M. H., Lloyd-Fox, S., Dragovic, D., & Farroni, T. (2013). Body perception in newborns. *Current Biology, 23(23)*, 2413-2416.

Filippetti, M. L., Orioli, G., Johnson, M. H., & Farroni, T. (2015). Newborn body perception: Sensitivity to spatial congruency. *Infancy, 20(4)*, 455-465.

Freier, L., Mason, L., & Bremner, A. J. (2016). Perception of visual-tactile colocation in the first year of life. *Developmental Psychology, 52*, 2184-2190.

Gallagher, S. (2006). *How the body shapes the mind.* Clarendon Press.

Gallup, G. G. (1970). Chimpanzees: Self-recognition. *Science, 167*, 86-87.

Gergely, G., & Watson, J. S. (1996). The social biofeedback theory of parental affect-mirroring: The development of emotional self-awareness and self-control. *The International Journal of Psycho-Analysis, 77*, 1181-1212.

Goldstein, M. H., Schwade, J. A., & Bornstein, M. H. (2009). The value of vocalizing: Five-month-old infants associate their own noncry vocalizations with responses from caregivers. *Child Development, 80(3)*, 636-644.

Gottwald, J. M., *et al.* (2021). The developing bodily self: How posture constrains body representation in childhood. *Child Development, 92(1)*, 351-366.

Hiraki, K. (2006). Detecting contingency: A key to understanding development of self and social cognition. *Japanese Psychological Research, 48(3)*, 204-212.

Hurley, S. L., & Chater, N. (2005). *Perspectives on imitation: Imitation, human development, and culture.* MIT Press.

Leed, J. E., Chinn, L. K., & Lockman, J. J. (2019). Reaching to the self: The development of infants' ability to localize targets on the body. *Psychological Science, 30(7)*, 1063–1073.

Legerstee, M., & Varghese, J. (2001). The role of maternal affect mirroring on social expectancies in three-month-old infants. *Child Development, 72(5)*, 1301–1313.

Marshall, P. J., & Meltzoff, A. N. (2015). Body maps in the infant brain. *Trends in Cognitive Sciences, 19(9)*, 499–505.

McGlone, F., Vallbo, A. B., Olausson, H., Loken, L., & Wessberg, J. (2007). Discriminative touch and emotional touch. *Canadian Journal of Experimental Psychology, 61 (3)*, 173–183.

van der Meer, A. L., van der Weel, F. R., & Lee, D. N. (1995). The functional significance of arm movements in neonates. *Science, 267*, 693–695.

Meltzoff, A. N. (1990). Foundations for developing a concept of self: The role of imitation in relating self to other and the value of social mirroring, social modeling, and self practice in infancy. In D. Cicchetti & M. Beeghly (Eds.), *The self in transition: Infancy to childhood* (pp.139–164). University of Chicago Press.

Meltzoff, A. N. (2005). Imitation and other minds: The "like me" hypothesis. In S. Hurley & N. Chater (Eds.), *Perspectives on imitation: From neuroscience to social science: Vol. 2. Imitation, human development, and culture* (pp.55–77). MIT Press.

Meltzoff, A. N. (2013). Origins of social cognition: Bidirectional self-other mapping and the "Like-Me" hypothesis. In M. Banaji & S. Gelman (Eds.), *Navigating the social world: What infants, children, and other species can teach us* (pp.139–144). Oxford University Press.

Meltzoff, A. N., & Marshall, P. J. (2020). Importance of body representations in social-cognitive development: New insights from infant brain science. *Progress in Brain Research, 254*, 25–48.

Meltzoff, A. N., & Moore, M. K. (1977). Imitation of facial and manual gestures by human neonates. *Science, 198*, 75–78.

Meltzoff, A. N., & Moore, M. K. (1983). Newborn infants imitate adult facial gestures. *Child Development, 54(3)*, 702–709.

Meltzoff, A. N., & Moore, M. K. (1999). Persons and representation: Why infant imitation is important for theories of human development. *Imitation in Infancy, 290*, 9–35.

Meltzoff, A. N., Saby, J. N., & Marshall, P. J. (2019). Neural representations of the body in 60-day-old human infants. *Developmental Science, 22(1)*, e12698.

Meltzoff, A. N., et al. (2018). Re-examination of Oostenbroek et al. (2016): Evidence for neonatal imitation of tongue protrusion. *Developmental Science, 21(4)*, e12609.

Mesman, J., van IJzendoorn, M. H., & Bakermans-Kranenburg, M. J. (2009). The many faces of the still-face paradigm: A review and meta-analysis. *Developmental Review, 29(2)*, 120–162.

Miyazaki, M., Asai, T., Ban, N., & Mugitani, R. (2021). "XR mark test" reveals sensorimotor body representation in toddlers. *bioRxiv.* doi: 10.1101/2021.10.08.462966

Miyazaki, M., Asai, T., & Mugitani, R. (2019). Touching! An augmented reality system for unveiling face topography in very young children. *Frontiers in Human Neuroscience, 13*, Article 189. doi: 10.3389/fnhum.2019.00189

Miyazaki, M., & Hiraki, K. (2006). Delayed intermodal contingency affects young children's recognition of their current self. *Child Development, 77(3)*, 736–750.

Miyazaki, M., Takahashi, H., Rolf, M., Okada, H., & Omori, T. (2014). The image-scratch paradigm: A new paradigm for evaluating infants' motivated gaze control. *Scientific Reports, 4*, 5498.

Montirosso, R., & McGlone, F. (2020). The body comes first: Embodied reparation and the co-creation of infant bodily-self. *Neuroscience and Biobehavioral Reviews, 113*, 77–87.

Mori, H., & Kuniyoshi, Y. (2010). A human fetus development simulation: Self-organization of behaviors through tactile sensation. *2010 IEEE 9th International Conference on Development and Learning*, pp.82–87.

Morita, T., *et al.* (2012). Infant and adult perceptions of possible and impossible body movements: An eye-tracking study. *Journal of Experimental Child Psychology, 113 (3)*, 401–414.

Morton, J., & Johnson, M. H. (1991). CONSPEC and CONLERN: A two-process theory of infant face recognition. *Psychological Review, 98(2)*, 164–181.

Murray, L. (1985). Emotional regulations of interactions between two-month-olds and their mothers. In T. M. Field & N. Fox (Eds.), *Social perception in infants* (pp.177–197). Ablex.

Murray, L., & Trevarthen, C. (1986). The infant's role in mother-infant communications. *Journal of Child Language, 13(1)*, 15–29.

Myowa-Yamakoshi, M., & Takeshita, H. (2006). Do human fetuses anticipate self-oriented actions? A study by four-dimensional (4D) ultrasonography. *Infancy, 10(3)*, 289–301.

Nadel, J. (2002). Imitation and imitation recognition: Functional use in preverbal infants and nonverbal children with autism. In A. N. Meltzoff & W. Prinz (Eds.), *The imitative mind: Development, evolution, and brain bases* (pp.42–62). Cambridge University Press.

Nadel, J., Carchon, I., Kervella, C., Marcelli, D., & Réserbat-Plantey, D. (1999). Expectancies for social contingency in 2-month-olds. *Developmental Science, 2(2)*, 164–173.

Olausson, H., *et al.* (2002). Unmyelinated tactile afferents signal touch and project to insular cortex. *Nature Neuroscience, 5(9)*, 900–904.

Oostenbroek, J., *et al.* (2016). Comprehensive longitudinal study challenges the existence of neonatal imitation in humans. *Current Biology, 26(10)*, 1334–1338.

Pfeifer, R., Iida, F., & Lungarella, M. (2014). Cognition from the bottom up: On biological inspiration, body morphology, and soft materials. *Trends in Cognitive Sciences, 18(8)*, 404–413.

Piaget, J. (1952). *Play, dreams, and imitation in childhood*. Norton & Company.

Prior, H., Schwarz, A., & Güntürkün, O. (2008). Mirror-induced behavior in the magpie (*Pica pica*): Evidence of self-recognition. *PLoS Biology, 6(8)*, e202.

Redshaw, J., *et al.* (2020). Individual differences in neonatal "imitation" fail to predict early social cognitive behaviour. *Developmental Science, 23(2)*, e12892.

Reiss, D., & Marino, L. (2001). Mirror self-recognition in the bottlenose dolphin: A case of cognitive convergence. *Proceedings of the National Academy of Sciences of the United States of America, 98(10)*, 5937–5942.

Rochat, P. (1995). Perceived reachability for self and for others by 3- to 5-year-old children and adults. *Journal of Experimental Child Psychology, 59(2)*, 317–333.

Rochat. P. (2001). *The infant's world.* Harvard University Press. (板倉昭二・開一夫 (訳) (2004). 乳児の世界 ミネルヴァ書房)

Rochat, P., & Hespos, S. J. (1997). Differential rooting response by neonates: Evidence for an early sense of self. *Early Development and Parenting, 6(3–4)*, 105–112.

Rochat, P., & Morgan, R. (1998). Two functional orientations of self-exploration in infancy. *The British Journal of Developmental Psychology, 16(2)*, 139–154.

Rochat, P., Neisser, U., & Marian, V. (1998). Are young infants sensitive to interpersonal contingency? *Infant Behavior & Development, 21(2)*, 355–366.

Rochat, P., & Striano, T. (2002). Who's in the mirror? Self-other discrimination in specular images by four- and nine-month-old infants. *Child Development, 73(1)*, 35–46.

Saby, J. N., Meltzoff, A. N., & Marshall, P. J. (2015). Neural body maps in human infants: Somatotopic responses to tactile stimulation in 7-month-olds. *NeuroImage, 118*, 74–78.

Sauciuc, G.-A., Zlakowska, J., Persson, T., Lenninger, S., & Alenkaer Madsen, E. (2020). Imitation recognition and its prosocial effects in 6-month-old infants. *PloS One, 15(5)*, e0232717.

Schwoebel, J., & Coslett, H. B. (2005). Evidence for multiple, distinct representations of the human body. *Journal of Cognitive Neuroscience, 17(4)*, 543–553.

下條信輔 (1988). まなざしの誕生——赤ちゃん学革命 新曜社

Slaughter, V., Heron-Delaney, M., & Christie, T. (2012). Developing expertise in human body perception. In V. Slaughter & C. A. Brownell (Eds.), *Early development of body representations* (pp.81–100). Cambridge University Press.

Somogyi, E., *et al.* (2018). Which limb is it? Responses to vibrotactile stimulation in early infancy. *The British Journal of Developmental Psychology, 36(3)*, 384–401.

スターン，D. N. 小此木啓吾・丸田俊彦 (監訳) (1989). 乳児の対人世界——理論編 岩崎学術出版社

田中彰吾・浅井智久・金山範明・今泉修・弘光健太郎 (2019). 心身脳問題——からだを巡る冒険 心理学研究, *90(5)*, 520–539.

Teichmann, F., Grosse Wiesmann, C., & Musholt, K. (2020). Do infants have agency? The importance of control for the study of early agency. *Developmental Review, 64*, 101022.

Thomas, B. L., Karl, J. M., & Whishaw, I. Q. (2015). Independent development of the reach and the grasp in spontaneous self-touching by human infants in the first 6 months. *Frontiers in Psychology, 5*, 1526.

Trevarthen, C., & Aitken, K. J. (2001). Infant intersubjectivity: research, theory, and clinical applications. *Journal of Child Psychology and Psychiatry, and Allied Disciplines, 42(1)*, 3–48.

Tronick, E., Als, H., Adamson, L., Wise, S., & Brazelton, T. B. (1978). The infant's response to entrapment between contradictory messages in face-to-face interaction. *Journal of the American Academy of Child Psychiatry, 17(1)*, 1–13.

Verschoor, S. A., & Hommel, B. (2017). Self-by-doing: The role of action for self-acquisition. *Social Cognition, 35(2)*, 127–145.

de Vignemont, F. (2010). Body schema and body image: Pros and cons. *Neuropsychologia, 48(3)*, 669–680.

de Vries, J. I. P., & Fong, B. F. (2006). Normal fetal motility: An overview. *Ultrasound in Obstetrics & Gynecology, 27(6)*, 701–711.

Wang, Q., *et al.* (2012). Infants in control: Rapid anticipation of action outcomes in a gaze-contingent paradigm. *PloS One, 7(2)*, e30884.

Waugh, W. E., & Brownell, C. A. (2015). Development of body-part vocabulary in toddlers in relation to self-understanding. *Early Child Development and Care, 185(7)*, 1166–1179.

Witt, A., Cermak, S., & Coster, W. (1990). Body part identification in 1- to 2-year-old children. *The American Journal of Occupational Therapy, 44(2)*, 147–153.

山口真美・金沢創 (2019). 赤ちゃんの視覚と心の発達（補訂版）　東京大学出版会

Yamamoto, S., & Kitazawa, S. (2001). Reversal of subjective temporal order due to arm crossing. *Nature Neuroscience, 4(7)*, 759–765.

Zaadnoordijk, L., Otworowska, M., Kwisthout, J., & Hunnius, S. (2018). Can infants' sense of agency be found in their behavior? Insights from babybot simulations of the mobile-paradigm. *Cognition, 181*, 58–64.

第 **6** 章　知能・身体・関係性

長井隆行

1　知能とは何か

　われわれは知能を持っている．知能があるからこそ，人間の世界はこれほど
までに発展した．われわれは日々の活動の中で考え学び，常に進歩する．不可
能だと思われていたことをいつしか可能とする．この世の中で，知能の恩恵は
計り知れない．この，誰しもが有していると漠然と感じている「知能」とは一
体何物であろうか．たくさんの恩恵を受けながらも，われわれの「知能」に対
する理解はあまりにも漠然としている．この問いに答えるために，これまで多
くの思索がなされてきたことは言うまでもない．そして多くの知見が積み上げ
られてきた．それでもまだまだ完全にこの問いに答えることは難しい．この一
見哲学的な問いに答えを見出すためにはどうすればよいであろうか．

知能を作って知る──構成論的アプローチ

　"What I cannot create, I do not understand." 物理学者リチャード・ファ
インマンの有名な言葉である．作ることができなければそれを理解したとは言
えない．逆に言えば，作ることができればそれを理解したことになる．これは
作ることと，対象を理解することを結びつけた重要な言明である．知能の問題
に当てはめれば，知能とは何かを理解したと言うためには，知能を作ることが
できる必要がある．もちろんこれはファインマンの言明を単純化し過ぎている
かもしれないし，理解するためのアプローチは他にも多く存在する．そして何
より，作るためには様々なアプローチを援用する必要もある．いずれにしても，
知能を作ることができればそれは「知能とは何か」という問いに対する答えに

149

近づくことは間違いなさそうである．

　一方で，作ること自体のメリットもある．人間のような柔軟な知能は，現在の人工知能技術を駆使してもなお実現が難しい状況である．もし人間のような知能が実現されれば，労働力不足を補い，様々な場面で活躍するロボットが人間と共生する世界が訪れるかもしれない．そうした存在が登場することによる新たな問題も多く指摘されており，作ることが手放しに肯定されるわけではない．社会的・倫理的問題も見据えつつ，様々なアプローチで知能を探求する試みを続けることが重要である．

　作ることによって知るというアプローチは，構成論的アプローチと呼ばれる．この考え方は比較的古くから存在し，様々な分野で取り入れられている．実際，構成論的アプローチの科学的手法としての位置づけや考え方には様々な議論がある．ここでは深くは立ち入らないが，興味のある読者は文献（杉山他，2002；有田，2009; Hashimoto *et al.*, 2008；橋本他，2010; Asada *et al.*, 2009）などをご覧いただきたい．一般に科学では，対象をより細かく観察する要素還元主義を取る傾向がある．一方，構成論的アプローチでは，全体論的なとらえ方をする．これは，非常に複雑なシステムは単に構成要素の性質を足し合わせるだけでは説明できないことが多いためである．知能の仕組みも，おそらくは要素に還元できない十分に複雑なものであると予想できる．そのため，構成論的な知能理解が有望なアプローチであると思える．しかし構成論的アプローチには，作る対象の仕組みが既知でないのにどうやって作るのかという大きな自己矛盾がある．この問題に対する明確な解答はないが，様々な分野の研究によって積み上げられた知見に基づき実際に作り上げ，そこから新たな知見や仮説を形成しその知見や仮説を科学的に検証するといった流れを繰り返すことが肝要であると考えられる．特に人間の知能という点では，人間の身体がその基盤にあるため，人間と同様に物理的な環境に働きかけることのできるロボットを使うことで，その本質に迫る可能性がある．さらには，近年大きな発展を遂げた機械学習の技術は，人間の脳における計算を完全とは言わないまでも，かなり高いレベルで模倣できる可能性を秘めている．こうした新しい工学的な道具が，従来困難であった構成論的なアプローチを後押しし，知能とは何かという難問への答えに少しずつではあるが近づこうとしている．

マーの三つのレベル

　知能のメカニズムを知ることを考えると，脳を研究する神経科学が重要であることは明らかである．神経科学では解剖学的な研究や計算論的な研究など様々な試みが続けられており，多くの知見が蓄積されている．しかし一方では，神経科学が脳を理解するのに難しい側面があることも指摘されている（Jonas & Kording, 2017）．

　デイヴィッド・マーは，脳の情報処理を理解するという文脈で次の三つのレベルが重要であるとした（Marr, 1982）．

①計算理論（何をなぜ計算するのか）

②表現とアルゴリズム（どのように計算するのか）

③ハードウェアによる実現（どのように物理的に実現するか）

　何を，なぜ，どのように計算するのかを明らかにしなければ，脳の情報処理の仕組みを理解したことにはならないというのは直観的である．一方で，脳というハードウェアがある以上，ハードウェア上でどのように計算しているかを明らかにしなければ，脳の仕組みを理解したことにはならない．脳と同等の機能を脳とは異なるアルゴリズムやハードウェアで実現できる可能性もあるが，脳を理解するためには，最終的に脳というハードウェアの制約も考慮する必要がある．

　どのレベルに軸足を置いて研究を進めるかは研究者の興味などによるところも大きいが，一般的には一つのレベルに閉じることはなく，①から③の方向（トップダウン）に研究を進める場合と，③から①の方向（ボトムアップ）に研究を進める場合が多い．ある特定の表現やアルゴリズムのアイディアから研究を進めることもあり，その場合は，②からそれぞれの方向に向かうことになる．

　人間の知能を構成論的アプローチで理解することを考えた場合にも，こうしたレベルを考えることができる．ただし，実際に作ることを考えると③のハードウェアレベルは非常にハードルが高い．人間のような知能をハードウェアレベルで実現することは，人間と同じ身体を作ることを意味する．近年のヒューマノイドロボットは大きく発展を遂げ，人間に似た動きができるようになりつつある．しかしその仕組みは，人間のそれとは大きく異なる．生物模倣ロボットやソフトロボティクスといった研究分野も活発で，モーターを電気的に駆動

するロボットから脱却し，筋骨格を持ち，やわらかさやしなやかさのあるロボットの開発が進められている．しかし，身体的な仕組みとして人間に酷似したロボットを作ることは現状不可能であると言わざるをえない．そうした点から考えると，①や②のレベルを踏まえて作ることが中心となると考えられる．しかしこのことは，人間の知能を考える場合に③を無視してもよいということではない．人間が物理世界の中で知能を持つことの前提として，身体を持っているということが大きな制約となるためである．つまり，①②を考える上でも，物理世界に存在する身体を考慮することが重要である．構成論的アプローチで物理的なロボットを用いるのは，そのためである．一方で，ロボット自体の仕組みが人間とは違うことは意識しておく必要がある．

身体と同様に，人間の知能が社会の中で育つという事実も見逃せない．この「社会」という要素を，知能の構成論的アプローチにおいてどのように考えることができるかは重要である．社会的な要素をシミュレーションによって実現することも一定の範囲では可能であるが，最終的には社会の中で動作する実際のロボットによる知能の実現という方向性を考える必要がある．物理的なロボットを用いることで，現実の社会との相互作用によって人間の知能を再現するという可能性が広がる．

ここで，人間のハードウェア的側面をもう少し考えてみたい．計算と運動のどちらの側面においても，人間の能力拡張が可能となりつつある．単純に外部の計算リソースを用いた計算能力の向上から，ブレイン・マシン・インターフェースによる脳と機械の融合，さらには，脳と機械の直接的な接続による計算の能力の拡張も現実となりつつある．身体に関しても同様に，義手や義足のみならず，パワーアシストロボットなど，様々なかたちで人間の能力拡張が進んでいることを考えると，人間の知能を構成する上で人間の身体にどれほど縛られるべきかは，難しい問題をはらんでいるかもしれない．

人工知能

知能を作るという立場として最初に思い浮かぶのは，人工知能（AI）であろう．現在の人工知能は機械学習技術に支えられているが，その中核をなすのがニューラルネットワークである．ニューラルネットワークと言っても，様々な

タイプのものが提案されており一括りにするのは若干乱暴であるが，その基本は入力信号と出力信号の非線形な対応関係の学習である．この際に重要なのは，出力信号の正解が与えられていることである．ニューラルネットワークは，ネットワークの出力と与えられた正解の差を小さくするようにパラメータを学習する．

　近年の人工知能ブームは，画像認識における成功にその一端がある．画像認識とは，画像に映っている物体が何であるかを言い当てる問題である．たとえば，車が写っている画像が入力されると，ニューラルネットワークは車に対応する番号を答えとして出力する必要がある．つまり，画像のパターンとそれに対応する正解ラベルの結びつけを学習するのがニューラルネットワークの仕事である．この画像認識の問題は一般物体認識と呼ばれ，長きにわたり難問であった．これは，車と言っても様々な見た目のものが存在するためである．さらに同じ車であっても，カメラとの位置関係によっては全く違う見た目になる．こうした見た目の違いによらずに同じ答えを出さなければならないという問題と，この世に存在する何千何万という数の物体カテゴリーを区別しなければならないという問題を同時に解決することが容易ではないことは，直観的に明らかであろう．

　この難問を解決したのは，深層学習と呼ばれる機械学習技術の進歩もさることながら，大量の画像と正解ラベルを学習データとして与えることを可能としたインターネットの存在であった．大量の学習データによって訓練されたニューラルネットワークは，今や人間を超えるスピードや精度で画像認識を実行することができる．この事実から，現在の AI は人間を超えているという意見さえ見受けられる．これはある側面では正しい．少なくとも監視カメラの映像から特定の人を見つけることは，人間にとってそれほど容易なことではない．それを高速かつ高精度に何時間でも実行できる AI は，その仕事では人間の能力を超えている．しかし，画像を高速に認識できることだけで，人間の知能を超えていると言えるであろうか．人間が画像中の車を認識する時，それは単に車というラベルを出力しているわけではないのは明らかである．画像認識において人工知能が行っていることは，車というラベルを出力すること以上でも以下でもない．そう考えると，人間と AI の認識には大きな違いがある．別の言い

方をすれば，人間は車を理解しているが，教示ありデータで学習した AI は，車とは言えても，車が一体何なのかは理解していない．結局のところ，理解するということがどういうプロセスなのかを明確にしなければ，適切に比較することはできない．画像認識を高速・高精度に行う仕組みを追求しても，知能とは何かという問いに答えることは難しそうである．

人間の知能に不可欠な要素

現状の人工知能技術を推し進めることで人間の知能を構成し，その仕組みに迫ることには，思った以上にハードルが高そうである．AI に足りないものは何か．すぐに思いつく人間と AI の大きな違いは，身体を持つか持たないかである．AI は本来アルゴリズムであり，計算機とデータがあれば成立する．計算機を動かすためにはエネルギーが必要であるが，AI のアルゴリズム自体はそのこととは独立している．物理的な自分という存在を考慮する必要は全くない．どのような計算をどのように行うかは，アルゴリズムのデザイン，つまりはそれを利用する人間が決めることである．前述の画像認識をする AI の目的は，画像中の物体をラベルとして出力することであった．それをニューラルネットワークという機械学習の技術で実現している．しかし，物体を認識することは，AI 自体が望んだことでも必要があることでもない．いわば，人間がそうするようにデザインしただけのことである．どれだけ高速に精度よく画像認識ができたとしても，突然それ以外のことができるようになったり，何か他の目的に目覚めたりすることはありえない．ただし，興味や内発的動機づけを持たせるような研究も存在する．特に，世界モデルと呼ばれる情報を生成する機械学習技術に関しては事情が大きく異なるが，物理的な身体を持たないという点においては変わりない．世界モデルについては本章における中心的話題であり，後ほど述べる．

一方で，人間はどうか．人間は身体を持っている．そもそも身体がなければ脳は存在せず，そこに知能は存在しない．日常生活ではあまり意識しないが，身体を維持することはそれほど簡単なことではない．人間は日々そのための努力を，意識的にも無意識的にも様々なレベルで行っている．大切なことは，人間が能動的な存在だということである．われわれは，身体を維持するという目

的を持って物理的な環境に働きかけ，環境を変えることができる．物理的な環境に働きかけるために腕や足をコントロールする．環境をとらえるために五感をフルに活用する．さらには，自身の身体が今どのような状態にあるかを把握するために身体を常に監視しており，その結果が行動決定に大きな影響を与える．このことは，人間の知能を考える上で身体と計算が切っても切れない関係にあることを意味している．そして，もう一つ重要な要素として，自分とは異なる他者の存在がある．人間は他者とのかかわりの中で知能を育むし，その能力は社会の中で発揮される．

このように考えると，身体と計算，他者（社会）はすべてつながっており，少なくとも人間の知能を探求するためには，これらを統合的にとらえる必要がありそうである．AI がいかに高精度に画像認識ができたとしても，AI だけでは身体や社会とはつながらない．画像認識の結果が意味を持つのは人間の存在が前提であり，その点で AI は人間の道具である．少なくとも知能とは何かという問いに答えは与えてくれない．ラベルを出力することは，その答えにはならないのである．

2　知能の身体的側面

前節では，人間の知能を構成する上で考えるべき三つの要素について述べた．ここでは，身体的な側面について掘り下げてみたい．身体とはどのようなもので，知能とどのようにかかわっているのであろうか．

生きる身体——動的平衡

言うまでもなく人間は生きている．一口に生きると言っても，その意味は様々なレベルで解釈できる．生物学的な現象を見ると，そこには複雑かつ非常に巧妙な仕組みやバランスが存在することがわかる．生物としての基本単位は細胞であり，それが組織を作り，器官，器官系を構成し，人間としての個体が成立する．細胞は常に栄養を取り込み，分裂と死を繰り返す．人間が物理的に存在するためには，細胞の代謝に支えられた動的な平衡状態を維持しなければならない．マクロに見れば，循環器・消化器・呼吸器が相互作用し，これらが

神経系とつながってコントロールされていることがこの動的平衡を支えている．そして，このマクロなエネルギー循環は，筋骨格系による運動が物理世界に働きかけることによって実現される．つまりは，食べ物を見つけ出し，それを摂取することで自身を維持する必要がある．この動的平衡の維持こそが人間が生きるということであり，ロボットとの大きな違いである．現在の鉄でできたいわゆる「硬い」ロボットは，環境に働きかけずとも物理世界に存在し続けることができるが，人間は物理的な働きかけなしには身体を維持できず，この世界に物理的に存在し続けることは不可能である．

　身体が動的であるか静的であるかは，知能のあり方に本質的な影響を与える．現在のロボットやAIが道具的に使われる存在であるのは，生きる，つまりは身体を維持するために知能を使う必要がないからである．一方で人は，生きるために知能を使う必要があり，そのことが自発的な行動を生む．知能をうまく利用することができる個体は生き残る確率を高めることができ，進化の過程において有利であったことが想像できる．

環境に働きかける身体——キネティクス

　身体の機能的側面として，物理的に働きかけて環境を変えることができる点が重要である．これは身体のロボティクスとしての側面であり，どのような物質でできていようとも同様である．この，環境に物理的に働きかける身体は，知能，特に脳を持つという点で必須であるかもしれない．脳は非常に優れた知能を生む器官であるが，エネルギーの消費も大きいため，その知能の恩恵にあずかるために身体的仕組みが必要であると考えられる．実際，脳が存在するのは，運動する身体が存在するからであるということを示唆する生物が存在する．

　ホヤは，被嚢（ひのう）と呼ばれる組織で覆われた生き物で，生物学上では脊索動物に分類される（https://nazology.net/archives/83932）．餌は海水に含まれるプランクトンである．ホヤの卵は孵化すると，脳を持つオタマジャクシのような姿に成長する．この時期のホヤは海を泳ぎまわることができるが，やがて岩場のような安定した場所に固着して成体へと成長する．おもしろいことに，成体へと育つ過程で成長の栄養とするためにホヤは自身の「必要のない器官」を栄養源にするのであるが，この「必要のない器官」に脳が含まれているので

ある．つまり，固着して動く必要のなくなったホヤは，泳ぐための筋肉も，それをコントロールするための脳も必要がなくなり，それを栄養として自ら取り込んでしまう（Wakai *et al.*, 2021）．

　身体を動かすことができなければ，それはある種，受動的な存在であり，複雑な計算をしたところでそれを十分に活かすことはできない．能動的に環境を変えることができる人間は，知能によってその力を最大限に活用し，よりよく

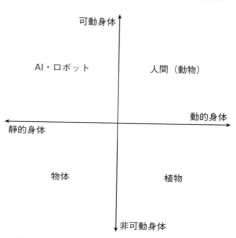

図6-1　運動性と動的平衡の観点による分類

生きることができる方向に進化したのである．実際，身体を適切に動かして歩行など意図した運動を実現するだけでもそれほど簡単ではないことは，運動学や運動力学を学べばすぐにわかることである．図6-1は，身体が動的であるか静的であるか，意識的に動かして物理世界に影響を与えられるかどうかを軸に物理世界の存在を表現したものである．

情報を収集するための身体——センサー

　人間が物理的な環境に能動的に働きかける上で，その環境をどのようにとらえるかは重要である．環境の観測を抜きにして知能を考えることはできない．現在の状況が把握できなければ，どのように環境に働きかけるべきかを計算することができない．また，働きかけが実際に意図通りに実現されたかわからなければ，自身の行動をよりよく調整することが難しい．幸い人間には五つの感覚器が備わっており，様々なレンジで環境の情報を得ることができる．たとえば視覚は，物体の表面で反射した光を網膜がとらえ，その情報が視神経を通じて脳に送られることで，外界の光の情報を映像として知覚する．さらには，二つの目の結像位置のずれから三角測量の原理で距離を把握することができる．すなわち，視覚によって比較的広い範囲で空間情報を把握できることになる．

一方で，人間の目はすべての波長を知覚できるわけではない．目に見える波長が違っていれば，世界の見え方は今とは大きく異なっていたであろう．

聴覚は空気の振動を音として知覚する仕組みであり，暗く視覚が働かない空間であっても情報を取得できる．また，目と同様に，二つの耳を使うことで音源の位置を三次元的に把握できる．音源の方向を推定する手がかりとして，両耳に到達するまでの時間差を利用できるためである．しかし，左右の耳への到達時間差だけでは，原理的には前後を区別することができない．そこで聴覚システムが利用しているのは，頭部伝達関数（head related transfer function: HRTF）と呼ばれるものである．HRTF は，特定の方向から音が耳に到達するまでに起きる，音の変形度合を表している．音には，耳に到達する方向に応じて，頭や耳の形に対応した特定の変化が生じる．人間はこれを一つの手がかりとして音の方向を知覚することができる．HRTF は耳や頭の形状に大きく依存し，このことは，自身の周りの世界を把握するという文脈でさえ，物理的な身体が大きく影響することを示している．

触覚は物理的な接触を感知するため，生きる上で重要な知覚であると言える．人間が全身に触覚受容器を配置していることを考えても，触覚がいかに重要かがわかる．特に手指における密度が高いことは，物体操作などの運動とセンシングが綿密に連携していることを示唆しているとともに，ここでも身体と知能の深いつながりを感じることができる．また，触覚にかかわる受容器は出生時には十分形成されており，発達的にも重要な知覚であるとされている．

嗅覚や味覚も摂食にかかわるという点で非常に重要な知覚である．残念ながら，味覚や嗅覚を搭載したロボットの研究はあまり進んでいない．これは，そもそもロボットが食べることができない（食べる必要がない）ことや，ロボットに搭載可能な小型の嗅覚センサーや味覚センサーの実現がいまだに容易ではないことが理由として挙げられる．一方で，視覚や聴覚に関連するセンサーは小型化や高性能化が進み，三次元計測を始め様々な原理のセンサーがロボットに搭載されている．触覚センサーに関しても研究開発が進んでいるが，現状ではまだロボットの全身を覆うような触覚センサーの決定版はない．複雑な形状への対応や，配線，可動部分などの耐久性などが問題である．

いずれにしても，こうした知覚はそれぞれが単体で成立しているわけではな

いことが重要である．すなわち，これらが統合されることでわれわれが日常知覚している世界を創り出している．これは，複数モダリティ（感覚様相）の統合という意味で，マルチモーダル統合と呼ばれる．人間の知能をロボットで再現する際，マルチモーダル統合が重要な鍵となる．

身体と感情

前項では，外の世界をいかに知覚するかという点をセンサーという視点で述べた．ここで，環境さえ知覚できれば十分であるかという疑問が湧く．なぜなら，人間が生きる身体を持っていることを考えると身体の状態が最も重要であり，それを把握するための仕組みが必要だからである．実際，人間には内受容感覚と呼ばれる内臓にまつわる感覚が存在する．これには，心臓の鼓動や胃や腸の感覚などが含まれ，まさに自身の身体のセンシングであると言える．近年の感情科学は，こうした内受容感覚に関連する信号の処理が感情の基盤となっていることを明らかにしつつある（大平, 2017; Feldman Barrett, 2017）．特に，脳の計算原理と目され注目されている予測的符号化や自由エネルギー原理（Friston, 2010）は内受容信号にも適用され，その計算過程で感情の基盤となるコア・アフェクトが生み出されるとされる（Feldman Barrett & Simmons, 2015）．さらにコア・アフェクトは，前述の視覚や聴覚などのいわゆる外受容感覚と統合され，感情の概念が生み出される（Smith *et al.*, 2019）．われわれ人間が主観的に経験している感情は，自身の身体を把握するための信号処理の過程で生まれていると考えられている．

これらのことは，身体を持たないプログラムとしての AI 自身が感情を持つことはありえないことを示唆している．大量のデータを使って人の表情から感情を推定することはできたとしても，それはあくまでラベルの認識問題を解いているに過ぎない．それでは，身体を持つロボットはどうであろうか．ロボットに感情を持たせようとする試みは存在する（Ogata *et al.*, 2000; Asada, 2015; Hieida *et al.*, 2018）．ロボットの身体に関するセンサー情報を使って身体の状態を把握し，それを行動決定に結びつけることがコア・アフェクトを生む基盤だとすれば，そうしたロボットはコア・アフェクトを持ち，さらには感情を獲得する可能性を秘めていると筆者は考えている．もちろん，そうして生まれたコ

ア・アフェクトや感情が人間のそれと同じであることはないであろう．そうした意味において，ロボットの内的な情報処理の結果をコア・アフェクトや感情と呼ぶことはできないという立場もありうる．

3 知能の計算的側面

ここまで，人間の知能について，それを解明するための方法や必須となる要素について考察した．そこで見えてきたのは，人間の生きた身体の重要性である．それでは，仮に人間のような身体を持つロボットが実現されたとして，どのような計算的なメカニズムがあれば知的な存在となるであろうか．ここでは，人間の知能の機能的側面を検討することで，具体的にどのような計算アルゴリズムが必要となるかを考えてみる．

抽象化と概念

人間の知能は，よりよく生きるために必要な計算であると言える．では，どのような計算をすればよりよく生きられるのであろうか．重要なことは，現状を的確に把握し，未来を見通した行動決定をすることである．このために，過去の経験を活かすことができる．われわれの日常的な体験は完全に新奇なことは稀で過去の体験に似たことがほとんどであるから，適切に過去の経験を参照できれば未来をより的確に予測できる可能性があるからである．問題は，「適切な過去の経験の参照」である．現在の状況がいかに過去の経験に似ていようとも，完全に同じであることはありえない．したがって，現状と完全に一致する過去の経験を見つけ出すことはできず，それを活かすことができなくなってしまう．

この問題を解決するのが汎化である．たとえば，過去にある物体をさわった時に，それがやわらかかったとする．そして今，目の前にはそれとは色が違うが似たかたちのモノがある．さわってみると，やはりやわらかい．またある時，似たかたちのモノを見れば，それがやわらかいであろうことが予測できる．この時に大事なことはかたちが似ていることであり，色は基本的には関係がない．そして，それらは共通してやわらかい．やがて，この種の物体はぬいぐるみと

いう単語と結びついていることを知る．もちろん，ぬいぐるみでも全くかたちの異なるものが存在することもあり，ぬいぐるみの本質を把握するにはもう少し多くの経験が必要となる．このように，似た経験の中で特に共通したものをまとめ上げることによって，そのものの本質となる特徴を徐々に学習することが可能である．ぬいぐるみという物体は，色ではなく動物のようなかたちや中に綿の詰まったやわらかさが重要な特徴であるといった具合に，関係のない特徴が捨て去られることで抽象化される．この抽象化による汎化が現状と過去の経験を容易に結びつける．

　このような，重要な特徴でまとめられ抽象化されたものを概念であると考えると，「人間は概念を持ち，そうした概念が知能において重要な役割を果たす」という直感が裏づけられる．過去の経験を活かすとは，経験を事細かに記憶しておくことではない．そうではなく，本質的で重要な特徴を取り出し本質的でない些末な情報を捨て去る，言わば過去の経験の整理，つまりは概念を形成することによってなされる．

マルチモーダル統合と概念

　マルチモーダル統合が世界を知覚する上で重要な要素であることは，すでに述べた通りである．現状をよりよく把握するために概念が使われているとすれば，われわれは概念を通して世界を観ていると言っても過言ではない．したがって，概念においてマルチモーダルが統合されていることは重要な要素である．先ほどのぬいぐるみの例で，動物のようなかたちややわらかな手ざわりが重要であり，色の情報は重要でなかったことを思い出してほしい．この段階ですでに，手ざわりと見た目の情報が統合されて概念が構成されていることがわかる．ここで重要なのは，見た目から手ざわりが予測できることである．見た目として重要な特徴が抽出されていれば，初めて目にしたぬいぐるみであっても，その手ざわりを予測することができる．これはマルチモーダル統合された概念によって可能となる．もちろん，手ざわりから見た目を予測したり，その他のモダリティの組み合わせで未観測の情報を予測したりすることができる．

　さらに重要なのは，動作のモダリティも統合されていることである．動作のモダリティとは，たとえばある物体に対してどのような動作が可能であるか，

すなわち，その物体の使い方のような情報である．コップを見れば，それに飲み物を注いで飲むという行動が予測される．これは，実際にコップを使って飲み物を飲むという行動を多く経験するためであり，コップという概念にはそうしたコップとしての機能や機能を発揮させるための動作も統合される．身体を使って物理的な世界に働きかける上でこうした「行為可能性」を予測することは非常に重要であり，これは，アフォーダンス（Gibson, 1979）という考え方にもつながる．筆者は，何かを理解するとはこうした未観測の情報を予測することであると考えている（長井・中村, 2012）．特に行為の可能性は，物理的な身体を持つ人間にとって重要である．

　概念におけるマルチモーダル統合は，言語の理解にもつながっている．言語の理解には，非常に複雑なプロセスがかかわっていると考えられているが，最も重要な基盤は未観測情報の予測（つまりは理解）である．ここで再び，ぬいぐるみを具体例として考えてみる．「ぬいぐるみ」という単語が発話されると，それは音として知覚される．つまり発話された言語は，聴覚モダリティとして経験されるため，これが概念としてマルチモーダル統合されることは自然である．よって，「ぬいぐるみ」という音韻列を聞いた時に，概念を通して予測した見た目や手ざわり，行為可能性こそが，「ぬいぐるみ」という単語のその時・その人における意味であり，そうした予測の行為自体が理解であると考える．実際の言語理解はより複雑であり，たとえば，相手はなぜ「ぬいぐるみ」という言葉を発したのかなど，様々な予測を無意識のうちにめぐらしている．コミュニケーションという文脈では，こうした相手に関する予測が非常に重要である．こうした相手に関する予測は，その言葉を発した相手の理解であると言える．

感情と概念

　こうした考え方は，マルチモーダル統合の産物である概念と感情の関係にも当てはまる．感情は，喜怒哀楽のような決まったものが，生まれながらにして存在しているわけではないということがまず重要である（Feldman Barrett, 2017）．すでに述べた通り，コア・アフェクトは身体にかかわる情報の構造化によって作られるものである．身体の予測，すなわち身体の理解と言ってもよ

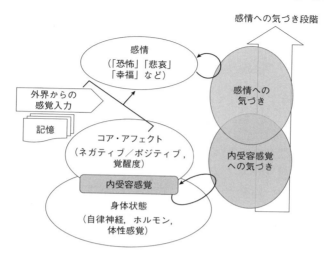

図6-2　心理的構成主義（Moriguchi & Komaki, 2013)

い．コア・アフェクトは概念であり，過去の経験を基盤にしてかたち作られる．そして，現在の内受容感覚に基づいて直接観測することのできない自身の身体状態を予測するのである．この点で，コア・アフェクトのメカニズムは，ぬいぐるみ概念のそれと変わらない．すでに説明したぬいぐるみの概念は，外受容感覚のマルチモーダル統合によって形成されていたことを思い出してほしい．一方でコア・アフェクトは，内受容感覚のマルチモーダル統合によって形成される．人間の脳では，島皮質がその役割を担っていることが知られている（Seth & Friston, 2016)．

　さらに，外受容感覚と内受容感覚は，図6-2のように統合されている（Moriguchi & Komaki, 2013)．外の環境を知覚している間も，われわれの身体は常に働き続けていることを考えれば，この統合は当然のことである．ぬいぐるみをぬいぐるみとして知覚している間も，常にコア・アフェクトは動き続けている．これらの共起情報のつながりは，統合され概念化される．ぬいぐるみを見たりさわったりした時の身体の変化は予測され，感情として知覚される．ぬいぐるみを見た瞬間に，それをさわった時のやわらかな心地よい感覚を感じているのである．感情は外の世界の認知と，本来，切り離すことができない．

マルチモーダルカテゴリゼーション

　概念は，人間が世界を知覚し，自身の行動を決定する上で基盤となる．それでは，概念形成のための具体的なアルゴリズムとはどのようなものであろうか．ここでは，未観測情報の予測という視点でマルチモーダル統合をとらえた時，実際に計算として概念が形成され，それを使って予測する具体的なアルゴリズムを考えてみる．実際に計算として実現できるとなれば，これまで述べてきた理解のメカニズムを脳の中で実際に計算することは少なくとも不可能ではない．これはまさに構成論的なアプローチであり，これまでに述べてきた機能レベルの説明（マーのレベル①）をレベル②に引き上げることに相当する．もちろん，ここで述べる計算が実際の脳内で実現されている保証はない．そのことを検証するためには，神経科学や脳の解剖学的な知見との対応関係を詳細に調べていく必要があり，実際そうした試みも進められている（Taniguchi *et al.*, 2022）．

　概念を形成し，未観測情報を予測するための，具体的な計算の仕組みを考える上で重要なことは，この仕組みが教師なし学習であるという点である．人間は決して，正解ラベルのついた学習データを与えられることで概念を形成するのではない．これは，他人から教えられるという文脈においても成立する．他人が言葉で何かを説明したとしても，それは機械学習で使われる正解ラベルとして機能することはなく，単なる音声モダリティの入力に過ぎない．さらに，重要な情報を残して些末な情報を捨て去ることで，抽象化する必要がある．これは，情報の圧縮ととらえることもできる．

　工学的には，クラスタリングと呼ばれる手法によって，こうした条件を満たすアルゴリズムを構築することができる．これは簡単に言えば，似た情報をまとめてグループを作っていくことに相当する．情報がベクトルで表現されていれば，ベクトルどうしの距離によって似ている度合いを計算することができる．また，同じグループの情報で平均を計算すれば，重要な情報が際立ち，そうでない情報は平均化されて打ち消される．

　実際，筆者は確率的生成モデルを応用してこの計算を実現する枠組みを構築した（長井・中村，2012）．原理はクラスタリングであるが，確率的な手法を取り入れることであいまいさを扱うことができる．われわれの日常はあいまいなことであふれており，あいまいさを公然と扱えることは重要である．目の前に

ある物体を特定したとしても，同時にそれが違うものである可能性を感じることはよくある．また，生成モデルの考え方を用いているのも一つの特徴である．生成モデルは，観測されたデータが背後に想定した確率分布から確率的に生成されると考え（生成過程），その確率分布のパラメータを推定することで学習が実現される．生成過程をモデル化しているため，未観測情報を観測情報から推論・生成することが可能である．筆者はこの仕組みをマルチモーダルカテゴリゼーションと呼んだ（長井・中村，2012）．詳細は紙幅の都合で割愛するが，興味のある読者は文献（Nakamura *et al.*, 2012; Attamimi *et al.*, 2016）を参照していただきたい．

　クラスタリングというと，グループが作られてそれが静的に作用するように感じるかもしれない．しかし，概念を考える上で重要なことは，それが動的なものであるという点である．概念は経験とともに常に変化するし，認知も常にゆれ動いている．筆者の提案したアルゴリズムは，確率的生成モデルの推論というかたちでこれを実現しようとしているが，経験とともにどのように変化させるか，つまりどのようなタイミングでモデルをアップデートさせるかといった問題を完全に解決しているわけではないことに注意が必要である．これは，life-long learning などと呼ばれ，機械学習における重要な研究要素である．

分節化

　マルチモーダルカテゴリゼーションは，クラスタリングの考え方に基づいているため，入力データが時間的に区切られている必要がある．人間にせよロボットにせよ，センサーから入力される情報は時系列データであり，時間的な切れ目は表立っては存在しない．これまでの例で用いてきたぬいぐるみは離散的な存在であるが，たとえば運動は連続的であり，時間軸上でつながっている．ぬいぐるみであっても，視覚情報という点では連続的であり，そこから何かしらの処理で物体を切り出すことで離散的なぬいぐるみが存在する．運動も同様に，人間はある程度意味のあるかたまりで認識していると考えられる．「手を伸ばす」「つかむ」「持ち上げる」「右足を前に出す」など，基本的な動きがあり，それらの組み合わせで「ものをとる」「歩く」などの行動が成り立っている．これは運動だけでなく，視覚や聴覚にも当てはまる．いずれにしても，時

系列データを意味のあるまとまりで切り分ける必要がある.

　時系列データの切り分けを分節化と呼ぶが，難しい問題は意味のあるまとまりをどのように見つけるかにある．データのパターンから，切り分ける点（分節点）を見つけ出す必要がある．基本的な考え方は単純である．意味のあるまとまり，つまり重要なパターンは何度も現れると考えられるため，時系列データの中に何度か含まれるパターンをなるべく長く切り出すことで分節化する．ここでも筆者らは確率的生成モデルに基づく分節化手法を提案し，前項のマルチモーダルカテゴリゼーションと組み合わせることで概念形成のモデルを実現した（Nakamura *et al.*, 2017; Nagano *et al.*, 2019）.

　時間情報の扱いは，センサー信号だけでなく，抽象化された概念においても重要である．たとえば，ドアを開けて部屋に入る場合，ドアノブを認識して手を伸ばし，つかむ，そしてそれを回してドアを開けて通り抜けるという一連の動作は，時間的なつながりがあってこそ成立する．ドアノブをつかむ動作，ドアを開ける動作，通り抜ける動作は，概念の時系列によって構成された運動の知覚である．あることをするとあることが起こるといういわゆる因果関係は，時系列モデルで表現されると考えられる．新しい環境でも，因果的な知識を利用することで，試行錯誤に頼らずともうまくふるまうことが可能となる.

世界モデル

　これまでは，外の世界や自身の身体を理解することについて述べてきた．それは，概念を形成し未観測情報を予測することで実現可能である．これは概念を通して世界を観ていることを意味する．別の言い方をすれば，われわれは頭の中に世界を再構築し，その世界の中で生きている．しかし，生きる身体を維持するためにはそれだけでは明らかに足りない．よりよく生きるためには，物理的世界に働きかけて環境を変える必要がある．そもそも，運動をしない生き物にとって脳は無用の長物であった.

　物理世界に働きかけるには，意思決定をして実際に運動する必要がある．どの状態の時にどのような運動をすべきかは，非常に基本的な反射行動を除いて，生まれながらに知っているわけではない．つまり，行動を学習する枠組みが必要である．これは実際に行動してみることで，その行動がどれだけよかったか

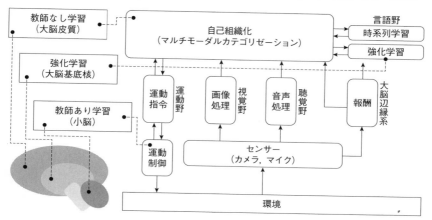

図6-3　統合認知モデル（Miyazawa *et al.*, 2019）

を報酬というかたちで評価し，より多くの報酬を得るために，どのような状況でどのような行動をとるべきかを学習するメカニズムであり，強化学習と呼ばれる．実際に行動してみて報酬が与えられた行動を強化していくだけであれば，問題はさほど難しくないように感じるかもしれない．しかし，ある行動によって大きな報酬が得られたとしても，その行動をとるためにはある行動をする必要があり，その行動をとるためにはまた別の行動をとる必要があるという具合に，報酬を得るための行動は連鎖するのが一般的であり，問題はより複雑である．強化学習は，ベルマン方程式を足がかりにこの問題を解決する枠組みである（Sutton & Barto, 2018）．実際に人間の脳では強化学習に相当する計算がなされていることが知られている（Lee *et al.*, 2012）．

　これまでに述べてきた仕組みを統合して，実際に知能の仕組みを実現することを考える．近年の機械学習の分野では，世界モデルと呼ばれ，研究が進められている（Suzuki & Matsuo, 2022）．ここでは世界モデルの一つとして，筆者らが提案した統合認知モデル（Miyazawa *et al.*, 2019）を紹介する．統合認知モデルは，これまでに述べた仕組みを概念空間（厳密には潜在空間と呼ぶが，ここではこれまでの流れを汲んで概念空間と呼ぶ）を使って統合する（図6-3）．まずこのモデルでは，センサー情報は分節化されているものとする．時間的に区切られたマルチモーダル信号は，マルチモーダルカテゴリゼーションによって概念空間

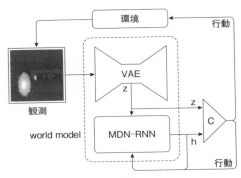

図 6-4 world model の構造 (Ha & Schmidhuber, 2018)

z は観測画像の概念（潜在）空間表現，h は RNN で表現されている時間的な文脈，C は z と h に基づいて行動を決める行動決定モジュールを表している．

上に表現される．この概念空間を通して強化学習モジュールと時系列を表現する隠れマルコフモデル (hidden Markov model: HMM) に接続しており，状況に応じた行動を学習できるとともに物事の時間的なつながりも学ぶことができる．

同様の仕組みを，深層学習を使って実現することも可能である．深層学習をベースとした世界モデルとして，world model (Ha & Schmidhuber, 2018) が提案されている．基本的な仕組みは統合認知モデルと同様であり，視覚，すなわち画像情報を，深層学習を用いた生成モデルである変分オートエンコーダー（variational autoencoder: VAE）で潜在空間上に表現し，その時間遷移を再帰型ニューラルネットワーク（recurrent neural network: RNN）で学習する．VAE の潜在表現と RNN の時間的なつながりの情報は行動決定モジュールにつながっており，報酬を最大化するような行動を学習する（図6-4）．具体的な実装は異なるものの，概念化と時系列のモデル化，そして行動決定を潜在空間で結びつけるという基本的なアイディアは同様である．world model を用いることで，カーレースやシューティングゲームなどを学習し，高得点を出せることが示されている．

4　知能ロボットにおける試み

前述のアルゴリズムを実装し，実際のロボットに搭載することで果たしてどの程度の知能を実現することができるであろうか．ここではこの問いに答えるための試みをいくつか紹介したい．ただし，アルゴリズムの不完全さはもとより，ロボットの身体は人間のそれとは大きく異なるため，人間のような知能が完全なかたちで実現されることは，はなから期待できない．それでも現状のロ

図 6-5　実験に用いたロボット（左）と物体（右）(Aoki *et al.*, 2016)

ボットがどれだけ知能を持ちうるかには興味があるし，得られた結果から考察を深めることで構成論的手法の役割を果たせるのではないかと考えたのである．

ロボットの言語学習

　マルチモーダル統合が言語理解において重要であることはすでに述べた．ここでは，実際のロボットを使った言語学習メカニズム再現の試み（Aoki *et al.*, 2016）を紹介する．ロボットは図 6-5 左のような双腕ロボットで，視覚に相当するカメラと聴覚に相当するマイクを有しており，さらに触覚に相当する圧力センサーが手に装着されている．実験者は，ロボットに対して約 500 個の物体（図 6-5 右）からランダムに物体を提示して，その物体に関係することを発話する．ロボットは，物体を見て，何度か握ることで硬さを感じた上で，振ることによってどのような音を立てるか確かめる．この動作は，乳幼児が新しい物体を与えられた時によく行う動作をロボットで再現したものである．これに対して実験者は，特に決まったプロトコルに従うのではなく，赤ちゃんと接するように自然にインタラクションすることとした．どのような言葉づかいをするかや，どのような内容を発話するかは完全に自由である．このインタラクションを 1 日 3〜5 時間で 1 カ月間（計約 100 時間）継続的に行った．

　この実験の目的は，ロボットが物理的身体の経験を通してどれほど言葉を理解できるようになるかを確かめることである．つまり，マルチモーダルカテゴリゼーションのアルゴリズムがロボットの経験をまとめ上げて，言葉に対する

適切な予測ができるようになるかを見極めたい．ここでの技術的なポイントは，主に二つある．一つ目は語彙自体の学習である．この実験では，便宜上，ロボットに音声の基本単位である音素の知識は与えている（音素を認識する識別器を与えている）が，言葉に関する知識は一切与えていないため，単語や文法などは一切理解することはできない．たとえば，「これはコップだよ」とロボットに教えたとしても，コップという単語を切り取ることはできない．「これはコップだよ」「コップだね」「コップって言うんだよ」と言った複数の発話から，共通したコップというパターンを切り出す必要がある．音素も正しく認識される保証はない．これは，音声信号の分節化の問題であるが，音素の認識を誤っている可能性を考慮して，それを修正できる必要もある．

　もう一つは，マルチモーダルカテゴリゼーションのアルゴリズムがどれほどうまく働くかという問題である．この実験における言葉の意味理解は，分節化によって切り出された単語と画像処理によって切り出された物体の映像，それをさわった時の触覚の情報，それを振った時の音の共起情報から，マルチモーダル統合された概念を形成し，その物体を見た時にその単語が予測できたり，単語を聞いた時にその見た目や手ざわりなどを予測できたりすることを意味する．このような予測を可能とするマルチモーダル統合が，あいまい性やノイズを多く含む実世界での人とのインタラクションで本当に実現されるのか．

　約 100 時間の経験の結果，ロボットは実際に 70 単語ほどを学習した．500個の物体と 100 時間をかけて，たったそれだけと思われたかもしれない．しかし，教師なしのオンライン学習が実際のロボットでも可能なことを証明したことは重要であると考えている．一方で，単にアルゴリズムの性能という点での評価は難しい．なぜなら，ロボットの学習は，アルゴリズムだけでなく，どのようにインタラクションするかや，どのような物体を使うかなどアルゴリズム以外の様々な要因に左右されるためである．したがって，約 70 という数字よりも，実際にどのようなプロセスでどのような学習が起こったのか，そしてそれが子どもの学習と比較してどうかという考察が，構成論という意味でも重要である．

　ここでは，二つの解析結果を示したい．一つは，指示代名詞「これ」の獲得である．「これ」は，どの物体を指す時にも使えるため，すべての物体に結び

ついた概念として学習がなされていた．つまり，わからない物体に対しても，「これ」という代名詞を使うことができる．乳幼児も比較的早い段階で（最初の 50 単語で）「これ」を学習すると言われており，その点でも今回の実験でロボットが「これ」を学習するタイミングは人間のそれに近い傾向があることがわかった．興味深いことに，「これ」を学習することでその後の学習が安定するという現象が見られた（Aoki *et al.*, 2016）．

　二つ目は，育児語の使用による効果である．一般に大人は乳幼児に対して，特別な話し方をする．たとえば，犬のことを「ワンワン」，車のことを「ブーブー」などと言ったりする．実際，育児語が乳幼児の言語獲得において重要なことが言語発達の研究で知られている（村田，1960）．それでは，ロボットに対して育児語を使う場合と使わない場合でどのような違いが生まれるであろうか．実験の結果はかなり明確なものであった（Funada *et al.*, 2017）．ロボットは，成人語で学習する場合よりも育児語で学習した場合のほうが，学習が進むにつれ，より正解に音声を認識できるようになり，より安定して語彙を獲得できた．これは，「ブーブー」といった音韻の反復が音声の分節化を容易にしているためであると考えられる．人は子どもの学習の様子を観察し，より学習のしやすい話し方を自然と生み出した．その一つのかたちが育児語であるのかもしれない．これは，言語の学習が子どもと養育者の相互作用に支えられていることを意味する．別の言い方をすれば，学習は子どもの能力だけでなく，教師となる大人側の能力にも依存する．こうした人間同士のかかわり方や関係が知能にとって重要であることは，第 5 節で再び見ることにする．

ロボットの動作学習

　前述の実験は，言語に焦点を当てて統合認知モデルの一部を切り取ったものであった．ここでは，統合認知モデルを使ってロボットの行動と概念，言語を同時に学習する筆者らの実験について紹介する（Miyazawa *et al.*, 2019）．この実験では，第 3 節で述べた統合認知モデルをロボットに搭載している．前述の実験との大きな違いは，強化学習によって行動の学習をしている点と，文法の学習によって文章を理解し，発話ができるようになっている点である．実験では，マラカスやぬいぐるみ，ボールなどのおもちゃと，それを片づけるための

箱を用意した．ロボットは，たとえばマラカスを振って遊んだ後に，それを片づけると実験者にほめられる設定になっている．他にも，ぬいぐるみはつかみ上げて最終的には箱に片づけるとほめられる．ただし，便宜上，ほめについては，実験者がロボットの手についているボタンを押すことで実現した．このほめられた信号が，強化学習における報酬として働く．また，人は前述の実験と同様に，ロボットに対して，特にプロトコルを決めることなく自由に話しかけた．

　こうした実験設定でロボットが学習することで，実際に言語や概念，行動が学習できるかを試した．その結果，ロボットは非常に高い精度で行動や言語を学習することができた．学習後は，物体を見るだけでそれに関する情報を言語で表現したり，人に言われたことを実際に行動に移したりすることができるようになった．ロボットはマラカスを見ることで，「マラカスを振るのはいいね」と言いながら，実際にマラカスを振ることができた．モデルの内部では，「いいね」という言葉が正の報酬に結びついており，これは強化学習によって正の報酬が得られる行動と状況，およびその時の発話内容の結びつけが行われた結果である．一方で，「ダメ」という言葉については，負の報酬との結びつきを学習した．多くの試行錯誤の中で，望ましくない行動に「ダメ」という発話が共起したため，それらの関係性を学んだ結果である．もちろん，実験に用いた設定は非常に単純なものであり，実際の乳幼児の環境とはギャップがある．それでも，単純な報酬信号を与えつつ言語インタラクションすることで，適切な行動を含む概念と文法を学習できることを示したことには大きな意味がある．

　この実験でさらに重要な結果は，行動や物体の概念，言語が統合されて学習される場合と，それらが別々に学習される場合の違いに関するものである．特に，言語を同時に学習する場合としない場合を比較すると，前者では安定して早く学習が進むのに対して，後者では全体的に学習が進まず，最終的な学習結果に大きな差が生まれた．このことは，言語が概念をまとめ上げ，行動を学習する上でも重要な役割を果たしていることを意味する．

情動分化シミュレーション
　人間の知能にとって感情が重要なことは，すでに述べた通りである．これは，

感情が身体に深くかかわっており，生きる上で不可欠なものだからである．感情は身体内部の状態や外からの刺激の評価と密接に関係しているため，環境にすばやく対応することを可能とする．また，意思決定における感情の役割も，人間の知能において重要である．さらに，感情の社会的側面も重要である（Hieida & Nagai, 2022）．残念ながら，人間の感情を完全に再現することは，現状のロボット技術では不可能である．これはすでに述べた通り，生きる身体にかかわる問題である．そこで日永田智絵らは，入力刺激に対する身体反応の代わりに，感情価と覚醒度の 2 軸で出力するニューラルネットワークを人の反応データに基づいて構築することでこの問題を回避し，感情の概念化をシミュレーションすることを試みた（Hieida et al., 2018；日永田，2021）．以下，日永田らの提案したモデルとシミュレーション実験を紹介する．

　提案モデルは三つの層からなり，それぞれ深層ニューラルネットワークを用いて実装されている．第 1 層は，身体を使って迅速に刺激に反応する．さらに第 1 層は，外部知覚は関係ない自身の身体状況，すなわち内部評価を反映する．この層が，感情の身体依存性の基盤となっている．この層を人工的にシミュレートすることは困難なため，人間が画像に対して感情価と覚醒度の 2 軸で評価したデータを使ってニューラルネットワークを訓練し，入力画像に対して回帰することで第 1 層の出力とした．第 2 層は，記憶にアクセスして，刺激が経験を通して評価されるようにするために存在する．これは不必要な反応を抑制し，同時に重要な問題に迅速に反応することを可能にする．第 2 層によって精度を増した第 1 層の出力の知覚を，内受容感覚と見なす．第 3 層では，第 1 層・第 2 層の出力と刺激を用いて原因推論と予測を行い，入力刺激と予測結果を用いて行動決定を行う．第 3 層の最も重要な部分は強化学習である．強化学習では報酬の設定が重要となるが，このモデルでは，内部状態の調節メカニズムであるホメオスタシスの考え方を取り入れている．

　この研究では，カテゴリカルな感情が養育者とのインタラクションを通して形成されることを想定しており，そのプロセスをシミュレートするための実験を設定した．実験は，インタラクションパートナー（母エージェント）が幼児エージェント（感情モデル搭載エージェント）の表情を四つのカテゴリーの一つとして認識し，同じカテゴリーの表情を幼児エージェントに示す．幼児エージェ

ントは，19のパラメータによって複雑な表情を表出できるCGエージェント
であり，母エージェントの顔画像を入力として感情モデルを駆動し，ホメオス
タシスを規範にして自身の表情のコントロールを強化学習することになる．こ
の実験デザインは，母親が日常的に乳児の表現を模倣する「ミラーリング」と
呼ばれる現象に基づいている．ミラーリングは，乳幼児の感情調整と社会的反
応の学習に重要であることが知られている（Murray *et al.*, 2016）.

　日永田らは，強化学習のポリシーを表現するニューラルネットワークの中に
ある種の感情が表象されると予想し，ネットワークの解析を行った．この際，
学習が進むとともにどのように変化するかに着目した．結果は，予想通りポリ
シーネットワークに感情が表象されている様子を見ることができた．そしてそ
れは，まず喜びとそれ以外で分離し，その後，怒りと悲しみが分離するという，
Bridges（1932）の感情分化に似た変化を示していた．

　さらに興味深いことに，こうした感情の分化が起きるためには重要な条件が
あった．このシミュレーションのタスクにおいて提示される表情は，幼児エー
ジェントの表情によって決まるため，幼児エージェントが完全に操作すること
ができる刺激であると言える．したがって，幼児エージェントは，与えられた
表情に応じて，自身に都合のよい刺激を取得するための自身の表情を学習する
ことになる．実はこの場合は，喜びや悲しみのような感情の分化が十分に進ま
ない．一方で，表情以外のランダムな画像を刺激に混ぜることで，十分な感情
の分化が見られた．このことは，幼児エージェントが，完全にコントロールで
きない環境においてどのようにふるまうべきかを試行錯誤する中で，感情の分
化が起こることを示唆している．人間が複雑な感情を持つのは，自分の思い通
りにならないことに対処するためであり，すべてのことが思い通りになる世界
では，複雑で豊かな感情はそもそも必要とされない．大量のデータで学習して
未来が正確に見通せる人工知能が実現されたとすれば，その人工知能にとって
豊かな感情など無用の長物である．

5　もう一つの要素——他者との関係

　第4節では，ロボットやCGエージェントを用いた実験について述べた．限

られた環境ではあるが，ロボットは経験から概念や言語を獲得し，幼児エージェントは感情らしき表象を獲得した．これらは，ロボットが人のような知能を持つ可能性の一端であると考えられる一方で，まだまだ足りないものが多いことも明らかである．特に，第1節で述べた知能の三つの要素のうち，他者の要素は明示的に取り込まれていない．言語獲得は，他者とのインタラクションなしでは成立しないため，ロボットの実験においても他者とのかかわりは存在した．そしてこのかかわりが，言語学習の成否に思った以上に関係している．しかしこれは，言語を教示する人間側の問題であり，ロボット側の問題ではない．本質的には，この人間側の問題が，ロボット側でも問題になるということである．つまり，最終的に問題となるのは，世界モデルにどのように他者が入り込むかということである．ここでは，人間の知能において他者がどのようにかかわっているのかについて，子どもの発達という視点で見ていくことにする．

子どもと養育者の関係

　乳幼児が言語を学習する過程で，養育者や環境が実際にどのようにかかわっているかについて，そのすべてを観察することは非常に難しい．MIT のデブ・ロイらの研究チームはこの問題に取り組むために，Human Speechome Project を立ち上げた (Roy *et al.*, 2006)．このプロジェクトでは，乳幼児のいるある家庭に，特別に開発した音声とビデオの記録システムを設置し，誕生から3歳までの日常生活を20万時間以上にわたって記録した．そのデータに対してアノテーションを行い，詳細な解析を実施している．その結果，非常に興味深い事実が判明した．それは，子どもが新しい言葉を初めて発話する前後で，養育者のその単語を含む文章の長さが変化するということである (Roy, 2011)．横軸に時間，文章に含まれる単語数を縦軸にとると，子どもがある言葉を初めて発話する時を中心に V 字を描く．これは，養育者が子どもからのフィードバックを受けて発話の仕方を調整していることを示唆している．このような，日常的な子どもと養育者の間のフィードバックループが言語獲得を支えていることが，日常のリアルなデータから明らかになったことは非常に意義のあることである．筆者らのグループは，同様の調整がロボットに対するインタラクションにおいても見られるのではないかと考え，前述の実験における実験者の発

話を解析した（長井・中村, 2013）. その結果, やはり同様の現象が起きていることを示唆する結果を得た. ただし, ロイらの結果とは時間スケールが異なるため, 全く同じ現象が起こっているかどうかを明確にするためには, さらなる検討が必要である. いずれにしても, ロボットの理解に関する表出によって実験者はロボットの理解度合いを判断し, 発話の戦略を調整していることは明らかであった. そして, ロボットからのフィードバックがない場合にはそうした調整は起こらず, 結果としてロボットの学習が停滞するということもわかった（長井・中村, 2013）.

これらは, 大人の人間が（たとえそれがロボットであっても）相手を理解し, その結果に基づいて適切なインタラクションをする例である. そしてこの調整は, 無意識に行われているにもかかわらず一貫して見られる強固なものである. 問題は, こうした相手の理解や相手に応じたインタラクションがどのように可能となるのかということである. Human Speechome Project で学習した子どもは, 将来教える立場になった時に適切なインタラクションが可能であろう. しかし現状のロボットは, 学習を続けたとしてもそのようなインタラクションを実現できるようにはならない. このギャップはどこにあるのであろうか.

子どもと遊ぶロボット

ここでは少し視点を変えて, 子どもがどのように他者を感じるかに関する実験を紹介する. 阿部香澄らは, 子どもと遊ぶことができるロボットを開発することを目的に, どのような仕組みがそうした遊び相手ロボットに必要かを検討した（阿部他, 2013）. 阿部らは, まず保育士と子どもの遊びの様子を観察し, 子どもの内部状態の遷移と保育士の働きかけを状態遷移モデルで記述した. このモデルをロボットに実装し, 子どもとロボットを遊ばせるという実験を行った. 子どもの内部状態は, 遊びにとても興味のある状態, 興味のある状態, 興味のない状態の3段階があり, 子どもの表情から推定する. ロボットは子どもとカードゲーム（神経衰弱）をするが, その際に子どもの内部状態に応じて選択する行動を決定する. この行動決定は, 保育士と子どもの遊びの観察から得られた知見に基づいている. たとえば, カードをめくる際にじらす, わざと間違ったカードをめくる, 子どもの行動をほめるなど, 子どもの内部状態を変化

させうる行動を，状態に応じて選択する．実験は，6人の子どもを3人ずつの2群に分けて実施した．実験群の3人は子どもの内部状態を考慮したモデルによって行動選択したロボットと，統制群の3人は内部状態は考慮せずに遊びの文脈を守った上でランダムに行動するロボットと遊んだ．

　主観評価の結果を見ると，実験群のほうがロボットに対する好感度が有意に高いことがわかった．興味深いのは，この好感度が子どもの視線のパターンに見事に表れていたことである．カードはテーブルの上に並べられているため，単に遊ぶだけであればテーブルの上を見ていれば十分である．もし対面しているロボットを遊びの相手と見なしていれば，相手の様子を窺うために時折相手の顔を見るはずである．このような視線のパターンが，実験群の子どもには現れた．統制群の子どもについては，最初の頃はそのようなパターンが見られるものの，次第にロボットの顔を見なくなり，最終的にはテーブル上だけを見るようになった．この結果は，実験群の子どもがロボットを遊びの相手と見なし，統制群の子どもは単なるゲームをするための機械と見なしていることを示唆している．

　この違いは何によるものか．実験群と統制群の違いは，ロボットの行動方策である．実験群のロボットは，子どもの様子を完璧ではないにせよ推定して，その結果に基づいてふるまう．一方で統制群のロボットは，子どもの様子は考慮することなく，ゲームの文脈だけでランダムにふるまうのであった．この違いは，子どものことを考えているかいないかであると言える．すなわち，子どもは相手が自分のことを考えているか考えていないかを無意識に感じ取っており，それが「遊び相手」という認識につながったと考えられる．

　阿部らの実験は人とロボットの関係を考える上で示唆に富んだものであったが，子どもと遊ぶ自律ロボットを作るという文脈では，その難しさを浮き彫りにするものでもあった．実験は，カードゲームを限られた空間で限られた時間行うのみであり，あくまでもその範囲で成立する話である．一方で，ロボットが子どもとの遊びを環境の制約なしに日常的に続けることは，現状の技術では不可能に近い．もちろんロボットの身体という技術的な問題も大きいが，人とロボットがどのように心を通わせるかという問題に対して答えを出すには，まだまだ時間がかかるかもしれない．

他者モデル（心の理論：ToM）

　子どもと遊ぶロボットの実験は，ロボットがどのようにふるまえば遊び相手として成立するかという視点であったが，ここで考えたいのは，子どもが「どのように相手が自分のことを考えているか」を感じ取り，「なぜ自分のことを考えている時に相手と認識するのか」という問題である．この点について筆者は次のように考える．人間が何かを理解するとは，観測されない情報を「予測」することであったことを思い出してほしい．これは他者についても同様であり，他者を理解するとは直接観測できない「他者の気持ちを予測すること」である．子どもが相手のふるまいから自分のことを考えていることがわかるのは，ふるまいから相手の気持ちを予測した結果であり，相手の認識に関しても，目の前のロボットが遊び相手なのかただの物体なのかそのカテゴリーを予測した結果である．その予測には，ふるまいだけでなく，ロボットの見た目の情報なども使われているはずである．つまり，他者が自分のことを考えていることを認識して，その結果として相手としての認識を得るというよりは，目の前のロボットの視覚的な情報から，それらの予測が同時に起きていると思われる (Ondobaka *et al.*, 2017)．

　相手の気持ちを予測する最善の方法はどのようなものであろうか．そもそも相手の気持ちを予測する時点で，相手にも自分と同じような「気持ち」が存在していることを前提としている．すなわち，自分自身ではないが，同じ仕組みで動いている他者という概念が存在しているはずである．もし他者が自分と同じような仕組みで動いているとすれば，その他者の気持ちは自身に置き換えて予測することができそうである．もっと言えば，自身の気持ちですら自身の行動から後づけで予測されたもの（ポストディクション）であるかもしれないと考えると，全く同じ仕組みでありながら，入力が自身の行動か他者の行動かの違いによって，自分もしくは他者の心的な状態を予測することができる (Nguyen *et al.*, 2018)．発達においては自他分離と呼ばれるプロセスが知られているが，行動から内部状態を予測するメカニズムが自分と他者の分離の際に共有され，他者の心的状態の予測が自然とできるようになる可能性があると考えている．

　このように，他者の心的状態や行動を予測するモデルを「他者モデル」と呼ぶ．これは，他者の心の状態や意図などを推測し行動を予測する能力であり，

発達心理学などでは「心の理論：theory of mind（ToM）」と呼ばれている．重要なことは，自他の分離による他者モデルの形成である．他者モデルは自身の行動原因を推論するメカニズムを基盤としている．こうしたある種の自他の概念形成は，原理的にはマルチモーダルカテゴリゼーションの仕組みで実現可能であると考えられる（Nagai *et al.*, 2015）．しかしながら，自身のモデルが分離して他者のモデルに発達することを可能とする具体的なモデルは現状ではまだ実現されていない．自分と他者の分離を仮定したモデルを構成することは可能であるが，その場合でも簡単なシミュレーションによる実現にとどまっている．実際のロボットが自然なかたちで自他を分離させ他者モデルを発達的に形成することは今後の課題である．

6　今後の展望

最後に，これまで述べてきたことを整理しつつ，今後の展望について述べたい．

予測のための知能

これまで述べてきたことは，「知能の重要な機能は未観測情報の予測」ということに集約される．予測するという視点で情報を構造化すると，おそらく環境（物体），自身の身体，他者に自ずと分類されるのではないだろうか．これは，物体は物理的な法則に従って運動するため，予測に必要なのは経験によって獲得した物理的な法則に関するモデルであり，自身の予測に必要なのは自身の内受容感覚とその時の行動を経験として積み重ねたモデルであるという違いに起因する．一方で，他者は環境の一部であるが，単純な物理法則で予測することはできず，むしろ自身に関する予測を適用したほうがうまく予測ができそうである．この他者の予測は，自他分離が基盤となっているのではないかと考えている．そしてこうした分類は，マルチモーダルカテゴリゼーションによって実現できる可能性があることをいくつかの実験を通して見てきた．

全体像を見通しよくするために，これを自動運転車に当てはめてより単純に考えてみると図 6-6 のようになる．もし自動運転車がこのような情報の構造化

図6-6　自動運転車の場合

を行い，意思決定するとすれば，おそらくこれが自動運転車の知能であろう．そこには自身の身体の情報が含まれており，メカニズムとしては感情を持っていると考えてよいかもしれないが，それが人間のような感情であるとは言い難い．自動運転車は，他の車に追い抜かれて腹を立てることがあるだろうか．他者よりも速いことに対する何かしらの優位性がなければありえそうにないが，逆にそれさえあれば他者に対する怒りのような感情は生じるかもしれない．このような他者に向けられた社会的感情は，他者との関係性の中で生まれるはずである．自他の概念を持ち，自身の感情を他者に当てはめることができれば，こうした社会的な感情を持つ可能性は十分にあると考えられる．ただし人間は，自動運転車の気持ちを理解できないかもしれない．これは人間と車の身体の違いに起因するが，自動運転車どうしは理解できるだろう．もし自動運転車どうしが何かしらの信号を送り合うことができれば，言語のような体系は生まれるかもしれない．こうした疑問に答えを出すには，やはり作って調べるしかないのかもしれない．そのための道具は整いつつある．

発達する身体と知能

　人の知能の探究という意味でもう一つ重要なキーワードは，「発達」である．自他や環境の分離が自然と生まれるメカニズムは考えうるであろうか．ロボットを応用して発達を構成的に探究し，そのメカニズムを解明しようとする研究領域は，発達ロボティクス（Cangelosi & Schlesinger, 2015; Shimoda *et al.*, 2022）と呼ばれる．発達ロボティクスは，工学だけでなく発達心理学や神経科学など様々な分野が融合した学際的な研究領域であることも特徴である．これまで様々な認知発達現象の再現が試みられてきた．それでもまだ，日常的に発達し続けるようなロボットは実現されていない．最近では，発達ロボティクスをさらに発展させて言語や社会にも焦点を当てる記号創発ロボティクス（Taniguchi *et al.*, 2016）という流れも生まれている．記号創発ロボティクスにおいても，日常的に発達し続けるようなロボットの実現は大きな課題の一つである．そこには，相互に依存した二つの問題がある．計算（アルゴリズム）的な問題と身体（ハードウェア）的な問題である．

計算的には，すでに述べた life-long learning が重要な問題である．機械学習では，学習の難易度をうまく調整することで学習を効率よく進める，カリキュラム学習と呼ばれる手法が研究されている．簡単なものを足がかりとして徐々に複雑なものを学んでいくことが有効なのは，誰しも経験したことがあり，直感的に理解できるであろう．しかし発達的な文脈では，完全にコントロールされた環境で学習の難易度が調整されることは望めない．また，この問題は第 5 節で見たように，養育者との相互作用の問題でもある．身体の発達的変化がカリキュラムを自然に導いている点で，身体のハード的な問題も関連していると言える．

学び続けること自体の難しさもある．機械学習では継続学習における「破壊的忘却」と言われ，新しいことを学ぶと過去に学んだことを完全に忘れてしまう問題である．この問題に対しても様々な手法が提案されているが，完全に解決してはいない．さらには，学び続けることでどこまで大規模な知能が作れるかという，スケーラビリティの問題も重要である．最近の自然言語処理では，transformer（Vaswani *et al.*, 2017）と呼ばれる仕組みがブレイクスルーとなり，たとえば GPT-3（Brown *et al.*, 2020）は人の書いた文章と区別がつかないほどの精度で文章を生成できるようになった．対話システムにも応用され，一昔前では非常に難しいと考えられていた雑談対話システムも大きく進展した（Roller *et al.*, 2021）．こうした例は，われわれが日常用いる言語というモダリティに対して，十分なスケーラビリティを持っていることを示唆している．一方で，これをマルチモーダル拡張しロボットの life-long learning に適用した際に，計算量などの観点で現実的なものであるかどうかは，現状ではまだ明らかではない（Miyazawa & Nagai, in prep.）．こうした計算の効率の観点でも人間の脳は非常に優れており，そうした意味でも脳に学ぶ必要があるのかもしれない．

身体的な発達も非常に重要な問題である．現状，身体的に発達するロボットを実現することは難しい．そもそも，発達以前に生きた身体でないという問題

があることはすでに述べた通りである．こうした問題に対しては，ソフトロボ
ティクスが一つの希望である（Man & Damasio, 2019）．

残された課題

　最後に，人と共生するロボットの実現という視点で考えてみたい．非常に高
い運動能力と学習能力を持った知能ロボットが作られた場合，そのロボットに
求められるものは何であろうか．これを考えるためのヒントが最近の AI にあ
る．最近の AI は非常に高性能であるが，実社会で活躍するためには大きな壁
がある．それは「人工知能の説明性」と呼ばれる問題であり，現在 XAI（Ex-
plainable AI）として盛んに研究されている．これは，AI が導き出した結果を
人が理解もしくは信用するにはどうすればよいかという問題である．ロボット
は物理世界に直接働きかけることができるため，この説明性の問題はより重要
である（Sakai & Nagai, 2022）．筆者らはこの問題に対して，世界モデルと言語
学習，他者モデルが重要であると考え，自分を動かす複雑な仕組みを観測デー
タから世界モデルとして構築し，他者の理解を参照しつつ自身の行動を言語で
説明する枠組みを検討している（Sakai & Nagai, 2022; Sakai *et al.*, 2021 ; 境他,
2022）．

　さらには，創造性とは何か，AI の創作物は創造的か，といった問いに対し
ても，説明性は重要な要素の一つになると考えている．たとえば，創作物が社
会的な価値を持つためにも，創作の意図や意味を他者に説明できる必要がある．
意識の謎に迫ることができるかどうかも非常に興味深い問いであるが，ここに
も説明性が関係している．人は自分の気持ち，すなわち行動の理由でさえも後
づけで説明しようとする．自身が意識を持っていることを証明することはでき
ないが，少なくとも説明することができなければ意識を持つことを認めること
は難しくなる．ロボットが説明性を持ち，自身の心的な経験を後づけ的に説明
できれば，そこには意識があると認めざるをえないかもしれない．もちろん，
これらについてはより深い議論が必要である．

　これまでに述べてきたことは完全ではないにせよ，人のような身体と知能を
持った存在をいかに作るかということでもある．そうした存在が作られて初め
て，人と共生するロボットの実現に大きく近づくのではないだろうか．人は，

自分自身を動かす仕組みと共鳴するものと共生する能力を有しているのである.

引用文献

阿部香澄他（2013）. 子供と遊ぶロボット──心的状態の推定に基づいた行動決定モデルの適用　日本ロボット学会誌, *31*(*3*), 49–60.

Aoki, T., Nishihara, J., Nakamura, T., & Nagai, T. (2016). Online joint learning of object concepts and language model using multimodal hierarchical Dirichlet process. *2016 IEEE/RSJ International Conference on Intelligent Robots and Systems* (*IROS*), pp.2636–2642.

有田隆也（2009）. 人工生命モデルによる構成的研究の方法論　人工知能学会誌, *24*(*2*), 253–259.

Asada, M. (2015). Towards artificial empathy: How can artificial empathy follow the developmental pathway of natural empathy? *International Journal of Social Robotics*, *7*, 19–33.

Asada, M., *et al.* (2009). Cognitive developmental robotics: A survey. *IEEE Transactions on Autonomous Mental Development*, *1*(*1*), 12–34.

Attamimi, M., *et al.* (2016). Learning word meanings and grammar for verbalization of daily life activities using multilayered multimodal latent Dirichlet allocation and Bayesian hidden Markov models. *Advanced Robotics*, *30*(*11–12*), 806–824.

Bridges, K. M. B. (1932). Emotional development in early infancy. *Child Development*, *3*(*4*), 324–341.

Brown, T., *et al.* (2020). Language models are few-shot learners. *Proceedings of the 33th International Conference on Neural Information Processing Systems*, pp.1877–1901.

Cangelosi, A., & Schlesinger, M. (2015). *Developmental robotics: From babies to robots.* The MIT Press.

Feldman Barrett, L. (2017). *How emotions are made: The secret life of the brain.* Houghton Mifflin Harcourt.

Feldman Barrett, L., & Simmons, W. K. (2015). Interoceptive predictions in the brain. *Nature Review Neuroscience*, *16*, 419–429.

Friston, K. (2010). The free-energy principle: A uni-fied brain theory? *Nature Review Neuroscience*, *11*, 127–138.

Funada, M., Nakamura, T., Nagai, T., & Kaneko, M. (2017). Analysis of the effect of infant-directed speech on mutual learning of concepts and language based on MLDA and unsupervised word segmentation. IROS2017: Workshop on Machine Learning Methods for High-Level Cognitive Capabilities in Robotics.

Gibson, J. J. (1979). *The ecological approach to visual perception.* Houghton, Mifflin and Company.

Ha, D., & Schmidhuber, J. (2018). Recurrent world models facilitate policy evolution. *Proceedings of the 32nd International Conference on Neural Information Processing*

Systems, pp.2455–2467. doi: 10.48550/arXiv.1809.01999

橋本敬・稲邑哲也・柴田智広・瀬名秀明（2010）．社会的知能発生学における構成論的シミュレーションの役割と SIGVerse の開発　日本ロボット学会誌，*28(4)*, 407–412.

Hashimoto, T., Sato, T., Nakatsuka, M., & Fujimoto, M. (2008). Evolutionary constructive approach for studying dynamic complex systems. In G. Petrone & G. Cammarata (Eds.), *Recent advances in modelling and simulation* (pp.111–136). I-Tech Books.

日永田智絵（2021）．Deep Emotion——感情理解へ向けた深層感情モデルの開発　人工知能，*36(1)*, 43–50.

Hieida, C., Horii, T., & Nagai, T. (2018). Deep emotion: A computational model of emotion using deep neural networks. arXiv: 1808.08447

Hieida, C., & Nagai, T. (2022). Survey and perspective on social emotions in robotics. *Advanced Robotics*, *36(1–2)*, 17–32.

Jonas, E., & Kording, K. P. (2017). Could a neuroscientist understand a microprocessor? *PLoS Computational Biology*, *13(1)*, e1005268.

Lee, D., Seo, H., & Jung, M. W. (2012). Neural basis of reinforcement learning and decision making. *Annual Review of Neuroscience*, *35*, 287–308.

Man, K., & Damasio, A. (2019). Homeostasis and soft robotics in the design of feeling machines. *Nature Machine Intelligence*, *1*, 446–452.

Marr, D. (1982). *Vision: A computational investigation into the human representation and processing of visual information.* MIT press. （乾敏郎・安藤広志（訳）（1987）．ビジョン——視覚の計算理論と脳内表現　産業図書）

Miyazawa, K., Horii, T., Aoki, T., & Nagai, T. (2019). Integrated cognitive architecture for robot learning of action and language. *Frontiers in Robotics and AI*, *6*, 131.

Miyazawa, K., & Nagai, T. (in prep.). Survey on multimodal transformers for robots.

Moriguchi, Y., & Komaki, G. (2013). Neuroimaging studies of alexithymia: Physical, affective, and social perspectives. *BioPsychoSocial Medicine*, *7*, Article 8. doi: 10.1186/1751-0759-7-8

村田考次（1960）．育児語の研究——幼児の言語習得の一条件として　心理学研究，*31(6)*, 359–364.

Murray, L., *et al.* (2016). The functional architecture of mother-infant communication, and the development of infant social expressiveness in the first two months. *Scientific Reports*, *6*, 1–9.

Nagai, T., Abe, K., Nakamura, T., Oka, N., & Omori, T. (2015). Probabilistic modeling of mental models of others. *2015 24th IEEE International Symposium on Robot and Human Interactive Communication* (RO-MAN), pp. 89–94.

長井隆行・中村友昭（2012）．マルチモーダルカテゴリゼーション——経験を通して概念を形成し言葉の意味を理解するロボットの実現に向けて　人工知能，*27(6)*, 555–562.

長井隆行・中村友昭（2013）．ロボットの語彙学習におけるインタラクションのダイナミクス　HAI シンポジウム，III-1.

Nagano, M., *et al.* (2019). HVGH: Unsupervised segmentation for high-dimensional time series using deep neural compression and statistical generative model. *Frontiers in Robotics and AI, 6*, 115.

Nakamura, T., Araki, T., Nagai, T., & Iwahashi, N. (2012). Grounding of word meanings in LDA-based multimodal concepts. *Advanced Robotics, 25*, 2189–2206.

Nakamura, T., *et al.* (2017). Segmenting continuous motions with hidden semi-Markov models and Gaussian processes. *Frontiers in Neurorobotics, 11*, 67.

Nguyen, A.-T., Hieida, C., & Nagai, T. (2018). A model of generating and predicting intention toward human-robot cooperation. *2018 27th IEEE International Symposium on Robot and Human Interactive Communication* (*RO-MAN*), pp.113–120.

Ogata, T., *et al.* (2000). Development of emotional communication robot: WAMOE-BA-2R-experimental evaluation of the emotional communication between robots and humans. *Proceedings. 2000 IEEE/RSJ International Conference on Intelligent Robots and Systems* (*IROS 2000*), pp. 175–180. doi: 10.1109/IROS.2000.894601

大平英樹（2017）．予測的符号化・内受容感覚・感情　エモーションスタディーズ, *3(1)*, 2–12.

Ondobaka, S., Kilner, J., & Friston, K. (2017). The role of interoceptive inference in theory of mind. *Brain and Cognition, 112*, 64–68.

Roller, S., *et al.* (2021). Recipes for building an open-domain chatbot. *Proceedings of the 16th Conference of the European Chapter of the Association for Computational Linguistics: Main Volume*, pp.300–325.

Roy, D. (2011). The birth of a word. TED Talk. https://www.ted.com/talks/deb_roy_the_birth_of_a_word

Roy, D., *et al.* (2006). The Human Speechome Project. In P. Vogt, Y. Sugita, E. Tuci, & C. Nehaniv (Eds.), *EELC 2006: Symbol grounding and beyond* (pp.192–196). Springer.

境辰也・堀井隆斗・長井隆行（2022）．Graph2vec を用いた世界モデルの分散表現獲得と他者世界モデルの推定　日本ロボット学会誌, *40(2)*, 166–169.

Sakai, T., Miyazawa, K., Horii, T., & Nagai, T. (2021). A framework of explanation generation toward reliable autonomous robots. *Advanced Robotics, 35(17)*, 1054–1067.

Sakai, T., & Nagai, T. (2022). Explainable autonomous robots: A survey and perspective. *Advanced Robotics, 36(5–6)*, 219–238.

Seth, A., & Friston, K. J. (2016). Active interoceptive inference and the emotional brain. *Philosophical Transactions of the Royal Society B, 371*, 20160007.

Shimoda, S., *et al.* (2022). What is the role of the next generation of cognitive robotics? *Advanced Robotics, 36(1–2)*, 3–16.

Smith, R., Parr, T., & Friston, K. J. (2019). Simulating emotions: An active inference model of emotional state inference and emotion concept learning. *Frontiers in Psychology, 10*, Article 2844. doi: 10.3389/fpsyg.2019.02844

杉山公造・永田晃也・下嶋篤（編）（2002）．ナレッジサイエンス──知を再編する 64 のキーワード　近代科学社

Sutton, R. S., & Barto, A. G. (2018). *Reinforcement learning: An introduction* (*2nd ed.*). MIT Press.

Suzuki, M., & Matsuo, Y. (2022). A survey of multimodal deep generative models. *Advanced Robotics*, *36*, 261–278.

Taniguchi, T., *et al.* (2016). Symbol emergence in robotics: A survey. *Advanced Robotics*, *30*(*11–12*), 706–728.

Taniguchi, T., *et al.* (2022). A whole brain probabilistic generative model: Toward realizing cognitive architectures for developmental robots. *Neural Networks*, *150*, 293–312.

Vaswani, A., *et al.* (2017). Attention is all you need. *Proceedings of the 31th International Conference on Neural Information Processing Systems*, pp.5998–6008.

Wakai, M. K., Nakamura, M. J., Sawai, S., Hotta, K., & Oka, K. (2021). Two-Round Ca 2+ transient in papillae by mechanical stimulation induces metamorphosis in the ascidian *Ciona intestinalis* type A. *Proceedings of the Royal Society B*, *288*, 20203207. doi: 10.1098/rspb.2020.3207

第 章　バーチャルリアリティによる身体拡張と自己の変容

鳴海拓志・畑田裕二

1　技術によって拡張される身体と知能

知能を扱う技術の二つのアプローチ——人工知能と知能増幅

　人間は，考える，記憶する，学習する，コミュニケーションする，問題を解決するといった知的活動を日常的に行っている．これらの知的活動を生み出す人間の知能はどのように実現されているのだろうか．この認知科学の根源にある問いは，人間のような知能を人工的に構築したり，人工的に人間の知能を高めたりすることはできるのか，という問いと表裏一体の関係にある．そのため，人間の情報処理プロセスを理解する認知科学と，知的な情報処理システムを作る情報科学は，計算機を使って知能の本質に迫る研究を主要な接点として両者の黎明期から互いに影響し合いながら発展してきた（内村他，2016）.

　計算機と知能の関係を考える上での代表的なアプローチが，人工知能（artificial intelligence: AI）と知能増幅（intelligence amplification: IA）である．前者は人工的に作られた人間のような知能あるいはそれを作り出す技術を指す．人工知能では，計算機が単独で機能して知能を発揮するというアプローチがとられているのに対し，知能増幅では，計算機は人間を助け，その知能を拡張する．つまり知能増幅とは，人間と計算機が相互にやりとりする，あるいは有機的に一体となることで，人間の知的活動が支援されるシステムを指す．この種の最も単純な系を実現する機械として，顕微鏡を考えてみよう．顕微鏡自体は知的な情報処理を行わない．しかし，肉眼で見えないものを見えるようにし，人間単体では行えない微生物の分析を可能にする．光学顕微鏡の発明やフックの法則で知られるロバート・フックは，「顕微鏡は視覚の拡張である．他の感覚器

官，たとえば聴覚・嗅覚・味覚・触覚等も，将来の発明で拡張されるだろう」と述べた（Hooke, 1665）．機械によって感覚が拡張されたことで人間の知的活動の対象が拡大されることは，ある意味で人間の知能の拡張・増幅と見なせる．

顕微鏡の例では感覚の拡張というアプローチから知能増幅が図られているが，人間の知能は感覚に限らず多様な機能から成り立っている．知能増幅でも知能を構成する様々な側面に対応した多様なアプローチがとられてきた．たとえば，目的地に向かう時，スマートフォンを使って検索すれば，乗るべき電車がわかるだけでなく，ある程度正確に到着時間を予見できる．これは対話型の計算機と人間がやりとりし，人間の思考に合わせて人間外部に蓄えられた膨大な知識や記録を適切かつ瞬時に引き出すことで達成される．このようなシステムは，生身の人間以上の知的な情報処理を実現しており，知能増幅の例と言える．

物理的に身体を拡張する技術

技術の発展は，知能という側面以外からも人間の能力や存在の拡張を可能にしてきた．それが身体拡張である．失った手足の代替として機能する義手や義足等の補装具の発展は，その顕著な例である．義手や義足は，外見や性能が改善されてきただけでなく，生理計測技術やロボティクス技術と融合し，筋電や脳波による精密な制御も実現しつつある（Lebedev & Nicolelis, 2017）．さらに，CYBERDYNE 社の外骨格型ロボットスーツ HAL（Sankai & Sakurai, 2018）がリハビリテーションにおける運動量増加機器として日本で保険適用を受けるなど，身体運動を支援するパワーアシストシステムの実用も進んでいる．また，遠隔から操縦して現地に行ったような体験が得られるテレプレゼンスを実現するロボットアバター（Takeuchi *et al.*, 2020）も，実身体とは異なる身体を与えて実身体の空間的な制約を打破している点で，身体拡張のためのメディアである．すでに多くの企業がロボットアバターの商品化やサービス展開に取り組んでおり，今後社会で活用されていくことが期待されている．

さらには，身体機能の補綴や増強，遠隔操縦を超えて，大きく身体性の異なる新たな身体を人間がどこまで扱えるのかを明らかにする研究も登場してきている．第三の腕や第六の指を追加した研究（Kieliba *et al.*, 2021; Penaloza & Nishio, 2018; Prattichizzo *et al.*, 2021; Umezawa *et al.*, 2022）は，人間がそのよう

な新しい身体にも適応可能であること，そしてそのような新しい身体を使う際には脳内の身体表現までもが変化することを明らかにしてきた．

情報的に身体を拡張する技術

身体拡張は物理的な方法だけによらない．バーチャルリアリティ（VR）は，モーションキャプチャによって実際の身体動作をそのままバーチャル空間における身体であるアバターに写し取り，それがまるで自分の身体であるかのように操ることを可能にする．この時，アバターはその外見だけでなく，身体構造や機能まで自由に設定することができる．つまり，バーチャル空間では身体を自由に再定義でき，外形上は誰にでも何にでもなれる．たとえば，アバターの設定によって，男性が女性としての社会的体験を得る（Slater *et al.*, 2010），超人的なジャンプ能力のような現実ではありえない身体能力や特殊能力を発揮できる身体を操る（Rosenberg *et al.*, 2013），しっぽなど人間にはない部位のある身体を操る（Ito *et al.*, 2019），人間以外の生物になる（Oyanagi & Omura, 2019）といった，別の身体を与えられたかのような感覚経験を得られる．その意味では，この種の技術は情報的な意味で身体拡張を実現する．

モーショントラッキング機能を持つ安価で高性能なヘッドマウントディスプレイ（head-mounted display: HMD）が市場に投入されたことや，COVID-19 以降のリモートコミュニケーションの浸透を背景に，バーチャル空間でのアバターを使ったコミュニケーションも普及しつつある．すでに様々な会議や展示会がオンラインバーチャル空間で開催され，参加者はアバターを使って参加できるようになっている．また今日では，アバターを使って他者とコミュニケーションするバーチャル YouTuber（VTuber）が人気を博し，一定の社会的認知を得ている（Lu *et al.*, 2021）．今後期待されるソーシャル VR サービスやメタバースの浸透等を考慮すると，遠隔会議以外にも，VTuber のような意外な方面から，情報的な身体拡張の社会応用が浸透していくだろう．

身体拡張による身体性認知の探究

人工知能や知能増幅の研究が進展するのと並行し，認知科学にも大きな転換が訪れた．本書のトピックである身体性認知である．さらに，身体性認知に対

する理解が深まると同時に，先に述べてきたようなロボティクスやVRを活用した身体拡張技術が発展したことで，実身体とは異なる特性を持った身体を扱うことが認知にどのような影響を与えるのかという問いが立ち上がった．古典的な認知科学研究では，身体は生まれながらにして与えられた唯一のものであるという前提から，身体を実験変数として操作するということはほとんど考えられてこなかった．そこに身体拡張技術が登場したことで，身体特性を自在に設計可能な一つの変数として扱う方法が確立した．このことが，身体がいかに知能や心のあり方を規定しているかを科学的に検証できる可能性を開いた．

VRを利用した身体性認知の研究は，自分の身体とは異なる特性を持つアバターを用いることが自己イメージを変容させ，感覚，行動，そして発揮能力や思考までをも変容させることを明らかにしてきた．たとえば，ニック・イーらは，容姿の魅力的なアバターや身長の高いアバターを用いることがコミュニケーション中の積極性を誘発することを示し，身体の外見の変化がコミュニケーション中の態度や行動を変化させる効果をプロテウス効果（Yee & Bailenson, 2007）と名づけた．Kilteni *et al.* (2013) は，実験参加者に太鼓の演奏を習うVRを体験させる際に，手だけのアバターやフォーマルなスーツに身を包んだ明るい肌の男性のアバターを使用する場合に比べ，音楽的素養を想起させるカジュアルな服装の暗い肌の男性アバターを使用する場合のほうが，参加者が太鼓を大きな動きで叩くことを示した．Banakou *et al.* (2018) は，使用者に近い見かけのアバターを用いる場合よりも，アルベルト・アインシュタインのアバターを用いた場合に，認知課題であるロンドン塔課題の成績が向上すると報告した．

こうした効果は，VR体験中だけでなく体験終了後にも一定程度持続することが示唆されている．たとえば，Banakou *et al.* (2016) は，白人が黒人のアバターを操るVR体験を経ると，白人が持つ黒人への潜在的な人種差別的偏見が軽減し，その効果は少なくとも1週間持続したという結果を報告している．

身体拡張による知能増幅の可能性

先に説明した知能増幅のアプローチでは，人間と計算機のやりとりを効率化し，人間外部の記憶装置や演算装置が自分の内部に組み込まれたかのように使

えることが目指されてきた．こうした取り組みは，結局のところ使いやすい人工物を作ることを目指すユーザーインターフェース研究の範疇に収まるものでしかないとも言える．一方，身体のあり方が知能や心に影響を与えることが明らかになり，身体拡張によって身体のあり方を自在に設定できるようになったことで，身体のあり方をデザインして自己変容を促し，直接的に人間の知能そのものの向上を図る新たなアプローチの知能増幅が実現可能になった．

このような，アバターを利用した身体変容がもたらす自己変容により，自在に能力や心のあり方を変容させる技術は，ゴーストエンジニアリングと呼ばれる（Narumi, 2021）．ゴーストエンジニアリングが発展して社会に根づけば，会社に行く時はスーツに着替えて気持ちを切り替える，複数の SNS で出す顔を使い分けるといったことが当たり前に行われてきた延長として，クリエイティブなアイデアを出したい時はこのアバター，自分の悩みと向き合いたい時はこのアバターといったかたちでアバターを使い分け，自分の思うままにその状況に適した心の状態や能力を引き出せるようになると考えられる．

以下では，VR を活用することで明らかになった身体と心の相互作用を紹介していくとともに，そうした相互作用に基づく自己変容を適切にデザインして知能増幅に活用できる可能性を検討する．身体拡張にはいくつかのパターンが考えられ，各パターンで生じる自己変容はそれぞれメカニズムが異なると考えられる．そのため，身体拡張による自己変容を適切に設計するには適切なパターンの分類に基づく議論が必要とされる．ここでは身体拡張のパターンとして，視点の操作，外見の操作（変身），行為の操作，対応の操作（分身・融合）という四つの操作を検討し，それぞれに関係する自己変容のメカニズムとそれを活用した研究事例を紹介していく．なお，外見の操作に関しては，ボトムアップな影響が強い知覚と，トップダウンの影響が強い認知を分けて検討する．

2 視点の操作——心理的距離への影響と自分事化・他人事化

VR を利用した他者視点取得と自分事化

実世界ではわれわれの視点は実身体の目の位置に固定されているが，VR では大人が子どもの目線で世界を体験するなど，全く別の身体特性を持ったアバ

ターの目で世界を見たり，あたかも俯瞰視点でキャラクターを操作するゲームのように，身体から離れた視点でアバターを操作したりできる．本節ではそのような視点操作の効果として，特に心理的距離に与える影響を考えていきたい．

他者が何を考え，感じるのかを，その人の立場になって想像する行為を，他者視点取得（perspective-taking：PT）（Batson *et al.*, 1997）という．他者視点取得の実行には想像力に加えて，他者の状況や立場を想像する訓練や対象への十分な知識が必要とされる．他方，VR で特定の状況を自分とは異なる立場の視点で経験させる手法は VRPT と呼ばれ，訓練や知識を必要とせずに他者としての経験を得られるため，共感の促進に有効だと考えられてきた．これまでに，白人が黒人のアバターを操る VRPT を経ると潜在的な人種差別的偏見が軽減する（Banakou *et al.*, 2016），VRPT で色覚多様性を持つ人の見え方を体験した参加者は通常の PT を行った参加者と比較して実際の色覚多様性保有者を助ける可能性が高い（Ahn *et al.*, 2013），VRPT でホームレスを経験した参加者は通常の PT を行った参加者と比較してホームレスにポジティブな態度をとり，その効果も長続きする（Herrera *et al.*, 2018）などの効果が報告されてきた．

VRPT は，アバターが持つ特性やそこから想起されるイメージと自己を関連づけさせる．そのことが体験者を普段慣れ親しんだ思考形態からいったん離れさせ，この身体であれば何を考え，何を感じうるのかを無意識のうちに想像させることで，認知や思考が変容する．ある意味では，VRPT は想像しうる他者のイメージを自分事化させる技術であると言える．この効果をうまく使うことができれば，他者への理解，共感や思いやりのある行動を促進できる．

視点の操作による他人事化

他方，自分事から離れた思考が必要な場面もある．人間は，当事者性が高く心理的距離の近い問題には具体的で実行可能な思考を，心理的距離の遠い問題には抽象的で理想的な思考を発揮しやすい．このことが他人には適切な助言ができるのに，自分の問題となると冷静な判断ができないといった，自他における認知の非対称性を生む．この解決手法として，自己から心理的に距離を置くセルフディスタンシングが提唱された（Kross & Ayduk, 2017）．セルフディスタンシングは，過去のネガティブな体験を回想する際，自己から体外離脱した

図 7-1　自分のアバターを操作する VR 実験の状況（畑田他，2021）
A：一人称条件で体験した参加者の視界．前方には鏡が置かれている．B：三人称条件で体験した参加者の視界．C：三人称条件で参加者が体験する視点の位置．図中菱形の位置に視点が置かれる．

状況を想像することで，感情の制御や体験のポジティブな再解釈をもたらす．

セルフディスタンシングは基本的に過去と向き合う手法であるが，これを今自分が直面している問題への対処へと拡張するために，畑田ら（2021）は，VR において三人称視点で自分のアバターを操作することが，目の前の状況の他人事化につながるかを検証した．この実験では，参加者の全身を 3D スキャンして参加者にそっくりなアバターを作った上で，参加者にそのアバターを一人称視点あるいは三人称視点で操作させ，バーチャル空間内でひらめきが必要な問題を解かせる（図 7-1）．その結果，三人称視点では一人称視点と比べて目前の状況に対する心理的距離が大きくなり，ひらめきが必要な問題の正答数が高くなることが示された．この結果は，アバターの三人称視点操作が特別な認知的努力をせずとも自分事を他人事化させ，創造的な発想を促すことを示唆している．

自分事と他人事を行き来することで自分と向き合う

自他認知の非対称性を乗り越えて自分の問題を解決する方法として，VR でセルフカウンセリングを行う方法も検討されている．参加者が一般的なアバターで悩みを告白する時間と，カウンセラーのアバターを使い，自分で自分をカウンセリングする時間を設けた実験では，カウンセラーとして自分に近い外見のアバターを使う場合と比べて，ジグムント・フロイトを模したアバターを使う場合に，参加者の心理的気分が改善し，幸福度が向上することが示されている（Osimo *et al.*, 2015）．相談に適した第三者と自分とで視点を行き来しながら自分の問題と向き合うことで，自分事の悩みの解決に近づけるというわけである．

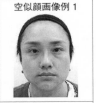

| 自己顔画像例 | 空似顔画像例 1 |
| 空似顔画像例 2 | 空似顔画像例 3 |

図7-2　空似顔を利用したメイクアップシミュレータにおける空似顔の生成例（池田他，2021）

別の試みでは，自分の顔を他者の顔のように観察させて，似合うメイクの発見を助けるシステムも提案されている．ヘアメイクアップアーティストは，メイクを実施する際に，全体のバランスを見るため，顔全体をすばやくまんべんなく見る．他方，人間は他者の顔を見る時，全体の傾向をつかもうとする見方をし，自分の顔を見る時には，パーツに注目するなど部分の特徴に着目した見方をする（美崎他，2014）．自分の顔を部分視する傾向は，自分が気になる顔部位ばかりに着目した，全体のバランスを欠いたメイクにつながり，また顔全体のバランスを見てメイクアップアーティスト等が推薦したメイクを受け入れ難く感じさせる．池田ら（2021）は，自己顔を他者のようにも見える顔（空似顔）に変換した上でバーチャルメイクを施して見せることで，他者顔観察の特徴である全体視を誘発し，メイクを客観的に評価させ，全体のバランスのとれた，自分に似合うメイクに気づく支援をする手法を提案した．顔画像中の各部位（眉，目，鼻，口）の位置関係や大きさ，輪郭の形状を変形し，顔の大まかな情報を維持しつつも別人のように感じさせる顔画像を生成する手法（川瀬他，2016）を活用し，空似顔を生成する（図7-2）．メイクアップシミュレータで空似顔もしくは自己顔に化粧を施す体験をさせた後，画像処理で自己顔に他者からの推薦メイクを施した画像を見せて評価をさせる実験では，空似顔でのメイク体験を経た群は，自己顔を利用した群よりも推薦メイクへの評価が高くなった．これは，自分に似た顔を客観視する経験を経ることで，自分の顔とそれに合ったメイクを客観的に評価しやすくなり，推薦メイクを受け入れやすくなったためと考えられる．

効果的な視点の操作に向けて

視点操作で他人事と自分事を変換することで，他者や自分への理解が深めら

れることを述べてきた．ただし，これまでの研究では限界も示されている．特に VRPT に関しては，他者視点の体験さえ与えれば共感が生まれるわけではなく，コンテンツの設計や，他の体験との組み合わせを考えることの重要性が指摘されている．たとえば，他者視点で世界を見るだけの受け身の体験では，他者と同じ感情を抱く感情移入としての情動的共感は高められるものの，他者の立場に立って思考や感情の生じたプロセスを理解するという認知的共感が得られない（Martingano *et al.*, 2021）．また，臓器不全患者の立場を体験する VRPT において，自分の顔をしたアバターを用いた場合，そうでない一般的なアバターを用いた場合に比べて募金等の金銭的援助が増えるものの，自らが腎臓ドナーになるという誓約を立てる割合は下がることが報告されている（Li & Kim, 2021）．これは問題が自分事化したことで，利他行動への意志が高まる一方で，自ら身を切る痛みの想像がふくらみやすくなるためと考えられる．

　VRPT では情動的共感と認知的共感のバランスをとり，適切な思いやりや利他行動，異なる立場間の対話を促進することが重要になる．そのための工夫として，情動的共感と比べて生じにくい認知的共感を高めたい場合には，受動的な体験ではなく，能動的にふるまうよう VRPT コンテンツを設計することが有効だとされている（Martingano *et al.*, 2021）．また，差別意識によって誤って逮捕されてしまう黒人と逮捕を執行する警察官の両方の視点を VRPT で経験するといったように，一つの出来事を異なる立場の視点で交互に体験すると利他行動が引き出されやすいことが示唆されており（Slater & Banakou, 2021），視点の往来がバランスのとれた共感の形成につながると考えられる．

　別の観点では，VRPT で形成される共感は特定の状況や対象といった文脈に結びついたものでしかないのか，それとも人間の共感能力自体を鍛え，高める効果があるのかという疑問がある．VRPT に後者の効果を望めないのであれば，文脈ごとに適切なコンテンツや利用法を確立していく必要が出てくる．そのため，この問いは VRPT の応用展開の方針にかかわる．ホームレスになるとはどういうことかを体験させるホームレス VRPT と，サンゴになって海洋酸性化が海洋環境に与える影響を体験させる海洋酸性化 VRPT を使い，それぞれの体験が別の文脈の共感を生むかを検証した実験では，海洋酸性化 VRPT を体験した参加者はホームレスへの共感が高まった一方で，ホームレ

ス VRPT を体験した参加者は海洋酸性化への問題意識が高まらなかったと報告されている（Mado *et al.*, 2021）．この結果は，ある文脈から別の文脈への共感の転移が可能であると同時に，すべての文脈の間で共感の転移が起こるわけではないことを示している．どのような条件が整えば共感の転移や共感能力の向上が起こるのかは，今後明らかにしていく必要がある．

3 変身と知覚——知覚の補正と多感覚提示への応用

変身による知覚の補正

ラバーハンド錯覚やバーチャルハンド錯覚のように，視覚と触覚が同期して提示されたり，対象が実身体の運動に連動して動くことを視覚的に確認できたりすることで，われわれが身体だと感じられる対象は柔軟に変化する．つまり，多感覚の経験が身体を作り出している．一方で，われわれの身体は外界を知る基準としても機能しており，実身体とは異なる特性を持つ対象に身体所有感が生じている間には，様々な知覚が補正されることが明らかになってきた．

特に空間知覚への影響は大きく，実身体とは異なる大きさのアバターに身体所有感を得ると，外界のスケール知覚が変化する（Ogawa *et al.*, 2018; van der Hoort & Ehrsson, 2011; van der Hoort & Ehrsson, 2014）．たとえば，人形の頭部に置かれたカメラから撮影された映像を見せながら，実身体と人形に同期した触覚刺激を与えると，人形に身体所有感が生じる．この手続きをサイズの異なる人形で行うと，大きな人形に身体所有感が生起している時には物体がより小さく近くに，逆に小さな人形に身体所有感が生起している時には物体がより大きく遠くに知覚される．この時，人形への身体所有感が弱いと知覚補正の効果が弱まる．このことは，人間が身体を柔軟に定義し直しているだけでなく，変化する身体に合わせて知覚を補正し続けていることを示している．

変身による多感覚統合の補正

空間知覚の補正の例では，身体と外界の双方の情報を視覚で得ていたため，単一の感覚にかかわる感覚の補正と見なせる．他方，人間は五感を駆使して身体と外界の情報を得ており，多感覚の統合が自己と世界を認識する上で重要に

なる．この多感覚統合においても，身体が影響を与えることがわかってきた．

　多感覚統合における感覚間の相互作用として，感覚 A の知覚が同時に受け取る感覚 B への刺激の影響を受けて変化するという，クロスモーダル知覚がある（鳴海，2018）．実際の声は腹話術師の口から出ていても，人形の口の動きを見ると人形の口から声が発せられたと知覚される腹話術効果は，その代表例である．クロスモーダル知覚は，複数感覚の情報を統合する際に，それらをどのように統合するとある現象を一番もっともらしく説明できるかを脳が計算する過程で，各感覚がどれくらい信頼できるかを推定し，信頼度の高い感覚ほど強い影響を持つように処理されることで生じると考えられている．

　身体の近くで手を細かく動かされるとくすぐったさを感じたり，蚊が耳もとを通り過ぎる音を聞くと触覚を感じたりするように，クロスモーダル知覚は身体の周囲（身体近傍空間）で起こりやすい．アバターを自分の身体であると感じている時，身体近傍空間はアバターを中心としたものに変化し，クロスモーダル知覚もアバターを中心に生起する．たとえば，ラバーハンド錯覚が生起した状態で，実腕にプラスチックを，ラバーハンドに氷を押し当てると，冷たさが知覚される（Kanaya *et al.*, 2012）．実身体とアバターに与えられる感覚刺激が多少異なっていても，バックプロジェクションによってアバターに起こったことが実際に起こったと感じられるように多感覚統合が変化し，知覚が補正される．

　実身体とアバターに与えられる刺激がどの程度違ってもつじつまの合った多感覚統合が生じるかは，身体所有感の強さの影響を受けることが示唆されている（Schwind *et al.*, 2017; Ogawa *et al.*, 2020a）．Ogawa *et al.*（2020a）は，バーチャル空間で特定の位置まで右手人差し指を移動させるリーチングタスクにおいて，スタート地点からの距離に応じて左右どちらかに指先がずれるようにオフセットを与える実験を行った（図 7-3）．この時，視覚でとらえる指先の位置と，固有感覚で感じられる指先の位置にはずれが生じるが，このずれに気づく閾値がアバターの外見によって変化するかが調べられた．その結果，使用する手アバターの外見が人間に近いリアルなものである場合（図 7-3A）と，指先位置を示すポインターだけの場合（図 7-3B）とを比較すると，体の中心軸に近づくずれに関しては身体の外見の影響が見られなかったものの，体の中心軸から遠ざ

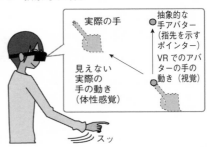

A　リアルな外見

実際の手
リアルな手アバター
見えない実際の手の動き（体性感覚）
VRでのアバターの手の動き（視覚）
スッ

B　抽象的な外見

実際の手
抽象的な手アバター（指先を示すポインター）
見えない実際の手の動き（体性感覚）
VRでのアバターの手の動き（視覚）
スッ

図7-3　アバターの外見が視覚と体性感覚のずれへの気づきにくさに与える影響を調べる実験

かるずれに関しては身体の外見がリアルなほど閾値が大きくなり，ずれに気づきにくくなっていた．身体の外見がリアルであるほど身体所有感は高まる．この結果は，身体所有感が高いアバターほど，そのアバターを中心とした多感覚統合が視覚寄りに補正されやすくなることを示唆している．

変身による知覚補正の効果を活用した感覚提示技術の改善

　現在の技術水準では，VRであらゆる感覚を現実と同等に提示することは難しい．たとえば，HMDを利用したVRでは，バーチャル空間内の物体は小さく，物体までの距離は短く知覚されるなど，実世界と比べて空間知覚が大きく歪むことが指摘されてきた（Renner *et al.*, 2013）．この原因はHMDの光学系だけでなく多岐にわたると考えられており，正確には特定されていない．現実とVRで一致した空間知覚を提供できないという問題は，VRで設計した製品や建築が現実では異なる体感を生むという問題につながり，VRの実用において課題となる．変身による知覚補正は，このような感覚情報提示に関する技術的な課題の解決に活用できる．空間知覚の歪みの例では，アバターを表示するだけでも歪みが改善されることが示されている（Mohler *et al.*, 2010）．さらに，Ogawa *et al.*（2020a）の実験で明らかになった知見等をもとにアバターの身体特性を調整すれば，現実と同等の歪みのない空間知覚を提供するVRの実現に近づくと考えられる．

　同様に，VRで現実と同等の五感情報，特に触覚，味覚，嗅覚を模擬して提

示することが難しいという問題に対しても，変身による知覚補正の活用が期待できる．特にクロスモーダル知覚の特性を踏まえると，限定的な五感情報しか提示できなくても，われわれはその感じ方を自ら変えることでリアリティの高い感覚体験を得ることができる．たとえば，実際の身体動作とアバターの身体動作に意図的にずれを作り出すことで触力覚を提示する疑似触力覚（pseudo-haptics）（Lécuyer *et al.*, 2000）は，触力覚提示専用デバイスを使わずに視覚効果だけで触力覚を提示可能な手法として，すでに活用されつつある．また，手アバターの表示位置を実際の手の位置とずらすことで，同一の実物体による触覚フィードバックを異なるバーチャル物体に割り当てることを可能にするハプティックリターゲティング（Azmandian *et al.*, 2016）も盛んに研究されている．

　これらの例では実際の身体と見かけ上のアバターの位置のずれを大きくするほど効率的な触力覚提示が可能になるが，両者のずれを大きくしすぎると違和感が生じる．先の Ogawa *et al.*（2020a）は，この問題にアバターの外見や身体所有感という観点を導入することで，より大きなずれを作り出せる条件を明らかにしている．クロスモーダル知覚を活用した感覚提示技術の効果を高める上で，多感覚統合における身体の役割を考えることの重要性がわかる例である．

知覚の補正から行動変容へ

　人間は得られる感覚情報を予測しながら行動する．そのため，アバターによる身体変容によって知覚が変化すると，行動にも影響が現れる．Ogawa *et al.*（2020b）は，アバターの外見を変えるだけで，バーチャル空間でのアバター使用者のふるまいが変化することを示した．この実験では，実験参加者にバーチャル空間に設置されたボタンを順番に押す脱出ゲームを体験させ，行動を計測した．参加者は図7-4の4種類のアバターのいずれかを使用する．これらは，形態として手のみを表示するか全身を表示するか，外見として人間に近いか遠いかの組み合わせで設定されている．形態が全身で外見が人間に近い条件で最も身体所有感が高くなり，知覚の変容も強く起こると予想される．脱出ゲームは，段階を踏むごとに手間がかかるようになり，最終的にはバーチャル空間で壁を無視して通り抜けるという「不正行為」をしなければ絶対に解けなくなる．この時，参加者が不正行為をするまでの時間が計測された．その結果，

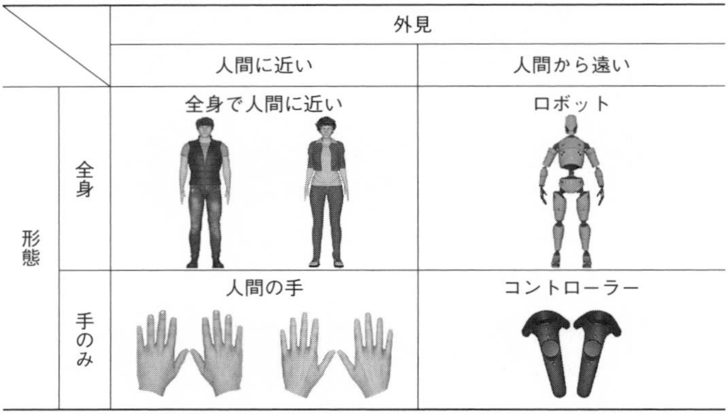

		外見	
		人間に近い	人間から遠い
形態	全身	全身で人間に近い	ロボット
	手のみ	人間の手	コントローラー

図 7-4　Ogawa *et al.*（2020b）の実験で使用された 4 種類のアバター

人間に近い外見の全身アバターを使った参加者は，他のアバターを使った参加者よりも，不正行為を行うまで時間がかかることが示された．身体所有感の高いアバターでは低いアバターよりも壁を突き抜ける際に痛み等が想起されやすいと考えられる．ここでは得られる感覚情報への期待が変化し，参加者のふるまいも壁との衝突を避けるように変化したと考えられる．

　このような知見は VR の体験設計に利用できる．たとえば，VR を活用した教育・訓練アプリケーションでは，実身体と近いアバターを使用することでユーザーの現実的なふるまいを促進でき，教育効果が高められるだろう．逆に，VR で空を飛んだり魔法を使ったりと現実ではできない経験をさせる場合，実身体とは異なる特性を持つアバターを使用することが望ましいと考えられる．人間がこの身体でできること，この身体で得られる感覚をもとに行動を決定しているという生態学的な観点から出発することで，身体変容によって体験や行動が設計可能になるという発見は，身体性認知科学にとっても VR 等の応用を考える上でも興味深い．こうした設計の可能性については，本節の身体と知覚の観点だけではなく，アバターの持つ運動機能や能力の観点からも後に考察する．

4　変身と認知──自己イメージ・他者イメージの変容と応用

プロテウス効果

　オンラインゲームで用いられるアバターの外見がプレイヤーの行動傾向を左右するという着眼から出発し，VRでもアバターの外見を変化させると，たとえその変化が相手には知覚されていなくとも，自己知覚によってコミュニケーション中の態度や行動が変わる現象が発見された（Yee & Bailenson, 2007）．この現象はプロテウス効果と呼ばれる．前述の音楽的素養を想起させるアバターやアインシュタインアバターを用いた研究例のように，ある種のステレオタイプによって特定の能力や状態をイメージさせるアバターを使うことで，そのイメージに自己イメージが引き寄せられ，使用者の行動や思考，能力が変化することが報告されてきた．この効果を利用し，自分とは異なる能力を持つ他者に変身する体験を適切に設計できれば，人間の運動能力や認知能力を高められる．たとえば，同じダンベルであっても筋肉質なアバターで持つと軽く感じ，細身のアバターで持つと重く感じることが報告されており（Sumida *et al.*, 2019），アバターで自己イメージを更新することで，力作業の疲労軽減や効率的なトレーニング，リハビリテーションが実現できると考えられる．

　人間が現実には持ちえない能力や形態を持ったアバターを使うことで，人間が本来的に有しないが想像可能な自己イメージを与え，人間の能力を引き出したり，新たな能力を与えたりする手法も検討されている．Oyanagi & Omura（2019）は，飛行ドローンや海中探査機，宇宙探査機など，人間とは大きく異なる身体や能力を持つ対象を自らの身体のように操らなければならない状況において，その身体や能力に合致した特定の能力をイメージさせる非人間型アバターの力を借りるアプローチを提案した．具体的事例として，飛行能力をイメージさせるドラゴンアバター（図7-5）を使うと高所恐怖が低減される（小柳ら，2020a）とともに，空中での空間把握が正確になる効果を確認し，こうした効果を飛行ドローンの操作能力向上に役立てることを議論している．

　身体拡張によって人間が本来の身体機能を超えた新しい自己イメージをどこまで持つことができ，実際にそれを自分のものとしてどこまで獲得可能で，そ

図7-5 小柳ら（2020a）の実験におけるドラゴンアバターへの没入の様子

れによってどの程度能力を向上させたり，新たな能力を獲得できたりするのかを理解することは，人間の可能性を追究する上でも興味深い．

プロテウス効果研究への批判

プロテウス効果の発見は，身体性認知研究の観点でもその応用の観点でも興味深く，多くの後発研究を生んだ．一方，アバターによる変身がもたらす効果を一まとめにプロテウス効果と見なす研究例も増えており，このことがプロテウス効果の分析や適切な活用を困難にしているという批判もある．Clark（2020）は，過去に行われたプロテウス効果のメタ分析では，VRPTやバーチャルドッペルゲンガー（後述）等のステレオタイプが不在のアバター使用による効果が混同されて分析されてきたことを指摘した上で，厳密な定義に基づいたプロテウス効果の研究に関するメタ分析を行った．その結果，プロテウス効果自体は確かに存在するものの，その効果量は小さいことを指摘している．

プロテウス効果がステレオタイプを利用すること自体への批判もある．ステレオタイプを利用する以上，プロテウス効果を活用したシステムは特定のステレオタイプを強化し，再生産する．たとえそれがポジティブなステレオタイプであったとしても，短絡的にそのようなイメージを神聖視するようになることは問題であり，無批判に活用するべきではない（Clark, 2020）．

　現状ではプロテウス効果の活用に関する研究が盛んに行われているものの，プロテウス効果が生じるメカニズムの研究が少ないことも問題視されている．McCain *et al.*（2018）は，アバターがイメージさせるどのようなステレオタイプも利用者に取り込まれるのかを検討した．VR で買い物をさせる際，様々な物品について高級ブランドと非高級ブランドのどちらを選択するのかを観察した．実験参加者は全員女性で，アバターとしてナルシストな行動と物質主義的な買い物で知られるいわゆるセレブリティ，キム・カーダシアンのアバターか，それに似た外見の一般女性のアバターを使用した．プロテウス効果からは，カーダシアンのアバターを使うことで高級ブランドを選択するようになると予想されるのに対し，実際には参加者の選択傾向には変化が見られなかった．逆に，カーダシアンのアバターを利用した群ではナルシシズムのスコアが低くなっていた．この結果から，アバター使用者はアバターから想起されるステレオタイプの望ましい側面だけを自分のものとして引き受け，望ましくない側面からは距離を置く可能性が指摘されている．プロテウス効果を効果的かつ安心して活用するためには，このような使用者とアバターの関係がプロテウス効果に与える影響等を明らかにし，プロテウス効果の生じるプロセスやメカニズムを解明することが必要である．さらに，プロテウス効果を強く引き出す方法を明らかにするだけでなく，メカニズムに基づいてプロテウス効果の影響を打ち消す方法等を確立していく必要もあるだろう．

身体反応の変容による自己イメージの変容

　プロテウス効果のようにステレオタイプを活用せずとも，アバターに応じて自己イメージが変容することがある．一つの方法が身体反応の表出を変えて見せることだ．自己知覚理論では，自分自身の感情や態度は，他者の身体反応表出や行動等から他者の感情や態度を推論する方法と同様に，自らの身体反応表出や行動を観察・認識することで生まれると考えられている（Bem, 1972）．アバターが表出する身体反応や行動を違和感のない範囲で変えて見せることは，自分自身の感情や態度を変化させ，結果として行動や思考を変化させる．

　内的経験が顕著に表出される身体反応に表情がある．人間は無意識のうちに自分や相手の表情を読み取り，コミュニケーションの仕方を変える．そのため，

笑顔　　　　　　　　　表情変形なし　　　　　　　　悲しい顔

図 7-6　扇情的な鏡における表情の変形（Yoshida *et al.*, 2013）

表情を変換して見せると，感情を含む自己イメージが変わるだけでなく，行動や思考にも強い影響が現れる．Yoshida *et al.*（2013）が開発した扇情的な鏡は，一見すると鏡のようであるが，そこに映し出される表情は本人が気づかない程度にリアルタイムに加工される（図 7-6）．この時，笑顔に加工すると快感情が誘発され，悲しい顔に加工すると不快感情が誘発されることが確認されている．扇情的な鏡では，実際の表情筋の変化はない中で，表情の変化に対する認知だけが起こる．そのため，偽の心音実験（参加者の心音を聞かせていると偽って実際よりも高い心拍数の心音を聞かせることで，参加者の異性に対する選好に影響を与えることが確かめられた実験）（Valins, 1966）や，プロテウス効果に近い系が成立していると考えられる．

　扇情的な鏡による表情変形は，感情だけでなく選好判断にも影響する．試着室の鏡として扇情的な鏡が使われた場合を想定し，鏡の前で 2 種類のマフラーを試着してもらい，どちらのマフラーが好みであったかを回答してもらう．その際，マフラーを試着した実験参加者の表情を変化させると，表情変形の効果で快感情がより高く喚起される条件下で試着したマフラーが選択される確率が上がることが示された．実用を考えると，このような他者に選好を操作されるシステムの社会受容性は低い．他方では，影響を正しく理解して適切な使用方法を議論するために，こうした結果が報告されることは重要である．

他者イメージの変換とコミュニケーションの質の向上

　コミュニケーションでは，自己イメージだけでなく，相手がどのような人物

図 7-7　対話参加者の表情を笑顔に変換するビデオチャット Smart Face
(Nakazato *et al.*, 2014)

でどのような状態かという他者イメージも重要である．ここでは，アバターの
身体反応表出を変化させて自己イメージを変化させるのと同様の技術を，他者
アバターに適用した例を見ていきたい．Nakazato *et al.*（2014）は，扇情的な
鏡の表情変形システムをビデオチャットに応用した Smart Face（図 7-7）を開
発し，ブレインストーミングを行う際に互いの表情を笑顔に見せることで，何
も加工しない時と比べて 1.5 倍の数のアイデアが出ることを報告した．この手
法では，自分の身体反応表出を変化させて自分の快感情を喚起するとともに，
対話相手の身体反応表出も変化させることで，相手がポジティブにコミュニケ
ーションに参加していると感じさせることができる．これによってコミュニケ
ーションの場の雰囲気がよくなり，集団の創造性が向上したと考えられる．

　コミュニケーションでは，表情等の視覚的要素だけでなく，触れることにも
重要な効果がある．コミュニケーションにおける接触はソーシャルタッチと呼
ばれ，利他行動の誘発，承諾率や応答数の向上，さわられた側のストレス低減
等のポジティブな効果を持ち（Cascio *et al.*, 2019），ロボットやアバターを介し
た遠隔コミュニケーションでも有効であることが確かめられてきた（Haans &
Ijsselsteijn, 2006）．一方，ソーシャルタッチの効果は人の属性に影響を受ける
ことが知られ，特に異性間では効果的であるものの，同性間では効果が弱まっ
たり，逆効果になったりすることが明らかになっている（Dolinski, 2010）．

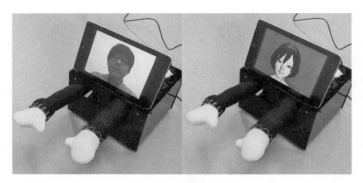

図 7-8　Suzuki *et al.*（2016）の実験で使われたロボットアバター

　Suzuki *et al.*（2016）は，図 7-8 のロボットアバターを用い，性別印象にかかわる情報を変換することで，実際の性別が同性どうしであってもソーシャルタッチの効果を生じさせる手法を提案した．抵抗感が生じやすい男性間のタッチを取り上げ，男性のオペレーターが男性の実験参加者に単調な作業を依頼する状況において，オペレーターの声を女性らしく変換した上で依頼時にタッチをすると，オペレーターに対する親近感や作業に対する退屈さが改善し，作業量が 1 割程度増えることが示されている．この結果は，ソーシャルタッチのようなコミュニケーション相手との関係に依存する効果であっても，自他の変身で関係を調整できれば，常に狙った効果を引き出せるようになることを示唆する．変身の利用により，属人性を超えて，どのような相手とでも互いに適切なコミュニケーションを取れる場を設定できるようになる可能性がある．

自己イメージと他者イメージの相互作用

　本節で述べてきたように，アバターから想起されるステレオタイプや特定の状態を自己と結びつけさせることを経て，アバターを用いた身体変容は自己完結的に自己に影響を与える．一方，アバターの利用は他者から見た印象を変え，他者とのコミュニケーションの仕方，内容に影響を与える．行動的確証（behavioral confirmation）（Snyder & Swann, 1978）として知られるように，人間は他者から社会的な期待を受けた時，その期待に応えるように自分の行動を変化させることがある．アバターを用いた身体変容でも，自己完結的な効果だけで

なく，他者から見た自分や自分の社会的役割の変化を認識することや，他者から受ける扱いが変わることによる社会的な効果も自己を変容させる影響を持つと考えられる．プロテウス効果については，相手から見た外見は変化させずに自分の外見だけが変化して見える非対称な実験系を用いることで，行動的確証とは独立した効果であると確認されており（Yee & Bailenson, 2007），アバターが自己完結的に作用する効果は一定程度認められる．他方，アバターを用いてコミュニケーションする実用上の場面では，アバターの自己完結的効果と社会的効果を切り分け，それぞれの影響の程度を分析することは難しい．

　実用上は，自己完結的な効果と社会的な効果を切り分けて議論する必要性は薄い．ただし，総合的な効果をより高めるために，自己完結的な効果だけでなく，社会的な効果を高めるためのアバターや場の設計論は一考に値する．また，先に挙げたソーシャルタッチの例のように，VR やリモートコミュニケーションを利用する場合には必ずしも全員が同じ世界を見る必要はなく，非対称な設計も可能である．コミュニケーション中に対話相手の動作や表情を無意識のうちにまねてしまうミラーリングに注目し，対話相手の表情が自分の表情に合わせて同調的に変化するビデオチャット FaceShare を開発した研究では，そうした非対称な身体変容の影響が考察されている（Suzuki et al., 2017）．この研究では，笑顔表出を同調させて見せると，使ううちに実際の自身の笑顔の強度が高まること，そして対話参加者双方の印象が向上し，会話が円滑化され，相手と話し続けたいと感じることが報告されている．興味深いのは，対話中どちらかの話者にのみ擬似的な表情同調を利用すると，利用者側よりも利用していない側で，先に述べた効果が強く出る点である．利用していない側には擬似的な表情変化は見えないにもかかわらず強い効果が出るのは，擬似的な表情変化を見た利用者側の表情，態度や話し方が印象のよいものに変わり，行動的確証の効果が生じるためだと考えられる．非対称な身体変容フィードバックを利用することでアバターを利用した変身の効果をより高めたい場合には，自己完結的な効果と社会的な効果を混同せずに，それぞれが生じる要因について十分な考慮をした工夫を取り入れることが必要だろう．

5 行為の操作——アバターの能力・行為と行動変容

アバターの身体能力・行為の設計に応じた身体スキーマの変容

アバターの外見だけでなく，アバターがどのような行為を取りうるかということもわれわれの認知や行動に影響を与える．これはアバターやアバターを通じてフィードバックされる運動様式が身体スキーマに影響を与えるためだと想定される．つまり，バーチャル身体で可能な運動が経験されていくことで，実身体の運動において用いられる身体スキーマとは異なる新しい身体スキーマが成立し，それが自己に影響すると考えられる．

Rosenberg *et al.*（2013）の研究では，参加者が他者の操縦するヘリコプターに乗り込んで空を移動して人を助ける体験をした場合と比べ，自ら空を飛べるスーパーヒーローになり主体的に人を助ける体験をした場合のほうが，VR体験の後の利他行動が誘発されやすいことが報告されている．この結果は，空を飛ぶというアバターの身体能力が自らの身体能力ととらえられるようになり，それをヒーローらしく発揮するような潜在的な態度変容が促されて起こると説明されている．ここから，アバターの身体能力や取りうる行為を設計することで，それを使用する人間の認知や行動が設計可能になると考えられる．

バーチャルドッペルゲンガー

アバターに対する身体所有感の強さと，アバターが知覚，認知，行動を変容させる効果には密接な関係がある．こうした関係から，身体変容と知覚，認知，行動の関係を探究する研究では，基本的には実身体の動きをそのままアバターに反映して高い身体所有感と運動主体感を保つ実験系が用いられてきた．他方，アバターの身体能力や行為が使用者に影響を与えるという観点からは，あるところまで使用者が動かしていたアバターや見かけが自分とそっくりのアバターが自律的なふるまいを見せると，どのような影響が生じるのかは興味深い問いである．

この問いに対し，見かけは自分にそっくりだが自律的に動くアバター「バーチャルドッペルゲンガー」が持つ効果が，特に行動学習の文脈において調べら

れてきた（Bailenson & Segovia, 2010）．人間は自分で行動せずとも，モデルと
なる他者のふるまいを観察することで行動を学ぶことができる．この時，モデ
ルと観察者が似ているほど，ふるまいを獲得しやすいことが知られている
（Bandura, 1977, 2009）．実世界では観察者と非常によく似たモデルを用意して
観察学習を行うことは難しいが，VR でバーチャルドッペルゲンガーのふるま
いを観察させれば，観察学習の効果を高められる可能性がある．

　バーチャルドッペルゲンガーを利用してスピーチへの緊張解消を試みた研究
（Aymerich-Franch & Bailenson, 2014）では，男性参加者では，自分がスピーチ
で成功する様子を想像する場合より，バーチャルドッペルゲンガーがうまくス
ピーチを行う様子を観察する場合にスピーチへの緊張が緩和されたと報告され
ている．しかし女性参加者では，バーチャルドッペルゲンガーの観察よりも想
像のほうが効果的であったと報告されており，性差による影響が窺える．性差
の原因は定かではないが，同一のアバターを用いた場合にも身体所有感や不気
味さの知覚に性差があることが報告されており（Schwind *et al.*, 2017; Hatada *et
al.*, 2019），ここでも身体所有感の性差が効果の差を生んだ可能性がある．

　別の実験では，運動後にバーチャルドッペルゲンガーが太るもしくは痩せる
映像を見せると，その後，自由に運動させる課題の運動量が増加することが報
告されている（Fox & Bailenson, 2009）．ここでは体型変化するキャラクターが
太るか痩せるかは関係がないが，他人である場合よりもバーチャルドッペルゲ
ンガーである場合のほうが強い効果が現れた．その他にも年老いた分身を見る
と浪費傾向が弱まる（Hershfield *et al.*, 2011），有罪判決を受けた犯罪者が年老
いた未来の自分アバターと対話すると自滅的行動が減る（Van Gelder *et al.*,
2022）など，未来の自分の姿を見せるバーチャルドッペルゲンガーが様々な効
果をもたらすことが検証されている．

　Banakou *et al.*（2013）は，VR で子どものアバターに没入すると大きさ知
覚が変化するだけでなく嗜好も子どもらしく変化することを示し，この変化は
アバターの認知的側面（自分は子どもだという認知）の影響だと考察した．さら
に，実験参加者が使う子どものアバターの口を動かして子どもらしい特徴を持
った音声を再生し，アバターが自律的に発話したように見せると，その後の参
加者の発話において，先に聞いた声につられて声の基礎周波数が引き上げられ

ることが示されている（Tajadura-Jiménez *et al.*, 2017）.

　人間は何らかの行為を行う際，自身の過去の動きを参照して運動企画を形成する．自らに関連づけられるアバターの自律的行為が自身の行為であったと錯覚されると，運動企画を行う際にアバターの行為が過去の自身の動きとして参照される．この記憶の参照過程における錯誤が，バーチャルドッペルゲンガーによる認知や行動の変容を引き起こしていると考えられている．

行為結果の補正で得られる擬似成功体験とメンタルサポートへの応用

　VRでは，自分自身やアバターの行為を変化させずとも，行為の結果だけを変えてフィードバックすることができる．その際，運動主体感を保つことができれば，その結果は違和感なく受け入れられる．運動主体感は自分が行う行為がどのような結果をもたらすかの予測と，実際に得られた行為結果の整合性がとれている時に強く生じる．一方でWen *et al.*（2015）は，行為に補助を加えて改変しても，タスクパフォーマンスがよい場合には高い運動主体感が維持されることを示した．このような特徴を考慮すると，バーチャル空間で行った運動の結果を補正した場合でも，その運動が目的を達成した，すなわち成功したように感じさせる場合には，高い運動主体感を維持しやすいと考えられる．

　このようにして与えられた「擬似的な」成功体験は，心の状態を改善することが期待できる．Tagami *et al.*（2017）は，運動主体感を損なわない範囲で球の軌道を補正して，打球がカップに入ったように見せるゴルフパターのシミュレーター（図7-9左）を構築し，このシミュレーターが作り出す擬似成功体験と特定の動作とを関連づけさせることで，ルーティーンの短期間での構築を支援する手法を提案した．ルーティーンとは，スポーツにおいてメンタル面を調えるためにタスクの直前に行う一連の動作の流れを指す．ルーティーンは，自ら動作を考案した上で，繰り返しの経験によって動作と成功体験とが関連づけられ，この動作を行えば成功できるという信念が確立されることで，タスク遂行を安定させる効果を発揮する．しかし，ルーティーンの構築には十分な成功体験を繰り返し得る必要があり，短期間での習得は難しい（Cohn *et al.*, 1990）. Tagami *et al.*（2017）の研究では，擬似成功体験を多く得ながらルーティンを構築する練習を10分間行った群では，同じ時間通常の練習を行った群や擬似

成功体験を得ずにルーティーンの構築を目指した群と比べて，一週間後のテストでのパターの成績の分散が極端に抑えられ，成績が安定するという結果が得られている．この結果は，擬似成功体験を得ることでルーティーンがごく短期間で体得されたことを示唆する．

　さらに，田上ら（2017）は，擬似成功体験を与えることが直接的に運動パフォーマンスに影響を与えるかも調べている．ここではパフォーマンスと自己効力感の関係に着目し，VR トレーニングシステムにおいて運動結果を変えて提示することで自己効力感を生起させ，直後の本番でのパフォーマンス向上をねらっている．自己効力感とは，自身がタスクにうまく取り組むことができるという感覚である．高い自己効力感はタスクに対する自信の創出や緊張の軽減等に貢献し，特に習熟したタスクのパフォーマンスを向上させる（Lane *et al.*, 2004）．他方，自己効力感の生起がパフォーマンスを向上させることは知的課題においてのみ確かめられており，結果を自由に操作して自己効力感を操作することが難しい身体運動分野では確認されていなかった．

　対して，田上ら（2017）のシステムは投球動作を対象に設計されており，HMD を装着した使用者に実際にターゲットへの投球を行わせる．システムは投げられたボールがたどる軌道を予測した上で，運動主体感が生じる補正の範囲内においてターゲットへの投球が成功するよう補正した軌道を生成し，ボールが手を離れた直後から補正された軌道でボールを動かして見せる（図 7-9 右）．これにより，投げた球がターゲットに命中して見える確率が上がり，実際よりも高い自己効力感が得られると考えられる．これを用いて 3 m 先の直径 15 cm の的にボールを当てるという簡単な運動タスクを行わせた結果，実世界で練習した後の本番は成績が変化しないが，擬似成功体験 VR で練習した後は成績が約 2 割向上することが報告された．一方，擬似成功体験 VR で練習をして成績が向上した参加者に，改めて実世界で練習を行わせて本番を実施させると，成績が元に戻ったことも報告されている．これは実世界での体験を経て VR で得られた自己効力感が失われていき，効果が低減したためと考えられる．そのため，行為結果の補正を利用する上では，持続時間を考慮する必要があると考えられる．

図7-9　擬似成功体験を与えるゴルフパターシミュレータ（左）（Tagami *et al.*, 2017）と
投球練習システム（右）（田上他，2017）

行為結果の補正と行為の補正の統合

　田上ら（2017）の研究では，VR において自分の身体運動は変化せず，その
運動の結果だけが補正されてフィードバックされる．しかし，変身による知覚
補正の項で紹介したように，視覚フィードバックするアバターの運動を実際の
運動とあえてずらす手法を併用することで，行為結果の補正の効果が高まる可
能性もある．Kasahara *et al.*（2017）は，ダンサーがアバターを使って VR 空
間で踊る際に，身体運動を予測するアルゴリズムを使って，実際の身体運動よ
りもアバターが先にあるいは遅れて動くような状況を作り出すと，擬似触力覚
の効果によって体が軽くあるいは重くなったような感覚が生じるだけでなく，
ダンサーが即興で作り出すダンスにも変化が現れることを示唆した．

　アバターを介して身体運動やその結果を補正してフィードバックすることは，
自己効力感を高めるなどポジティブな心理効果を誘発するだけでなく，普段と
は異なる身体の使い方を発見したり，新たな身体技能，身体表現を体得したり
することを支援するなど，身体を使った活動の創造性や運動能力の拡張にも利
用できる可能性がある．しかし，こうした効果を実用につなげていく上では，
どの程度効果が持続するのか，狙いとする以外の身体運動や心理に副次的影響
を与える可能性はないのかなどの点についても，併せて検討していかなければ
ならない．

6　分身・合体──新しい身体のあり方が持つ可能性

分身による運動と知能の拡張

　化粧や服装を変えることで実世界でも変身は可能である．他方，実世界では1人で複数の身体を操ることや，複数人で一つの身体を操ることは難しい．身体拡張技術やVRは，そのような全く新しい身体のあり方をも実現させる．ここでは1人で複数のアバターを扱う分身や，複数人で一つのアバターを扱う合体という，全く新しい身体のあり方の可能性を検討していきたい．

　Takada *et al.*（2021）は，1人で複数の身体を同時に操作するシステムとしてパラレルピンポンを開発した．実験参加者はHMDを通して別々の卓球台に置かれた2本のロボットアーム視点の映像を見ながら，それぞれのアームを操作して同時に2人の人と卓球ができる．ゲームの状況やピンポン球の位置，移動方向に応じて，二つの視点の映像を切り替えたり合成したりしてHMDに表示することで，参加者は二つの卓球台の状況を把握できる．同様に，参加者の動作が反映されるロボットアームも状況に応じて適切に切り替えられる．この時，映像提示やロボット動作には時間遅れが生じるため，そのままだと参加者の動作よりもロボットアームが遅れて動くことになり，運動主体感が損なわれる．パラレルピンポンでは，ボールの軌道計算に基づいて常にロボットアームを自律的に球の方向に動かしておき，必要な時だけ参加者の動作を混ぜる工夫がされている．参加者は球を打ち返せる方向にロボットアームを動かそうとするため，ロボットアームの自律的な動作と体験者の動作はある程度方向がそろっている．これが，参加者の運動が反映される前の自律的な動作を見ても参加者の動作が反映されたものだという錯覚を生じさせ，運動主体感を維持しやすくしている．分身による身体運動の拡張を扱う上では，こうしたアバターの自律動作を取り入れつつも行為主体感を損なわない工夫が必要になる．

　身体運動の拡張だけでなく，分身を知能拡張に用いた研究例もある．グループディスカッションでは，意見によってグループが分かれた際に多数派と少数派が生まれるが，この人数バランスは議論の質に影響する．特に，多数派から少数派に向けて同調圧力が生じると，少数派が沈黙を余儀なくされるなど，質

の高い議論を行うことが難しくなる．アバターを用いたオンライン討議システム Divided Presence（Seta *et al.*, 2018）では，このアンバランスを解決する方法として分身が用いられ，多数派と少数派の人数比を見かけ上 1 対 1 に調整することが試みられた．少数派意見者がこのシステムを利用する際，発話の分節を検出し，1 人の発言を適切な切れ目で分割して，ボイスチェンジャーをかけた上で 2 体のアバターに自動的に割り当てて発話させる．この仕組みを用いると，使用上の意識的な努力をさせずとも，少数派意見者を複数のアバターに分身させ，対話相手にはあたかも似た意見を持つ参加者が複数人いるように感じさせることができる．3 人の参加者に討議の上で合意形成させる実験では，少数派意見者を分身させて見かけの人数バランスを調整することで，合意された意見に対する参加者の納得度が向上することが示されている．

　ソーシャル VR やメタバースが社会の基盤になっていく際には，アバターを用いたコミュニケーションの場において，意見の多様性を担保しつつ冷静に議論を交わし，皆が納得できる合意を形成できる場をどのように作れるかは重要な問題になるだろう．SNS 等ではエコーチェンバーの問題が取り沙汰されているが，アバターを用いたコミュニケーションの場も何らかの対策を講じない限りは，価値観の似た者どうしが交流して共感し合うことで特定の意見や思想が増幅され，社会の分断を招くことが十分に考えられる．分身によるグループディスカッション支援の事例のように，身体性の観点からこうした問題への対処を探っていくことは今後より深く検討されていくべきである．

合体による身体運動スキルの向上，伝達

　分身とは逆に，複数人が一つのアバターを操り，主観的経験として他者との融合を実現する合体についても様々な研究が進められている．藤澤ら（2018）は，合体の一つの方法として，複数人が一つのアバターの別々の部位を操作する状況を共有身体と呼び，上半身と下半身で分担して共同作業をする場合の特性を調べた．その結果，担当した身体部位には身体所有感覚と運動主体感が生じ，担当していない部位を含む全身についても弱いながらも身体所有感，運動主体感が得られたと報告している．また，共有身体を使って作業をする際の寄与の違いから，移動が必要なタスクでは下半身担当のほうが上半身担当よりも

全身の身体所有感と運動主体感を得やすいことを示唆している．同様に，左半身と右半身に分割した共有身体を用いた場合についても，類似の結果が報告されている（Hapurachchi *et al.*, 2020）．

　特定の部位を選択的に操作できる共有身体を使えば，他者と連携することで両者が持っている以上の身体技能を発揮できるようになるだけでなく，変化球の投げ方を学ぶ時に，まずは全身動作は他者に任せて，自分は手指の細かい動作だけを担当してボールのつかみ方や離すタイミングだけを学習し，コツがつかめてきたところで自分だけで全身を操作して全身動作と細かい動作の連係を学習するといったように，特定の箇所への集中を可能にすることで効率的に学習を進められる可能性も考えられる．

　別の合体方法として，A さんの動きを 50%，B さんの動きを 50% 反映させるといったように，ある割合で 2 人の運動を融合し，その融合された運動が反映されたアバターを両者が自分の身体かのように主観視点で扱う，融合身体（co-embodiment）が研究されている．たとえば，融合身体を使って手を目標位置まで伸ばすリーチングタスクを行うと，1 人でタスクを行う時よりも手の運動軌跡が直線的でなめらかになり，運動パフォーマンスが向上することが示されている（Hagiwara *et al.*, 2020）．この結果は，複数人で融合することで，個別の身体技能以上の能力を発揮できる可能性があることを示唆する．さらに，融合身体を使う際には，自分の実際の運動への寄与よりも過大な運動主体感が生じ，自分の動きがほとんど反映されない条件であっても運動主体感を得られることが報告されている（Friborg *et al.*, 2020）．また，融合身体を介して共同作業を行う経験を経るうちに，次第に相手の次の動きが推測できるようになって運動がそろっていく傾向が見られ，使用者間で行為の意図が伝達・共有されることが示唆されている．これは他者の動きを自らの身体のように感じられるアバターで運動主体感を持って体験することにより，自らの身体スキーマが他者の動きを参照しながら更新されるためだと考えられる．この現象を活用すれば，融合身体を介することで身体運動の狙いやコツを人から人に伝えることができる可能性があるため，融合身体を介して教師から学習者に身体運動スキルをコピー可能にする新しい身体運動学習手法の実現を狙う取り組みもある（伊東ら，2020）．アバターを介して身体スキルが伝達可能になれば，場所や時間に

縛られてきた身体スキルがバーチャル空間を経由して広く流通可能になるため，社会や経済に大きなインパクトを与える可能性がある．

　人と人の合体だけでなく，人と機械の合体という方向性もありうるだろう．人工知能技術の発達に伴い，自動運転等，十分に賢く自律的に判断して行動できる機械が登場し，社会への導入も始まっている．こうした機械身体・機械知能を人間の身体・知能に取り込み，人と機械が融合して人間以上の身体技能や知能を手に入れるためにはどうすればよいのだろうか．前述した融合身体のように，十分に賢い機械による行為を，あたかも自ら能動的に起こした行為のように感じさせられる状況が作り出せれば，機械によって人間の能力を何十倍にも増幅した状況が作り出せる可能性がある．

　以上で述べたもの以外にも，分身や融合という新しい身体のあり方には未探索の多くの可能性が秘められている．現段階では模索的で体系化された知見が得られていないアプローチではあるが，今後の発展が楽しみな領域である．

7　一時的な増幅から継続的な拡張へ

身体的自己の変容による知能増幅と物語的自己

　第1章で紹介された通り，自己には身体的自己と物語的自己の二つの側面がある．ここまで紹介してきた，身体拡張を活用することで明らかになった身体と知能，身体と心の関係に関する知見と，それを活用して自己変容を図る技術は，身体的自己を拡張するものとして語られてきた．それでは身体拡張によって生じた生身と異なる特性の身体的自己は，物語的自己にどのような影響を与えるのだろうか．この問いは未解決問題として残されている．身体拡張が知能や心に与える影響を調べたこれまでのほとんどの研究では，特殊な機材の使用や実験参加者への身体的負荷の考慮という制約を受けて，実験室を訪れた参加者に，実験者の意図に基づいて用意されたアバターを与え，それを数十分〜数時間程度使用した際に現れる効果しか調べられていない．短期的・長期的なアバターの利用が物語的自己をどのように変化させるのか，アバターの利用が作り出す身体的自己や自己イメージと，アバターを使っていない時の身体的自己や自己イメージがどのように統合されて（あるいはされずに）物語的自己が成立

するのかなど，明らかにされていない重要な問いは山積したままである．

　身体拡張を通じた物語的自己の変容について考察する際，衣服や化粧に関する研究は大いに参考になる．身にまとう衣服が自己イメージや認知に与える影響を調べた衣服化認知（enclothed cognition）（Adam & Galinsky, 2012）の研究を始め，衣服や肉体の変化が自己と他者にもたらす影響は，心理学・社会学分野で様々に調べられてきた（Johnson *et al.*, 2014）．衣服や化粧を対象に論じられてきた，「自己の外見の変化が他者に与える印象を変化させ，他者から新たな反応を引き出し，その反応を受けて自己イメージが更新される」というフィードバックループは，アバターでも同様に成立していると考えられる．この前提の一致を考慮すれば，美容整形の術後に不満を抱きやすい人の特性（Herruer *et al.*, 2015），出向く場所に応じて化粧行為を変化させる心理（木戸・やまだ，2012），加齢や役割変化に応じた衣服に対する価値観の変容（木戸，2020）などの身体変容を通じた物語的自己の経時的な変化を考察した研究群の成果は，身体的自己のデザインを超えて，物語的自己をもデザイン可能な身体拡張の設計論を構築するための重要な知見を提供すると考えられる．

長期の身体拡張体験がもたらす身体性の変容

　物語的自己という人間の根幹にアバターの利用が与える影響は未知のままである．それにもかかわらず，アバターの社会応用はすでに拡大している．たとえば，バーチャル空間でアバターを使って他者と交流できる場として，複数のソーシャル VR サービスが登場している．サービス利用時間が長く，アバターを使用してのコミュニケーションが日常になっているソーシャル VR ユーザーもめずらしくない（Freeman & Maloney, 2021）．ソーシャル VR ユーザーへのインタビュー調査では，彼らがダンスやコンサートのような「遊び」にとどまらず，HMD を装着したまま友人と睡眠をとるなど，独自のアクティビティを楽しんでいることが報告されている（Maloney & Freeman, 2020）．さらに実社会においても，ロボットアバターを通じた社会参画が始まっている．2021年 6 月にオープンした「分身ロボットカフェ DAWN ver.β」では，外出困難者である従業員がテレプレゼンスロボットを遠隔操作することで接客や配膳等のサービスを提供しており，実身体とは異なる特性を持ったロボットアバター

を使用しての継続的な労働が実現されている（Takeuchi *et al.*, 2020）．

　このような場の登場によって，実験室では調べられなかった，アバターによる身体拡張がもたらす長期的な影響を調べる土壌が整いつつある（Saffo *et al.*, 2021）．小柳陽光らは，ソーシャル VR サービスである VRChat を実験環境に，実身体と異なるアバターの継続的な使用が身体所有感を時系列的にどのように変化させていくか調べる実験群を展開している（小柳ら，2020b; Oyanagi *et al.*, 2021）．VRChat では，多くのユーザーが自らの外見とは大きく異なるアバターを使っている．特に日本の VRChat ユーザーは，アニメ調でかわいい外見のアバターを多く用いるという特徴がある．一般にアバターに対する身体所有感は，実身体と近い特性のものほど高くなるとされているため，ユーザーの実身体とは大きく異なるアニメ調アバターでは高い身体所有感は得られないと予想される．ところが小柳ら（2020b）は，長期にわたってアニメ調アバターを使用しているユーザーは，実身体に近いリアルなヒト型アバターより，普段から使用しているアニメ調アバターを用いる際に高い身体所有感を得られるという結果を示した．この結果は，それが実身体と異なる特性を持っていたとしても，アバターを長期間使用することによって実身体とは異なる自己身体イメージが成立し，身体所有感の基準がドリフトしうることを示唆している．

　さらに，Oyanagi *et al.*（2021）は，VRChat を新規に始めたユーザーが，1カ月間異性のアバターを使い続ける実験も行った．参加者は，実験開始時に実際の性別とは異なる性別の任意のアバターを一つ選び，そのアバターで1カ月間毎日 VRChat にログインする．身体所有感を毎日報告させたところ，アバター使用日数と身体所有感に正の相関が見られ，10日目には1日目より有意に高い身体所有感が生じていた．また，1，14，30日目に同性アバターを使用した場合の身体所有感も計測したところ，1日目には同性アバターと異性アバターの間で身体所有感に差は見られなかったのに対し，14日目や30日目には継続使用した異性アバターのほうが同性アバターよりも高い身体所有感を生じさせていた．この結果は，実身体とは身体特性が大きく異なるアバターであっても，継続使用すれば自分と類似した身体特性を持つアバターよりも高い身体所有感をもたらすようになることを意味する．

　このように実身体とは異なる身体特性を持つアバターに適応した場合に，実

身体への適応が損なわれて問題が生じる懸念はないのだろうか．2 週間前後で新たな身体性への十分な適応が見られるという実験結果は，逆さめがね着用実験（吉村，2008）の結果と類似している．上下反転あるいは左右反転して世界を見せるめがね（逆さめがね）をかけると，初期には意図通りの行動ができなかったり，気分が悪くなったりと問題が起こるが，次第に順応が進み，2 週間程度で問題なく生活ができる状態になる．十分に順応した状態で逆さめがねを除去して元の視界に戻すと，残効によってしばらくは意図通りの行動ができなくなるが，この残効は数時間程度のごく短時間で消え，元と変わりなく生活できるようになる．さらに，一度逆さめがねに適応した経験を持つ人は，再度逆さめがねを着用した際には順応に必要な時間が大きく短縮される．

　こうした現象が起こるのは，人間の身体動作が，脳内にあるただ一つの身体モデルを書き換えながら行われているのではなく，感覚入力に応じて複数の身体モデルを切り替えながら行われているためだと考えられている．複数の身体モデルの獲得と使用が身体拡張によっても起こるとすれば，アバター使用時には実身体使用時とは別の身体モデルが参照されるため，アバター使用後に実身体に戻ってきた際には，短時間の残効は生じたとしても実身体への適応が損なわれることはないと予想される．しかし，これはあくまで身体的自己の観点に立った予想であり，アバターの使用によって物語的自己が変容した場合，実身体とアバターで獲得した物語的自己との齟齬による葛藤が生じる可能性がある．これらを検証するためには，長期の身体拡張体験に関する知見の蓄積が求められる．

物語的自己を獲得するプロセスの重要性

　身体拡張を通じて知能や技能を高める技術は，社会でどのように受容され，どのように活用されるのかを検討するために，筆者らは 96 人の大学生・大学院生に短いエッセイを書いてもらった（未発表データ）．テーマは「アバターを使うことで見た目だけでなく性格や能力も含めて『なりたい自分』になれる時代が訪れた時に，どのような自分になりたいですか？」とし，実生活の中で長期的にアバターを利用する前提で考察するよう指示した上で，自分らしさをどのように考えるべきか，複数のアバターをどのように使い分けるべきかを考察

の観点の例として挙げつつ，自由に記述させた．最終的に得られた平均625文字のエッセイを，テーマティック・アナリシス法（thematic analysis）（Braun & Clarke, 2006）を用いて分析した結果，いくつかの興味深い示唆が得られた．

　その一つが，生身の自己とアバターで変容した自己との間に生じるギャップへの懸念である．一定数の参加者が，アバターでの活動は「偽物」であり，生身の自己には関係ないという考えや，アバターで理想的な状態に変容した自己と生身の自己を比較するとつらくなるという懸念を示した．分析からは，このような懸念は自己の物語の一貫性の断絶に起因することが示唆された．その裏づけとなる記述として，パーソナリティやアイデンティティといった人間の内面的性質は，その人がそれまで実践してきた生き方や努力，経験が長期的に積み重なってできているため，それらを安易に，瞬間的に大きく変えることに抵抗があるといった記述が見られた．加えて，そのような抵抗を裏側から説明する「現在の自分とかけ離れた特性のアバターより，現在の自分を少しだけ編集した特性のアバターを使うほうが安心する」といった旨の記述も見られた．

　ここから考えられるのは，「なりたい自分」になるためには，自らの経験や努力でそこに到達するプロセス（物語）を実感する必要があるということである．人間は自己概念に適合する情報を受け入れやすく，自己概念の安定を維持しようとする（Swann & Read, 1981）．現在の身体拡張に基づく自己変容を扱う研究では，ユーザーが自己をアバターに同化するプロセスは，身体所有感の生起など，身体的自己の側面でのみ探究され，物語的自己の側面からはほとんど調べられていない．HMDを装着した瞬間から実身体とは異なる物語を持ったアバターになる体験が開始されるのではなく，ある特性のアバターがその特性を備えるに至った経緯をストーリーテリングすることが，身体的自己と物語的自己の双方にどのような影響をもたらすかは検討されていくべきである．

　この分析において得られた示唆は，アバターを日常的に利用しているユーザーの体験談ではなく，アバター体験を得ずに想像された懸念であることには注意が必要である．アバターを三人称視点から「見る」ことと一人称視点でアバターに「なる」ことの間にすらギャップがあるため（Yee & Bailenson, 2009），アバター体験を経てもなお同様の懸念を抱くのか，あるいは懸念が解消されたり異なる懸念が生まれたりするのかなどについて，さらなる実証的な研究が待

たれる.

物語的自己の形成と個人差

MMORPG（massively multiplayer online role-playing game：大規模多人数同時参加型オンラインロールプレイングゲーム）である "World of Warcraft" のプレイヤーを対象に行われた調査によれば，プレイヤーが自身のアバターをどのようにとらえるかは，主体感や親密度などに応じて，モノや道具，自分自身，理想的な自己，他者という4タイプに分類できるという（Banks, 2015）. この分類がVRでの身体性を伴ったアバターにも当てはまるかどうかは明らかではないが，自己概念にアバターがどのように位置づけられるかには個人差があるという示唆は興味深い.

自己概念が身体的自己を基盤に発達するという指摘は多くの研究者によってなされてきた（たとえばBaumeister, 1999）. 自己概念の明確さを表すSCC（self-concept clarity）と身体的自己の関係を調べた実験では，SCCが低い，すなわち自己概念が明確でない実験参加者は，通常ではラバーハンド錯覚が生じない条件（視触覚刺激が非同期で提示される）でも身体所有感錯覚を得やすいこと，身体スワップ実験において自分の身体とは異なる他者の身体にも身体所有感を得やすいことが示されている（Krol *et al.*, 2020）. これらは，自己概念が明確でない人ほど身体的自己に関する意識も明確ではなく，それがゆえに元来の身体とは異なるバーチャル身体への没入が容易なことを示唆している.

強力な自己概念を持つほど身体拡張が難しく，かたや曖昧な自己概念を持つほど容易に別の身体に没入でき，その影響を受けやすいとすれば，自己概念の確立と身体拡張を通じた自己変容とは相性が悪い可能性がある. 他方，自己概念の明瞭さが低い人は，自己概念に新たな要素を取り入れ自己を拡張したいという欲求が低いことを報告した研究（Emery, 2015）もあり，自己概念が明瞭でない人は身体拡張が起こりやすくても自己変容を起こさない，あるいは受け入れない可能性もある. 性格特性や自己概念などの物語的自己にまつわる特性と身体的自己との関係は，萌芽的な模索が始められたばかりである. こうした物語的自己の形成プロセスや，個人差をもたらす要因を調べるためには，これまで用いられてきた実験心理学的手法だけにこだわらず，質的研究で用いられる

ナラティヴ・アプローチ（やまだ，2006）等を柔軟に併用していく必要がある
だろう．

なりたい自分になれる社会に向けた倫理的・社会的な課題

　アバターを活用して自らの感覚や行動，思考や発揮能力までを望み通りにデ
ザインする技術は発展を見せており，いつでも状況に合わせて「なりたい自
分」になれる未来はそう遠くない．一方で，そのような未来が訪れた時にどの
ような倫理的・社会的な問題が起こりうるのかは，十分考えておく必要がある．
　倫理的観点では，たとえば VR を用いた現状の身体拡張はほとんどが視覚
的な体験にとどまっているために，VRPT で得られる他者視点での体験は
「不完全」なものであるという点には留意しておきたい．現状では，男性が外
形上女性のアバターをまとって女性としての社会的経験を一時的に得ることは
できても，たとえば出産や生理など視覚だけで追体験不可能な身体経験を得る
ことは難しい．限定された追体験でも女性の立場の部分的な理解を促進する可
能性はあるが，不適切な用いられ方をすると，女性のすべてを理解できたとい
う勘違いを生み，男性と女性の断絶をさらに助長させる恐れすらある．技術に
よって他者が完全に理解できるのだと驕ることなく，真に相手を理解すること
はできないが，努力によって近づくことはできるという謙虚な出発点への意識
を忘れないことが必要だ．また，プロテウス効果がステレオタイプを社会的に
再生産し，固定化させる問題についてはすでに述べた．これらの課題に共通し
て言えることは，技術自体の改善だけでなく，技術の使われ方の改善も併せて
検討していく必要があるということ，そのためには倫理の観点からの議論も必
要とされるということである．
　社会課題の観点では，なりたい自分になれる世界を築くには，一つの身体に
一つのゆるぎない自己が宿るという現在広く浸透している人間観を更新し，柔
軟に変化する自己のあり方を踏まえた新しい人間観を構築していかなければな
らない．SNS の使い分けや複数の仕事や活動をかけもちして多面的なキャリ
アを築くスラッシュキャリアを当たり前と考える Z 世代の価値観を見るに，
時代は着実にその方向に変化している．人間観の更新だけではなく，それに合
わせて社会制度も変えていく必要がある．一つの身体に一つの自己という前提

に依拠した現在の法制度・社会制度では，アバターを使った遠隔就労ですら難しい位置づけにあり，アバターによる自己変容や，分身や合体といった新しい身体のあり方のもとで行われる活動を扱いきれない可能性が高い．こうした社会制度の変革には時間を要するが，すでに萌芽的な取り組みは始まっている（サイバネティック・アバター社会研究会，2021）．

　人間の身体と知能や心のあり方の制約を解放する新しい技術と知恵をわれわれの幸せにつなげていくには，一貫した自己ではなく，不断に変化し続ける新しい自己のあり方の中で，われわれが何に喜びや幸せを感じるのかを考え，それを担保するために人間と社会がどうあるべきかを，皆で再考していく必要がある．

引用文献

Adam, H., & Galinsky, A. D. (2012). Enclothed cognition. *Journal of Experimental Social Psychology, 48(4)*, 918–925.

Ahn, S. J., Le, A. M. T., & Bailenson, J. (2013). The effect of embodied experiences on self-other merging, attitude, and helping behavior. *Media Psychology, 16(1)*, 7–38.

Aymerich-Franch, L., & Bailenson, N. J. (2014). The use of doppelgangers in virtual reality to treat public speaking anxiety: A gender comparison. *Proceedings of the International Society for Presence Research Annual Conference*, pp.1–28.

Azmandian, M., Hancock, M., Benko, H., Ofek, E., & Wilson, A. D. (2016). Haptic retargeting: Dynamic repurposing of passive haptics for enhanced virtual reality experiences. *Proceedings of the 2016 chi conference on human factors in computing systems*, pp.1968–1979.

Bailenson, N. J., & Segovia, K. Y. (2010). Virtual doppelgangers: Psychological effects of avatars who ignore their owners. In W. Bainbridge (Ed.), *Online worlds: Convergence of the real and the virtual* (pp.175–186). Springer.

Banakou, D., Groten, R., & Slater, M. (2013). Illusory ownership of a virtual child body causes overestimation of object sizes and implicit attitude changes. *Proceedings of the National Academy of Sciences of the United States of America, 110(31)*, 12846–12851.

Banakou, D., Hanumanthu, P. D., & Slater, M. (2016). Virtual embodiment of white people in a black virtual body leads to a sustained reduction in their implicit racial bias. *Frontiers in Human Neuroscience, 10*, 601.

Banakou, D., Kishore, S., & Slater, M. (2018). Virtually being Einstein results in an improvement in cognitive task performance and a decrease in age bias. *Frontiers in Psychology, 9*, 917.

Bandura, A. (1977). *Social learning theory*. Prentice Hall.

Bandura, A. (2009). Social cognitive theory of mass communication. In J. Bryant & M. B. Oliver (Eds.), *Media effects: Advances in theory and research* (*3rd ed.*) (pp. 94–124). Routledge.

Banks, J. (2015). *Object, me, symbiote, other: A social typology of player-avatar relationships*. First Monday.

Batson, C. D., Early, S., & Salvarani, G. (1997). Perspective taking: Imagining how another feels versus imagining how you would feel. *Personality & Social Psychology Bulletin, 23*, 751–758.

Baumeister, R. F. (Ed.). (1999). *The self in social psychology*. Psychology Press.

Bem, D. J. (1972). Self-perception theory. *Advances in Experimental Social Psychology, 6*, 1–62.

Braun, V., & Clarke, V. (2006). Using thematic analysis in psychology. *Qualitative Research in Psychology, 3(2)*, 77–101.

Cascio, C. J., Moore, D., & McGlone, F. (2019). Social touch and human development. *Developmental Cognitive Neuroscience, 35*, 5–11.

Clark, O. J. (2020). How to kill a Greek god: A review, critique, and meta-analysis of 14 years of Proteus effect research. https://osf.io/9b5fm

Cohn, P. J., Rotella, R. J., & Lloyd, J. W. (1990). Effects of a cognitive-behavioral intervention on the preshot routine and performance in golf. *The Sport Psychologist, 4 (1)*, 33–47.

サイバネティック・アバター社会研究会 (2021). https://ifi.u-tokyo.ac.jp/projects/cybernetic-avatar-society-study/

Dolinski, D. (2010). Touch, compliance, and homophobia. *Journal of Nonverbal Behavior, 34(3)*, 179–192.

Emery, L. F., Walsh, C., & Slotter, E. B. (2015). Knowing who you are and adding to it: Reduced self-concept clarity predicts reduced self-expansion. *Social Psychological and Personality Science, 6(3)*, 259–266.

Fox, J., & Bailenson, J. N. (2009). Virtual self-modeling: The effects of vicarious reinforcement and identification on exercise behaviors. *Media Psychology, 12*, 1–25.

Freeman, G., & Maloney, D. (2021). Body, avatar, and me: The presentation and perception of self in social virtual reality. *Proceedings of the ACM on Human-Computer Interaction, 4 (CSCW3)*, pp.1–27.

Fribourg, R., *et al.* (2020). Virtual co-embodiment: Evaluation of the sense of agency while sharing the control of a virtual body among two individuals. *IEEE Transactions on Visualization and Computer Graphics, 27(10)*, 4023–4038.

藤澤覚司・上田祥代・杉本麻樹・稲見昌彦・北崎充晃 (2018). 共有身体による身体所有感覚と行為主体感 第 23 回日本 VR 学会大会, 33E-5.

Haans, A., & Ijsselsteijn, W. (2006). Mediated social touch: a review of current research and future directions. *Virtual Reality, 9(2)*, 149–159.

Hagiwara, T., Ganesh, G., Sugimoto, M., Inami, M., & Kitazaki, M. (2020). Individuals prioritize the reach straightness and hand jerk of a shared avatar over their own.

Iscience, 23(12), 101732.

Hapuarachchi, H., Gowrishankar, G., & 北崎充晃（2020）．左右身体の統合による共有身体の身体性　第 25 回日本 VR 学会大会，3C3-4.

畑田裕二・吉田成朗・鳴海拓志・葛岡英明（2021）．自己アバターの三人称視点操作を用いた self-distancing　日本 VR 学会論文誌，*26(3)*, 198-207.

Hatada, Y., Yoshida, S., Narumi, T., & Hirose, M.（2019）．Double shellf: What psychological effects can be caused through interaction with a doppelganger? *Proceedings of the 10th Augmented Human International Conference*, pp.1-8.

Herrera, F., Bailenson, J., Weisz, E., Ogle, E., & Zaki, J.（2018）．Building long-term empathy: A large-scale comparison of traditional and virtual reality perspective-taking. *PloS One, 13(10)*, e0204494.

Herruer, J. M., Prins, J. B., van Heerbeek, N., Verhage-Damen, G. W., & Ingels, K. J.（2015）．Negative predictors for satisfaction in patients seeking facial cosmetic surgery: a systematic review. *Plastic and Reconstructive Surgery, 135(6)*, 1596-1605.

Hershfield, H. E., *et al.*（2011）．Increasing saving behavior through age-progressed renderings of the future self. *Journal of Marketing Research, 48(SPL)*, S23-S37.

Hooke, T.（1665）．*Micrographia: Or, some physiological descriptions of minute bodies made by magnifying glasses.* J. Martyn and J. Allestry.

van der Hoort, B., & Ehrsson, H. H.（2011）．The size of one's own body determines the perceived size of the world. *PLoS ONE, 6(5)*, e20195.

van der Hoort, B., &Ehrsson, H. H.（2014）．Body ownership affects visual perception of object size by rescaling the visual representation of external space. *Attention, Perception, and Psychophysics, 76(5)*, 1414-1428.

池田華子・吉田成朗・新井智大・鳴海拓志（2021）．加工自己顔へのメイクアップ実施体験——提案されたメイクアップスタイルへの積極的受容促進方法の提案　日本 VR 学会論文誌，*26(1)*, 42-51.

Ito, R., Ogawa, N., Narumi, T., & Hirose, M.（2019）．Do we have to look at the mirror all the time? Effect of partial visuomotor feedback on body ownership of a virtual human tail. *ACM Symposium on Applied Perception 2019*, pp.1-9.

伊東亮太・小川奈美・鳴海拓志・廣瀬通孝（2020）．融合身体を用いた身体スキル伝達に関する基礎調査　第 25 回日本 VR 学会大会，3C3-7.

Johnson, K., Lennon, S. J., & Rudd, N.（2014）．Dress, body and self: Research in the social psychology of dress. *Fashion and Textiles, 1*, 20.

Kanaya, S., Matsushima, Y., & Yokosawa, K.（2012）．Does seeing ice really feel cold? Visual-thermal interaction under an illusory body-ownership. *PLoS One, 7(11)*, e47293.

Kasahara, S., *et al.*（2017）．Malleable embodiment: Changing sense of embodiment by spatial-temporal deformation of virtual human body. *Proceedings of the 2017 CHI Conference on Human Factors in Computing Systems*, pp.6438-6448.

川瀬佑司他（2016）．Mob scene filter——顔部位の形状・位置変形を利用した他人顔変換手法　日本 VR 学会論文誌，*21(3)*, 483-492.

木戸彩恵（2020）．衣服（アウター）　鈴木公啓（編），装いの心理学——整え飾るこころと行動（pp.41–51）　北大路書房

木戸彩恵・やまだようこ（2012）．ナラティヴとしての女性の化粧行為　パーソナリティ研究，*21*(*3*)，244–253.

Kieliba, P., Clode, D., Maimon-Mor, R. O., & Makin, T. R. (2021). Robotic hand augmentation drives changes in neural body representation. *Science Robotics*, *6*(*54*), eabd7935.

Kilteni, K., Bergstrom, I., & Slater, M. (2013). Drumming in immersive virtual reality: The body shapes the way we play. *IEEE Transactions on Visualization and Computer Graphics*, *19*(*4*), 597–605.

Krol, S. A., Thériault, R., Olson, J. A., Raz, A., & Bartz, J. A. (2020). Self-concept clarity and the bodily self: Malleability across modalities. *Personality and Social Psychology Bulletin*, *46*(*5*), 808–820.

Kross, E., & Ayduk, O. (2017). Self-distancing: Theory, research, and current directions. *Advances in Experimental Social Psychology*, *55*, 81–136.

Lane, J., Lane, A. M., & Kyprianou, A. (2004). Self-efficacy, self-esteem and their impact on academic performance. *Social Behavior and Personality*, *32*(*3*), 247–256.

Lebedev, M. A., & Nicolelis, M. A. (2017). Brain-machine interfaces: From basic science to neuroprostheses and neurorehabilitation. *Physiological Reviews*, *97*(*2*), 767–837.

Lécuyer, A., Coquillart, S., Kheddar, A., Richard, P., & Coiffet, P. (2000). Pseudo-haptic feedback: Can isometric input devices simulate force feedback? *Proceedings of IEEE Virtual Reality 2000*, pp.83–90.

Li, B. J., & Kyung Kim, H. (2021). Experiencing organ failure in virtual reality: Effects of self-versus other-embodied perspective taking on empathy and prosocial outcomes. *New Media & Society*, *23*(*8*), 2144–2166.

Lu, Z., Shen, C., Li, J., Shen, H., & Wigdor, D. (2021). More *kawaii* than a real-person live streamer: Understanding how the otaku community engages with and perceives virtual YouTubers. *Proceedings of the 2021 CHI Conference on Human Factors in Computing Systems*, pp.1–14.

Mado, M., Herrera, F., Nowak, K., & Bailenson, J. (2021). Effect of virtual reality perspective-taking on related and unrelated contexts. *Cyberpsychology, Behavior, and Social Networking*, *24*(*12*), 839–845.

Maloney, D., & Freeman, G. (2020). Falling asleep together: What makes activities in social virtual reality meaningful to users. *Proceedings of the Annual Symposium on Computer-Human Interaction in Play*, pp.510–521.

Martingano, A. J., Hererra, F., & Konrath, S. (2021). Virtual reality improves emotional but not cognitive empathy: A meta-analysis. *Technology, Mind and Behavior, 2*(*1*). doi: 10.1037/tmb0000034

McCain, J., Ahn S. J., & Campbell, W. K. (2018). Is desirability of the trait a boundary condition of the Proteus effect? A pilot study. *Communication Research Reports*, *35*(*5*), 445–455.

美崎栄一郎・池田浩・今井健雄（2014）．視線追跡を用いた化粧品使用実態観察日本化粧品技術者会誌, *46(2)*, 108–112.

Mohler, B. J., Creem-Regehr, S. H., Thompson, W. B., & Bulthoff, H. H.（2010）. The effect of viewing a self-avatar on distance judgments in an HMD-based virtual environment. *Presence: Teleoperators and Virtual Environments, 19(3)*, 230–242.

Nakazato, N., *et al.*（2014）. Smart Face: Enhancing creativity during video conferences using real-time facial deformation. *Proceedings of the 17th ACM conference on Computer Supported Cooperative Work & Social Computing*, pp.75–83.

鳴海拓志（2018）．クロスモーダル知覚のインタフェース応用　映像情報メディア学会誌, *72(1)*, 2–7.

Narumi, T.（2021）. Ghost engineering: Technologies for designing ourselves via embodied interaction. *Proceedings of the 9th International Conference on Human-Agent Interaction*, p.2.

Ogawa, N., Narumi, T., & Hirose, M.（2018）. Object size perception in immersive virtual reality: Avatar realism affects the way we perceive. *Proceedings of IEEE Virtual Reality*, pp.647–648.

Ogawa, N., Narumi, T., & Hirose, M.（2020a）. Effect of avatar appearance on detection thresholds for remapped hand movements. *IEEE Transactions on Visualization and Computer Graphics, 27(7)*, 3182–3197.

Ogawa, N., Narumi, T., Kuzuoka, H., & Hirose, M.（2020b）. Do you feel like passing through walls? Effect of self-avatar appearance on facilitating realistic behavior in virtual environments. *Proceedings of the 2020 CHI Conference on Human Factors in Computing Systems*, pp.1–14.

Osimo, S. A., Pizarro, R., Spanlang, B., & Slater, M.（2015）. Conversations between self and self as Sigmund Freud: A virtual body ownership paradigm for self counselling. *Scientific Reports, 5(1)*, 1–14.

Oyanagi, A., *et al.*（2021）. Impact of long-term use of an avatar to IVBO in the social VR. *International Conference on Human-Computer Interaction*, pp.322–336.

小柳陽光・鳴海拓志・安藤英由樹・大村廉（2020a）．ドラゴンアバタを用いたプロテウス効果の生起による高所に対する恐怖の抑制　日本 VR 学会論文誌, *25(1)*, 2–11.

小柳陽光・鳴海拓志・大村廉（2020b）．ソーシャル VR コンテンツにおける普段使いのアバタによる身体所有感と体験の質の向上　日本 VR 学会論文誌, *25(1)*, 50–59.

Oyanagi, A., & Ohmura, R.（2019）. Transformation to a bird: Overcoming the height of fear by inducing the proteus effect of the bird avatar. *Proceedings of the 2nd International Conference on Image and Graphics Processing*, pp.145–149.

Penaloza, C. I., & Nishio, S.（2018）. BMI control of a third arm for multitasking. *Science Robotics, 3(20)*, eaat1228.

Prattichizzo, D., *et al.*（2021）. Human augmentation by wearable supernumerary robotic limbs: Review and perspectives. *Progress in Biomedical Engineering, 3(4)*, 042005.

Renner, R. S., Velichkovsky, B. M., & Helmert J. R.（2013）. The perception of egocentric distances in virtual environments: A review. *ACM Computing Surveys, 46(2)*, 1–40.

Rosenberg, R. S., Baughman, S. L., & Bailenson, J. N. (2013). Virtual superheroes: Using superpowers in virtual reality to encourage prosocial behavior. *PLoS ONE, 8(1)*, e55003.

Saffo, D., Di Bartolomeo, S., Yildirim, C., & Dunne, C. (2021). Remote and collaborative virtual reality experiments via social VR platforms. *Proceedings of the 2021 CHI Conference on Human Factors in Computing Systems*, pp.1–15.

Sankai, Y., & Sakurai, T. (2018). Exoskeletal cyborg-type robot. *Science Robotics, 3(17)*, eaat3912.

Schwind, V., *et al.* (2017). "These are not my hands!": Effect of gender on the perception of avatar hands in virtual reality. *Proceedings of the 2017 CHI Conference on Human Factors in Computing Systems*, pp.1577–1582.

Seta, K., *et al.* (2018). Divided presence: Improving group decision-making via pseudo-population increase. *Proceedings of the 6th International Conference on Human-Agent Interaction*, pp.260–268.

Slater, M., & Banakou, D. (2021). The golden rule as a paradigm for fostering prosocial behavior with virtual reality. *Current Directions in Psychological Science, 30(6)*, 503–509.

Slater, M., Spanlang, B., Sanchez-Vives M. V., & Blanke, O. (2010). First person experience of body transfer in virtual reality. *PLoS ONE, 5(5)*, e10564.

Slepian, M. L., & Ambady, N. (2012). Fluid movement and creativity. *Journal of Experimental Psychology: General, 141(4)*, 625–629.

Snyder, M., & Swann Jr, W. B. (1978). Behavioral confirmation in social interaction: From social perception to social reality. *Journal of Experimental Social Psychology, 14(2)*, 148–162.

Sumida, K., Ogawa, N., Narumi, T., & Hirose, M. (2019). Proteus effect of a muscular avatar on weight perception in virtual reality. ACM Symposium on Applied Perception 2019.

Suzuki, K., *et al.* (2016). Gender-impression modification enhances the effect of mediated social touch between persons of the same gender. *Augmented Human Research, 1(1)*, 1–11.

Suzuki, K., *et al.* (2017). FaceShare: Mirroring with pseudo-smile enriches video chat communications. *Proceedings of the 2017 CHI Conference on Human Factors in Computing Systems*, pp.5313–5317.

Swann, W. B., & Read, S. J. (1981). Self-verification processes: How we sustain our self-conceptions. *Journal of Experimental Social Psychology, 17*, 351–372.

田上翔一・吉田成朗・鳴海拓志・谷川智洋・廣瀬通孝（2017）．擬似成功体験を用いたスポーツパフォーマンス向上手法の提案　第21回日本VR学会大会論文集，3F2–01.

Tagami, S., *et al.* (2017). Routine++: Implementing pre-performance routine in a short time with an artificial success simulator. *Proceedings of the 8th Augmented Human*

International Conference, p.18.

Tajadura-Jiménez, A., Banakou, D., Bianchi-Berthouze, N., & Slater, M.（2017）. Embodiment in a child-like talking virtual body influences object size perception, self-identification, and subsequent real speaking. *Scientific Reports, 7(1)*, 9637.

Takada, K., *et al.*（2021）. Parallel ping-pong: Exploring parallel embodiment through multiple bodies by a single user. *Augmented Humans 2022*, pp.121–130.

Takeuchi, K., Yamazaki, Y., & Yoshifuji, K.（2020）. Avatar work: Telework for disabled people unable to go outside by using avatar robots. *Companion of the 2020 ACM/IEEE International Conference on Human-Robot Interaction*, pp.53–60.

内村直之他（2016）.「認知科学のススメ」シリーズ1 はじめての認知科学 新曜社

Umezawa, K., Suzuki, Y., Ganesh, G., & Miyawaki, Y.（2022）. Bodily ownership of an independent supernumerary limb: An exploratory study. *Scientific Reports, 12(1)*, 2339.

Valins, S.（1966）. Cognitive effects of false heart-rate feedback. *Journal of Personality and Social Psychology, 20(2)*, 121–147.

Van Gelder, J. L., Cornet, L. J., Zwalua, N. P., Mertens, E. C., & van der Schalk, J.（2022）. Interaction with the future self in virtual reality reduces self-defeating behavior in a sample of convicted offenders. *Scientific Reports, 12(1)*, 2254.

Wen, W., Yamashita, A., & Asama, H.（2015）. The sense of agency during continuous action: Performance is more important than action-feedback association. *PLoS ONE, 10(4)*, e0125226.

やまだようこ（2006）. 質的心理学とナラティヴ研究の基礎概念——ナラティヴ・ターンと物語的自己 心理学評論, *49*, 436–461.

Yee, N., & Bailenson, J.（2007）. The Proteus effect: The effect of transformed self-representation on behavior. *Human Communication Research, 33(3)*, 271–290.

Yee, N., & Bailenson, J. N.（2009）. The difference between being and seeing: The relative contribution of self-perception and priming to behavioral changes via digital self-representation. *Media Psychology, 12(2)*, 195–209.

Yoshida, S., Sakurai, S., Narumi, T., Tanikawa, T. & Hirose, M.（2013）. Manipulation of an emotional experience by real-time deformed facial feedback. *4th Augmented Human International Conference*, pp.35–42.

吉村浩一（2008）. 逆さ眼鏡の世界への完全順応 *VISION, 20(1)*, 1–7.

田中彰吾

1 心の科学と身体性の問題

認知科学の始まりを振り返る

　読者もご存じの通り，認知科学は心の本性を理解しようとする分野横断的な
試みであり，心理学・神経科学・人工知能・ロボティクス・哲学などへと関連
分野は広がっている．だが，豊かな広がりを持ち過ぎていることもあって歴史
的な出自が忘れられているようにも見えるので，ここで確認しておこう．

　認知科学の誕生にとって重要な歴史的背景となっているのは，1940 年代か
ら 50 年代にかけての計算機開発とそれに伴う「情報処理（information process-
ing）」という観点の発展だった（Abrahamsen & Bechtel, 2012; Gardner, 1985）．
計算機は，入力された情報を数値の演算規則に基づいて処理し，その結果を出
力として表示する．人間の心もまた，外界から知覚とともに入力された情報を，
記憶との照合，推論，判断，意思決定などの一定の処理を経て，行為として出
力している．心の活動は計算機が得意とする数値の演算とは種類が異なるかも
しれないが，広義の情報処理として理解できそうである．

　会話を例にとるとわかりやすいだろう．たとえば，友人との会話中に「外で
雨が降り始めましたね」と言われる．あなたは気づいていなかったが，その一
言をきっかけに窓の外を見ると，たしかに傘を差して通り過ぎる人が見えたり，
窓についた雨粒が見えたりする．それを確認してあなたはやや困惑した表情を
浮かべ，友人に「そうみたいですね」と答える．

　この 1 回の言葉のやりとりには，入力から出力までの一連の情報処理過程が
含まれている．相手と会話するあなたの心では，相手の言葉を聞く「知覚」，

言葉の意味がわかる「理解」，実際に雨が降っていることを確かめる「判断」，雨が降っているという事実が喚起する「感情」，相手にどう応答するか組み立てる「意思決定」といった処理が生じているだろう（あなたがこの過程を明確に自覚しているかどうかは別として）．こうした情報処理の結果，「外で雨が降り始めましたね」という情報の入力は，「そうみたいですね」という情報の出力に変換される．

心の活動は数値の演算とは違ったタイプの情報処理に見える．だが，意味ある情報を次々に変換して，知覚（入力）を行為（出力）に結びつける過程があることは確かだろう．では，それを情報処理として理解する試みを推し進める上で，どのような考え方を基盤に据えればいいのだろうか．それは主に，外界を心的に表す「表象」，表象に基づく情報処理を支える「計算のモデル」，さらには表象の相互関係を支える「知識のシステム」といった考え方である（Abrahamsen & Bechtel, 2012；鈴木，2016；徃住，1991）．

すべての活動は，外界の事物や出来事を心的に表す「表象（representation）」に基づいて成立しているだろう．表象は言語のように記号的なものの場合もあれば，視覚的なイメージの場合もあるが，いずれにせよ外界を内的に再現・代理・表現する（英語ではすべて‘represent’である）ものである．表象が処理される過程で，記憶・推論・感情など，各種の心の活動が展開するが，それらは一定の独立性を持つモジュールでなされているように見える．だとすると，それぞれのモジュールにおける情報処理を支える計算モデル（たとえば推論のモデルや記憶のモデルなど）があると考えられる．また，心的な表象が，言語のように有意味な仕方で処理されるには，それに意味を与える膨大な背景的知識のシステムが心の内部に保存されている必要があるだろう．

1950〜60年代の草創期における認知科学の成果は，これらの要因について何らかの新規性を打ち出すことで達成されたものばかりである．たとえば，人間の問題解決を模倣するよう設計されたプログラムで，世界初の人工知能と呼ばれた‘Logic Theorist’（Newell & Simon, 1956），短期記憶のメカニズムは一定の情報のまとまりであるチャンクに基づくもので，保持できるチャンクは7±2であると主張したジョージ・ミラーの「マジカルナンバー」説（Miller, 1956），言語機能の生得性を仮定して，人間の脳に実在する言語機能を解明することを

目指すノーム・チョムスキーの生成文法（Chomsky, 1965）などがそうである.

行動主義と認知主義

　より広く「心の科学」の歴史に沿って認知科学の登場を振り返ると, 情報処理的観点に沿った心の解明という方法論は, それまでの「行動主義（behaviorism）」と対比して「認知主義（cognitivism）」と呼びうる意義を持つものだった.

　これも読者には周知のことかもしれないが, 行動主義はジョン・ワトソンに始まる心理学の方法論で, 刺激と反応を結ぶ条件反射の回路をもとに心を理解しようとした立場である. 1924 年に刊行された彼の著作を参照すると, 行動主義の立場をよく理解することができる（Watson, 1924）.

　ワトソンの考えるところによると, 物理学や化学のような自然を対象とする近代科学が成功したのに対して, 心を対象とする心理学は未だ成功していない. その最大の理由は, ヴィルヘルム・ヴントに始まる心理学がその研究領域を「意識」に定めたこと, また, 意識を研究する方法を心理学者自身が行う「内観」に求めたことにある. だが, 心理学を真に科学的と呼びうる試みにするには, 内観という主観的方法に頼るのではなく, 客観的に観察可能な事実だけに基づく方法を確立する必要がある.

　人間や動物を対象とするなら, そのような事実は「行動」に求められる. 自然現象が原因と結果の連鎖において法則的に生起するのと同じように, 生物全般は刺激を与えられると決まった仕方で反応し, その習慣的回路を通じて環境に適応している. このような「刺激」と「反応」の総体を「行動」ととらえることができる. この種の行動は, 動物の場合には, 生得的に備わる「反射」, または学習を通じて確立された習慣的な「条件反射」として成立している. 人間の行動は一見すると自由意志に基づくように見えるが, 理論的には高度な条件反射の組み合わせとして理解することができるだろう.

　このような立場に立つなら, 心理学は, 観察不可能な「意識」を理解しようとして内観に頼る必要はもはやない. 刺激が生じさせる反応の範囲, 刺激が繰り返されることで形成される習慣, 習慣の持続性, 習慣を強化する特定の報酬, こういった要因を実験的に明らかにすればよい. そうすれば, 究極的には刺激

から反応を予測し，反応から元の刺激を逆算することも可能になり，心理学は完成された科学に脱皮することができるだろう．

　行動主義の立場をこのように要約すれば，認知科学の登場が持っていた意義もまた明確になる．端的に言って，行動主義は有機体に外部から入力される「刺激」と外部に出力される「反応」の関係を法則的に理解することにのみ主眼を置いており，有機体の内部で進行しているはずの心的な過程を不問に付した．これに対して認知主義は，「情報処理」という観点に立脚し，行動主義が放置した内的過程を，特定のモデルに沿って心的表象が処理される計算過程として理解しようとしたのである．

哲学的に整理すると……

　認知主義と行動主義は対立しているようにも見えるし，補完し合っているようにも見える．一方で，行動主義が有機体の内的過程を無視したのに対抗して，認知主義はその内的過程を「心」として取り出し，心的表象の計算過程として理解しようとした，という見方ができる．だが他方で，科学的であろうとする時代の制約の中で行動主義が棚上げした主観的過程に，計算機の開発という時代の追い風を受けて認知科学が新たに迫ろうとした，という見方もできる．

　この点をめぐる理解は個別の学派や研究者によって様々であろうが，哲学的に整理すると，どちらの見方にも問題視すべき共通の前提がある．それは，外部から観察可能なものを有機体の「身体」に見出し，内的で主観的に接近するしかないものを「心」に重ね合わせる思考である．このような思考は，哲学的には「心身二元論」と呼ばれる考え方を色濃く受け継いでいる．

　近代哲学の祖と言われるルネ・デカルトは，われわれが確実に認識できる知識の基礎を求めて，この世界を構成する実体を「精神」と「物体」という2種類に区別した（Descartes, 1641）．精神は，自己自身について意識するところの「思考」と呼ばれる作用をその原理とする実体であるのに対して，物体は，縦・横・深さという三次元の座標空間に姿を現す「延長」をその原理とする実体である．

　このような区別を立てると，当然のことながら，人間の身体もまた延長を備えているため，精神とは異なる物体の側に分類されることになる．物体として

の身体は，三次元の空間に現れるものであり，他の物体と同じようにかたち・色・固さ・運動などの性質を備えている．身体を理解することは，他の様々な物体が相互作用し合う自然界の内部にそれを位置づけ，機械論的な観点から身体の形態や運動を説明することに他ならない（Descartes, 1644）．

　他方で，デカルトが精神の働きの根幹に見出した「私は考える（I think/Cogito）」という思考の作用は明らかに主観的なものであって，「私」だけがその作用に接近することができる私秘的な性格を持っていることになる．デカルトが「精神」とした実体の作用には，現代のわれわれが「心」に帰属させている大半の作用が含まれている．感覚，思考，情動などである．デカルトは晩年，情動と欲望の作用に着目して精神と身体が緊密に結合して働く心身合一についても論じているが（Descartes, 1649），後世の哲学と科学に圧倒的な影響を残したのは心身二元論の立場だった．

　いずれにせよ，近代の哲学と科学の出発点に据えられた心身二元論を振り返ると，今日のわれわれが取り組んでいる「心の科学」が，その方向づけや枠組みの設定において深く心身二元論に規定されていることが改めてよくわかる（Gibbs, 2006；高橋, 2016）．行動主義は，心を私秘的なものという前提で見ていたために，公共的に観察可能な身体に着目することで，「刺激」と「反応」を結ぶ条件反射の回路として心を解明しようとしたのである．他方，認知主義は，行動主義がとらえ損ねた有機体の内的過程に「表象」と「計算」という観点から迫ろうとしたのはよかったが，それが純粋に心的で身体から独立した過程であると見なす傾向があり，これが第一世代の認知科学に限界をもたらすことになった．

心身二元論がもたらした問題

　20世紀半ばに活躍したイギリスの哲学者ギルバート・ライルは，デカルトに見られるような，近代の人間観の底流をなす心身二元論を批判して，「機械の中の幽霊」と称している（Ryle, 1949）．人間を精神と身体に区別し，一方で身体の働きを機械論的な観点から説明すると，単純な因果関係に還元できない熟練された行為や，状況から創発する自発的なふるまいを理解することはできなくなる．人間が示すそうした局面を理解するには，機械としての身体とは別

235

物の精神を仮定し，それを身体の内部に潜む「幽霊」のようなものとして描写する以外になくなる，というのが彼の批判の趣旨である．

　認知科学もこのような構えを払拭できない限り，せっかく有機体内部の「心」を情報処理装置として説明できたとしても，今度は「心」という機械の内部に潜むさらなる「幽霊」を求めて無限後退に陥ることになるだろう．たとえば，「思考」を心的表象の計算過程として説明することができたとしても，それが機械論的に説明される限り，その計算過程を引き起こす真の主体は誰か，ということが問題にならざるをえない．あるいは，脳から発せられる運動指令が末梢の身体運動を引き起こすということが説明できても，それが機械論的な説明を出ない限り，今度は運動指令を出すのは誰かが問題になる（これは「脳の中の小人」＝ホムンクルスとしてしばしば指摘される論点である）．

　この文脈の上で，認知科学の限界をめぐって論じられた他の問題にも言及しておくのがいいだろう．一つは記号接地問題である（Harnad, 1990）．心の働きを表象の計算過程と見なし，コンピュータによってそれをモデル化すると，モデルそのものは具体的な環境に立脚している身体から切り離されてしまうため，表象（あるいは記号）がどのような実在物を指示していたのかが不明になる．人間の知性を人工知能で再現しようとする研究を通じて，記号の接地は具体的な問題（人工知能には記号の意味が理解できないこと）として現れた．身体と一体になって働いている人間の心にとって，表象（記号）が環境の中に実在する何かを指示するのは自明のことだが，身体から切り離された心をモデル化することで，人間の知性が依拠する暗黙の前提が改めて問題になって出現してくるのである．

　もう一つはフレーム問題である（Dennett, 1984; McCarthy & Hayes, 1969）．現実の人間の行為は常に具体的な環境の文脈の上で遂行されており，行為の遂行にとってどの程度の範囲で環境的要因を考慮しておけばよいかという枠組み（フレーム）の設定は，暗黙のうちに処理されている．たとえば，近所のスーパーに買い物に行く場合，途中で雨が降る・知り合いに遭遇する・道路が工事中で迂回せねばならない・スーパーが閉まっている・スーパーは開いているが目的物が見つからない・別の店でほしいものを見かける・通り魔に襲われる・客がいつもより多い・買い物中に電話がかかってくる，といった種々の事態が生

じうる．行為の文脈を形成するこれらの情報の中には，行為とは無関係で無視してよいものもあれば，行為に影響を与える可能性があり配慮せねばならないもの，行為遂行とともに副次的に発生するものまで，様々な性質のものがある．

記号の接地と同じで，人間は身体を通じて環境に埋め込まれており，環境との相互作用を通じて形成された文脈をすでに保持しているため，どのようなフレームを設定して行為すればよいかは事前に理解できている．だが，これは過去の行為を通じて形成された一種の暗黙知であって，行為する人間自身もどこまでが自分の設定しているフレームなのかを明確には理解できていない．そのため，哲学者のダニエル・デネットが指摘している通り（Dennett, 1984），人工知能を実装したロボットを活動させるといった認知科学の応用研究では，フレーム問題が露呈してロボットが設計通りに動かないという事態に陥ることになる．

「私は考える」から「私はできる」の認知科学へ

以上のように振り返ると，20世紀後半に認知科学が徐々に形成され発展していく過程で，「心的表象に基づく内的な計算過程」という心の見方に内在する問題点が露呈してきたとの歴史的な整理ができる．認知科学がその始まりの時点で潜在的に抱えていた理論的な問題点は主に二つある．①心を身体から独立した内的過程とする見方，および，②身体が立脚する環境から独立したものとして心的過程をモデル化する見方，である（Pfeifer & Scheier, 1999）．このような問題認識は1980年代を通じて広く共有されるようになり，身体と切り離されない仕方で認知活動を理解しようとする「身体性認知科学」の試みが，1990年代に入る頃には確立された．

身体性認知科学については次節で論じることにして，身体と切り離さずに心をとらえる見方に先鞭をつけた哲学者であるモーリス・メルロ＝ポンティについてここで触れておこう．先に述べた通り，デカルトは心の働きの根幹に「私は考える（I think）」という主観的な思考の作用を見出したが，メルロ＝ポンティはこれに対比させて「私はできる（I can）」という表現を用いている（Merleau-Ponty, 1945）．なお，この表現はもともとメルロ＝ポンティが依拠した哲学者エトムント・フッサールに由来する（Husserl, 1952）．

デカルトのような二元論的な発想に立たずに心を理解するには，心の機能が
そこに根ざしている身体の働きをとらえなければならない．身体は，環境との
相互作用を通じて，一見したところ機械的に作動する習慣を蓄積しているかと
思うと，環境の変化に柔軟に対応して創造的に新たな行為を生み出すこともあ
る．ただ，いずれにしても，そのつど与えられた環境に対して行為を通じて応
答するのが身体の根源的なあり方であり，それは学習されたスキルに基づく行
為の能力によって支えられている．

だとすると，われわれが理解せねばならないのは，与えられた環境の中で発
揮される「私はできる」という行為の能力である．行為の能力は「心―身体―
環境」という全体的な系の中で実現しているスキルであり，スキルは学習によ
って洗練されることもあれば，脳や身体の損傷によって破壊されることもある．
だが，われわれが「心」として理解しているものの根幹にあるのは，身体と環
境の相互作用を通じて発現する行為とその能力に他ならない．

「心の科学」が解明すべき「心」は「身体」とは別のものではない．そうで
あるならば，われわれが目指す「心の科学」は，心身全体の働きを環境という
文脈の中でとらえる包括的な「人間科学」でなければならないだろう．

2　身体性認知とは何か

認知は身体性に依存する

心の活動は身体に根ざしている．こうした考え方を広く「身体性認知（em-
bodied cognition）」と呼ぶが，より正確には，世界についての認知がエージェ
ントの身体性に依存する，という考え方を指す（Foglia & Wilson, 2013）．簡単
な例を一つ挙げてみよう．ヒトと比べて，ウマの視野はかなり広い．顔の形状
が大きく異なるからである．ヒトの眼球は，平板な顔の前側についているのに
対し，ウマの眼球は長く突出した鼻をはさむようにして顔の両側についている．
当然のことながら，ヒトの両眼視野はおよそ 200° の広がりしかないのに対し
て，ウマでは 350° に広がっている．つまり，ヒトとウマでは「眼球の配置」
という身体構造が異なり，それに依存して視覚的に認知できる世界のあり方も
大きく違っている，ということである．

　この事例のように，身体構造と知覚の関係に着目すれば，エージェントの認知がその身体性に依存するということは自明である．ただし，身体性認知という場合の「認知」は何も知覚だけを意味するわけではないし，「身体性」もまた身体構造だけを意味するものではない．1990年代以降，フランシスコ・ヴァレラとともに身体性認知を牽引してきた哲学者エヴァン・トンプソンは，身体性認知アプローチの特徴を次のように簡潔に要約している．

　　「身体化されたアプローチの中心的な考えは，認知とは，状況に立脚した身体的行為におけるたくみな方法知（know-how）の実践である，ということにある」（Thompson, 2007, p. 11）．

　この要約の背後には，メルロ＝ポンティが凝縮して表現した「私はできる」の哲学がある．身体性とは，単にエージェントの身体の形態や構造を意味するのではない．エージェントが環境の中で遂行するスキルフルな行為こそ，身体性の核心である．したがって，そうした行為を支える方法についての知（know-how）は，身体性認知では重要な位置づけを持つことになる．実は，先に紹介した哲学者のライルもまた，われわれが保持する知には「内容知（knowing that）」と「方法知（knowing how）」があり，「心」の概念を検討する上で後者に着目することが重要だと指摘していた（Ryle, 1949）．

ヘルドとハインの古典的実験

　行為を支えるスキルと知覚の関係について，示唆に富む古典的な実験があるので，ここで改めて取り上げておこう．かつてリチャード・ヘルドとアラン・ハインは，視知覚を題材にして次のような実験を行っている（Held & Hein, 1963）．筒状の装置の中に2匹のネコをつなぎ，1匹は自足歩行可能な状態で，もう1匹は木箱の中に全身を入れて受動運動しか経験できない状態で，視覚刺激を与える（図8-1）．2匹は同じ母親から生まれたネコで，一定の運動能力が身につくまで光のない暗所で飼育されている．したがって，装置の壁面に反射する光が生まれて初めて受容する視覚刺激である．実験では，生後8～12週までの10組のネコが比較された．

　この状態で視知覚を学習させたところ，①視覚に誘導された足の配置（胴体を持って床に近づけていく時に着地準備のために脚を動かす動作），②視覚的断崖の

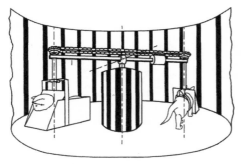

図 8-1　Held & Hein（1963）の視覚学習実験

回避（床下が見える透明なガラスの通路の前で立ち止まる），③接近する対象への瞬き反応（実験者が手を顔面に向かって近づけると瞬きして反応する），いずれのテストでも，受動運動のみで飼育されたネコは，適切に反応することがなかった．

　テストの結果が意味するところは明らかだろう．①〜③いずれの課題でも，焦点となっているのは奥行きの認知である．自足歩行を経験できたネコは，歩行することに関連づけて，環境の見え方が一定の規則とともに変動することを学習している．自ら歩行すると，視野の中で同一色の対象がより広い面積を占めたり，逆により狭い面積を占めたりする経験が生じる．この関連づけを通じて，自己身体が対象へと近づく，対象から遠ざかるという運動経験の意味が構成されるのである．③のテスト結果がわかりやすいが，運動経験のないネコにとっては，近づいてくる実験者の手は，視野の中で肌色の占める面積が平板に広がっていく事態としてのみ経験され，「対象が近づいてくる」という意味を持たないだろう．だから，対象と衝突しないように目を閉じるという瞬き反応を示さないのである．

　だとすると，エージェントが経験する奥行きの知覚は，環境内を自律的に動き回り，対象との距離を調整する身体的行為の能力に依拠していることになる．トンプソンは先の引用箇所で，エージェントの認知がたくみな方法知の実践であると指摘していた．ヘルドとハインの実験は，歩行するという運動スキルに依存して視知覚の内実が大きく変化することを示唆しているが，これと同様に，エージェントの身体に備わる無数のスキルが，認知を様々に変化させるのである．身体性認知のアプローチにおいて「エージェントの認知が身体性に依存する」と主張される場合，そこでの身体性は，身体の形態，構造，素材などに加えて，身体的行為，行為を支える種々の能力までを含むのである．

概念化仮説

　世界についての認知がエージェントの身体性に依存することを示す身体性認知の研究は，これまで様々に具体的な仕方で展開されてきている．Shapiro (2019) は，これらの研究を概観しながら，身体性認知科学が大別して次の三つの仮説のうちの一つ，または複数を扱う研究を展開してきたと指摘している．それは，①概念化，②置換，③構成の三つである．これら三つは，外界の表象の内的計算過程として認知をとらえる伝統的な認知主義に代わる観点をそれぞれの仮説において保持している．簡単に検討しておこう．

　第一は，「概念化仮説 (conceptualization hypothesis)」である．身体の構造や行為能力など，身体に備わる属性によって，有機体が世界を理解する仕方（世界を概念化する仕方）が制約されるという仮説を指す．この仮説の先駆として挙げられるのは，ジョージ・レイコフらが展開した認知意味論である (Lakoff & Johnson, 1980, 1999)．彼らによると，人が言語を用いて意味ある仕方で世界を理解したり思考を展開したりできることの根底には，言語使用に不可欠に伴うメタファーの機能がある．しかも，それらのメタファーのうち最も基本的なものは，もともと言語の規則それ自体に由来するのではなく，感覚運動メカニズムに由来する．身体が環境との間で経験する相互作用には，知覚と行為に含まれる一定の基本的なパターンないし型がある．「内―外」「近い―遠い」「前―後」「方向」「力」「バランス」などはそうした型の代表的なものである．

　これらは，言語表現を自ら組み立てたり理解したりする際の基礎的な型である「イメージ図式（イメージ・スキーマ：image schema）」として機能し，言語を意味あるものとして用いつつ世界を認知することを可能にする．たとえば，「家の前にイヌがいる」という表現で自分の知覚経験を言語化する場合，家とイヌの空間的関係を示す「前に」は客観的に実在するわけではない．自己身体を基準にして決まる「前―後」を家とイヌの空間的関係へと置き換えることで成立している．これだけではない．イメージ図式は物理的次元から心理的次元へと投射されることで，あらゆる隠喩表現の意味を支えている．たとえば「前向きに生きる」という表現は，身体行為の可能性がより豊かに開けている「前」という空間での経験のパターンが心理的次元に投射されることで，「人生の可能性がより豊かに開ける方向に向かいつつあることを信じて生きる」とい

う言葉の意味を構成しているのである.

イメージ図式の考え方を支持する具体的実験として，Glenberg & Kaschak (2002) の研究を挙げておく．「引き出しを閉じる」「ノートを手渡された」など，身体に対して求心的または遠心的な方向性を持つ文を用意し，その意味理解について，身体から遠いボタン，近いボタンを押して回答させる行為と組み合わせたところ，両者の方向性が一致する場合（「求心的方向性の文—近いボタン」「遠心的方向性の文—遠いボタン」の組み合わせ）で参加者の反応が有意に早いことを見出している．基本的な言葉の意味を理解する過程は，それと構造的な類似性を持つ感覚運動的過程によって支えられているのである.

身体と環境の相互作用を出発点として言語的な情報処理をとらえることの利点は，先に言及した記号接地問題を回避できることにある．人が使用する言語的な記号の意味は，世界内での感覚運動的経験に起源を持つ．環境と相互作用する際の知覚と行為の経験から，異なるモダリティを横断して生じるパターンが見出され，それが記号の表現する実在物の意味を支え，さらには，心理的次元でより高度に構造化された隠喩的な言語の意味を支えている．抽象的な言語の使用も，もともとは現実世界の知覚・行為と連続しており，世界にグラウンディングしているのである．逆に，記号を意味あるものとして利用できる認知エージェントは，記号と世界を媒介する身体と，その身体が具体的な環境の中に埋め込まれている（embedded）ことを必要とする.

置換仮説

第二は，「置換仮説（replacement hypothesis）」である．これは，世界についての心的表象の計算過程として認知を理解する従来の方法を，別の説明原理によって置き換えようとする仮説を指す．この仮説の代表例がダイナミカルシステム理論である．周知の通り，個々の要素に還元できない有機的なまとまりを持つ全体を「システム」と呼び，そのうち，時間の経過とともに一定の変化を示すものを「ダイナミカルシステム」と呼ぶ．身体性認知は，エージェントの身体が具体的な行為を介して環境と相互作用する過程に，認知の重要な局面を見出す．したがって，身体とそれを取り巻く環境をダイナミカルシステムととらえ，その全体が時間の経過とともに展開する様子を説明するアプローチがこ

こでは採用される.

　認知科学においてよく言及されるのは，Haken, Kelso, & Bunz（1985）による HKB モデルである．彼らは，両手の人差し指をメトロノームに合わせて左右に振る実験を行い，そこで見出された結果をモデル化した．参加者は，比較的ゆっくりしたテンポであれば両手の指を同時に左右に振ることができるが（逆位相の動作），テンポを早くしていくと両手の指は同時に中央で接近するような動き方に変化する（同位相の動作）．つまり，環境条件であるメトロノームのテンポに応じて身体部位の協調が異なったパターンで組織化され，システムがそちらに向かって誘導される領域（アトラクター）が二つ存在するということである.

　ダイナミカルシステム理論が提供するこの種のモデルは，エージェントの内的過程を特に説明していない．むしろ，環境によく適合する行為が自己組織化されて生じる様子を力学的に説明する原理になっている．これは言い換えると，エージェントが適応的にふるまおうとして内的に行っている計算（たとえば，行為手順の構想や意図の発動など）が，同時に「身体―環境」というシステムとして実現されていること，または，そうしたシステムの一部に組み込まれて初めて十分に機能することを示唆する.

　別の例として，野球の外野選手がフライをキャッチする過程（McBeath et al., 1995）や，飛んでいるフリスビーをキャッチするイヌの運動過程（Shaffer et al., 2004）についての研究がある．これらの例では，エージェントの現在位置から飛んでいるボールやフリスビーの軌跡を予測的に推論し，そこに向かって走っていくことが必要に見える．だが，エージェントの走行する軌跡をボールやフリスビーの軌跡と重ねてみると，対象の運動軌跡の方向性を同時にミラーリングして走行しながら，対象の運動の持つ曲線を相対的にキャンセルするような運動を行うことで，対象をキャッチすることが可能になっている．つまり，この例でも同様に，「身体―環境」というシステムの挙動を記述することで，「頭の中」の計算過程を代替的に示すことができるのである.

　したがって，身体性認知の立場では，身体的行為の設計者としての脳を，より包括的な「脳―身体―環境」というシステムの一要因として理解しようとする傾向が強い（Noë, 2009; Thompson, 2007）．同様の観点に立つ Fuchs（2018）

は，行為を設計するトップダウンの司令塔としてではなく，環境の中で適応的にふるまう身体の活動を，ボトムアップ・トップダウンの双方向から循環的に制御する調整器官（レギュレーター）として脳を理解することを提案している．

構成仮説

そして第三は，「構成仮説（constitution hypothesis）」である．身体および環境は，認知過程に対する外的要因として影響を与えているのではなく，認知そのものを構成する積極的な役割を果たしているという仮説を指す．たとえば，意図的に作った笑顔であっても，それが喜びの感情を促進する効果を持つことは現在ではよく知られているだろう（Niedenthal, 2007; Soussignan, 2002）．スティックを口にくわえて半ば強制的に笑顔を作った状態であっても，動画を見た時に主観的に感じられるおもしろさが強められたり，心地よさを表現する文章の意味理解が早められたりする．かつてジェームズ＝ランゲ説で主張されたように，身体末梢の状態が感情認知を構成する面は確かにある．

それだけではない．より入り組んだ認知過程を，身体および環境はボトムアップに構成する．この点を説明する際，Wilson（2004）が提示した図 8-2 がしばしば引用される．一般に認知主義の立場では，外界から刺激を受け取った後で生じる内的な計算過程として認知がとらえられている．だが，認知が現実に進んでいく過程は必ずしも内的なものとは限らず，身体，道具，環境の一部を巻き込むことで成立している．図が例示しているのはかけ算の計算過程である．九九のように 1 桁 ×1 桁のかけ算なら暗算として頭の中だけで実行できるだろう．しかし，3 桁 ×3 桁になるとそうはいかない．ペンを使って紙の上に数字を書き，1 桁 ×1 桁のかけ算とたし算に分解し，規則に沿ってそれらを合算することでようやく結果を得ることができる．つまり，一定程度以上に複雑なかけ算は，純粋に内的な認知過程として実現できるわけではなく，書く道具としてのペン，数字を記入する紙，書く行為を実行する身体，これらすべてがそろって初めて実現できるのである．

類似する例を，Kirsch & Maglio（1994）がテトリスプレイヤーの研究を通じて見出している．経験豊富なプレイヤーは，ブロックを実際に画面上で回転させて一種のシミュレーションを行うことで，メンタルローテーションを通じ

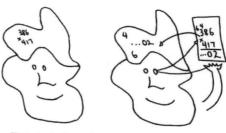

て頭の中で回転させるよりもずっと早く，ブロックをどの隙間に合わせるべきかを判断している．実際，メンタルローテーションに頼ると約 1000 ミリ秒の時間がかかるのに対して，画面上でのシミュレーションなら約 100〜300 ミリ秒しか判断に時間がかからない.

図 8-2　3 桁 × 3 桁のかけ算（Wilson, 2004）

この場合も，一定程度以上に高速でテトリスをプレーするために必要な判断は，画面に表示されるブロック，ブロックを動かすコントローラ，ゲームを操作する手の動き，すべてがそろわなければ実現しない.

　これらの例が示すように，認知は純粋に内的な過程として成立してはいない. 身体とその運動，身体と連動する道具，道具とカップリングされる特定の環境，これらすべてが思考や判断といった認知過程を構成する一部として機能している. さらに言えば，そうした認知過程が心の活動であるとするなら，心は単に脳内過程として成立しているわけではなく，身体や道具や環境とともに成立していることになる. この点に関連して，Clark & Chalmers（1998）は，心の活動が個体の内部に閉ざされておらず，むしろ外界へと拡張して成立していることを指して「拡張した心（extended mind）」という見方を提示している. エージェントの認知は，その活動の一部を，適合する環境に担わせること，すなわち「オフロード」することで成立しているのである.

4E 認知

　この節では，身体性認知研究の主だった成果について，背景にある仮説ごとに区別して紹介してきた. こうしてみると，同じ「身体性認知」という呼称を用いながら，われわれの認知を構成する次のような観点が表出していることがよく理解できるだろう.

　第一に，単に身体の形態や構造が問題なのではなく，エージェントがその身体によって遂行する行為を通じて認知が実現していること. 行為（action）を通じて認知が構成される様子を「エナクティヴ（enactive）」と形容する. 第二

に，エージェントの「頭の中」で生じていることは，それ自体を独立して見るのではなく，環境の中に埋め込まれた身体が，様々な相互作用を環境と繰り広げる過程とセットでとらえねばならないこと．認知が具体的環境の中に埋め込まれて成立していることを「エンベデッド（embedded）」と形容する．第三に，認知の活動は個体の内部に閉ざされておらず，身体を介して道具や外界を巻き込みつつそれらへと拡張して成立していること．この点を「エクステンデッド（extended）」と形容する．

したがって，身体性の観点から認知をとらえることは，「エンボディード（embodied）」であることに加えて「enactive」「embedded」「extended」な観点から認知を解き明かすことでもある．そのため，2010年頃から身体性認知は「4E cognition（4E 認知）」という拡大した名称で呼ばれることも増えてきた（Menary, 2010）．もちろん，これらすべての観点が個別の研究ですべて並立するわけではないが，四つの E が様々に重なり合いつつ，具体的な研究が現在も進められている．

3　心身と世界の相互作用

議論を整理する

改めて，認知主義の発想に基づく心の見方と，身体性認知に基づく心の見方を対比して明確にしておこう．入力と出力の間で心的表象の計算を行うという情報処理的な心の見方を，Pfeifer & Scheier（1999）は「知覚―思考―行動サイクル」と要約している．つまり，認知主義における心とは，環境から何らかの情報の入力を受け（知覚），その情報を一定の様式に沿って処理し（思考），判断した結果を出力する（行動），というサイクルを持つ情報処理システムである．もちろんサイクルの各局面はより細かく区別することができ，「記憶」「感情」「注意」など，一定の独立性を持つ機能と連動しつつ情報処理が生じる．これらの過程を表現するモデルを計算プログラムとして実現できれば，人間の心の働きをコンピュータ上でも擬似的に再現できることになる．このような情報処理的観点は，機能主義的な心の理解を可能にする．つまり，知覚，思考，記憶，感情などの心の機能は，それらと同じ機能を実現する上で，必ずしも同

じ媒体や機構を必要としないという理解
である (Rescorla, 2020).

　他方，身体性認知から 4E 認知へと発
展してきた心の見方は，図 8-3 のように
表現することができるだろう（田中，
2020）．古典的な認知主義の発想では，
心の作用は知覚を通じて情報を取り入れ
るところから始まるが，身体性認知では，
知覚と行為は循環的な関係にあって，ど
ちらが先とも言えない．心の作用は，環
境の中で適切に行為すること，そして適

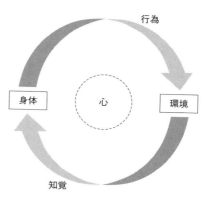

図 8-3　身体性認知における心の見方

切に行為するべく環境を知覚すること，という「知覚―行為循環（perception-action loop）」という文脈が与えられることで始まる．エナクティヴな観点を重視するなら，エージェントが環境に働きかける行為を遂行する上で役立つような情報処理過程が認知である，ということになる (Noë, 2004)．また，エクステンデッドな観点を重視するなら，心の作用は単に身体性に依存しているのではなく，具体的な環境との相互作用において実現している．こうした点を踏まえて心を図示するなら，身体と環境の間で，明確な輪郭を持たずに拡がっているような描き方になるだろう．なお，言うまでもないが，心の働きが身体性に依存するという出発点を持つ以上，身体性認知は機能主義的な心の見方とは折り合わない．

「予測」と「投射」の観点

　ところで，脳神経科学とも連動して進展しつつある現代の認知科学は，「予測」という観点を導入することで，脳と心をとらえる枠組みを広げつつある．もともと認知主義が「知覚―思考―行動サイクル」の観点から認知をとらえようとした前提には，知覚が認知過程の始まりの局面であり，それ以前の心は何も入力されていない白紙のような状態として存在するという暗黙の前提があった．だが，このような前提は，予測を重視する近年の脳研究の知見とは矛盾する．脳は，そのつど末梢から入力される刺激に単に受動的に反応しているわけ

ではない．経験を通じて学習された一定のモデルとともに刺激を予測し，予測と入力の誤差に基づいて知覚を構成している．また，そうした誤差を最小化する方向で学習が生じ，予測のためのモデルは更新され続ける（Friston, 2010; Hohwy, 2013）．

　こうした脳研究の知見は，身体性認知の文脈に引き寄せて考えることも十分に可能である．すなわち，「脳—身体」というエージェントは，環境からやってくる刺激を単に受動的に受け取っているわけではなく，過去の学習経験に基づいて，環境に由来する情報を予測している．また，そうした予測は，単に知覚を効率的に処理しているわけではなく，実際の知覚を踏まえて環境に応答する行為を実現する上で役に立っているだろう．

　参考として，Withagen *et al.* (2012) が論じているアフォーダンスとインビテーションの理論的区別に言及しておこう．ジェームズ・ギブソンが言うように，周囲の環境が動物に提供する行為の機会としてアフォーダンスを理解するなら，動物の目の前に広がる環境には無数のアフォーダンスが存在する（Gibson, 1979）．たとえば，川沿いを散歩する「私」には，単に川辺の舗装路を歩くだけでなく，砂利の上を歩く，川に入る，川で泳ぐ，魚を釣る，水面に石を投げる，等々の無数のアフォーダンスが存在するし，「私」はこれらすべての行為可能性について，知覚しようと努力すれば知覚することもできる．ただし，実際に散歩中の「私」には，これらのアフォーダンスの大半は実行すべき行為の選択肢として知覚的意識には浮上してこない．つまり，行為のための機会として環境が提供するアフォーダンスは数多いが，そのうち現実の行為を誘発する「インビテーション」を備えているものは限られているのである．ウィトハーゲンらは，環境中に存在するアフォーダンスのうち，なぜ一部だけが知覚され，さらにその一部だけが現実の行為を誘発するのかと問い，その説明を可能にするようなエージェントについての理論が必要だと指摘している．

　この指摘を踏まえて考えると，知覚—行為循環の関係は，もう一段緻密に考える必要がある．「脳—身体」というエージェントは，その身体に備わる形態・構造・素材・スキルなどに応じて，環境が提供する行為の機会として無数のアフォーダンスを受け取ることができる．また，ピックアップされたアフォーダンスが現実の行為として実現されることで，エージェントと環境との間で

相互作用が生じ，その履歴が学習されて
環境のモデルを形成する．このモデルは，
「内部モデル」として脳機能の一部を担
うだろう（今水，2012）．そして一度形成
された内部モデルは，エージェントが行
為する場面で予測的に用いられる．

　ここでいう予測（プレディクション）は，
行為可能性を環境に向かって投射すると
いう意味で「プロジェクション」と言い
換えることもできる（鈴木，2020；田中，
2020）．つまり，エージェントは自身の

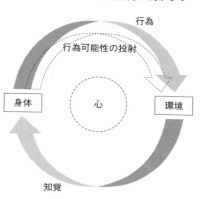

図 8-4　知覚—行為循環と行為可能性の投射

行為可能性を環境に向かって先行的に投射（プロジェクション）し，その反響を
知覚する．この「プロジェクション」は，過去に学習されたものに基づく知覚
経験の予測である点で「プレディクション」でもある．エージェントは，知覚
された行為可能性の選択肢の一つを現実の行為として実行するが，どれを実行
するかはそのつどエージェントが有する意図に依存する．おそらく，エージェ
ントが環境を知覚する際，過去に形成された内部モデルのすべてが潜在的に動
員されているものの，それらが意図によってふるいにかけられ，一部の行為可
能性だけが強く投射されるのであろう．そのため，環境中に数多く存在するア
フォーダンスのうち，ごく一部だけが現実の行為を誘発するインビテーション
として作用するのである．以上の議論を踏まえ，図 8-3 をより正確に表現する
と図 8-4 のようになる．

メルロ゠ポンティの身体スキーマ論

　身体性認知科学を先取りする哲学的思考を展開したメルロ゠ポンティは，当
時の脳研究との対話を通じて発展させた「身体スキーマ（body schema/schéma
corporel）」の機能の一部として，ここで問題にしている「行為可能性の投射」
と重なる考察を展開している（Merleau-Ponty, 1945）．メルロ゠ポンティは，人
が環境に向かってある行為を遂行する際，種々の身体部位の運動を全体として
組織化する機能を「身体スキーマ」と呼ぶ（「身体図式」とするのが一般的だが，

他の章と統一してここでは「身体スキーマ」とする）．これは，彼が参照した 20 世紀前半の神経学の成果を取り入れたものである．たとえば，Head & Holmes（1911）は，大脳皮質を損傷した患者の中に，身体運動の方向と量を認知できなくなる症状が発生することに着目し，運動によって変化する身体の空間的位置関係を認知するのに必要となる暗黙の機能を「身体スキーマ」と名づけた（彼らが当初用いた術語は「姿勢スキーマ（postural schema）」だが，これが後に「身体スキーマ」へと発展した）．

　メルロ = ポンティによると，身体スキーマは Head & Holmes（1911）が指摘したように，単に姿勢や運動についての暗黙の認知を支えているだけでなく，環境に向かって行為する際に身体部位の運動をとりまとめ，環境に適合する行為を組織化する．たとえば自転車に乗る場合，顔・上体・体幹・下肢・腕などはそれぞれ違った運動を実行しているが，それらが坂道やカーブといった環境条件の変化に合わせて全体として統合されることで，自転車に乗るという全身の行為が実現される．しかも，成功した経験として学習されると，行為を構成する全身運動のパターンは習慣として身体スキーマの中に堆積し，定型的な状況に対して人がスキルフルに対応することを可能にする．楽器の演奏，道具使用，スポーツのパフォーマンスなど，日常生活の大半の場面で，人は身体スキーマの機能を暗黙に利用しながら，環境に適した行為を実現している．

　しかし，このような身体スキーマの機能が選択的に損傷した患者も存在する．メルロ = ポンティは，神経生理学者のクルト・ゴールドシュタインと心理学者のアデマール・ゲルプが共同で報告した症例シュナイダー（Gelb & Goldstein, 1920）について論じている．シュナイダーは第一次世界大戦に出兵中，後頭部に傷を負った元兵士で，一見したところ症状の中心は視覚失認にあった．視野は保たれているものの，対象を見てもそれが何であるかが認知できないのである．物品については，手で触れる，物品が発する音を聞くなど，別のモダリティを動員せねば認知できない．文字や図形の認知も，指先でなぞる，頭を動かして輪郭をたどるといった作業が必要になる．また，自発的に文字を書くことはあっても，対象を模写することは不可能だった．

　症状はさらに複雑で，触覚の空間定位や運動機能にも問題が見られる．閉眼した状態で頭・腕・脚といった部位に触れられると，彼はそれが体表面上のど

こなのかを特定することができない．あるいは，手や足を動かしたり，手指を曲げ伸ばしたりするように指示されても，それを遂行することができない．自分の鼻の位置を指示するように命じられても，鼻の位置がどこなのかがわからない．ところがその一方で，同じく鼻に触れる場合でも，ポケットからハンカチを取り出して鼻をかむように，日常動作として必要な場合は問題なく遂行できる．あるいは，マッチを箱から出してランプに火を灯すという複雑な行為であっても，日常生活の文脈で習慣化しているものなら問題なくこなすことができるという．ただし，観念運動失行の症状でしばしば見られるように，そうした行為の「ふり」をすることはシュナイダーにはできない．

　メルロ＝ポンティは，ゴールドシュタインらの考察に沿って，身体の一部を「把握すること」とそれを「指示すること」の違い，生活に必要な動作を行う「習慣的運動」と医師の指示で身体を動かす「抽象的運動」の違いについて考察している．シュナイダーは，自己の身体を全体として対象化することができないため，それを指差して特定したり，医師の指示に沿って動かしたりすることができないのである．メルロ＝ポンティはこの症状に言及して，身体スキーマが本来行っているはずの「投射」が成立していないと指摘している．すなわち，シュナイダーは，過去の学習経験に沿って，様々な可能的状況を現実の環境の上に先行的に投射して知覚することができないのである（Tanaka, 2021）．

　たとえば，彼は空のコップを手にとって水を飲むふりをすることができない．それは，「水の入ったコップ」という架空の状況を現実に対して投射し，そこで行為する自己の身体を思い描けないということである．あるいは，医師の指示に沿って，腕を前方に持ち上げて空中に円を描くという動作を遂行することができない．これは，眼前の具体的空間の上に，抽象的で無機質な幾何学的空間を投射することができず，投射された空間上に自己身体の運動を想像し，それを再現することができないということである．投射が正常に機能しないことで，可能的状況を知覚世界に読み込むことができず，自己身体を対象化することもできなくなっているのである．

志向弓の投射機能

「脳―身体」というエージェントは，過去に学習した運動スキルや習慣的行

為を，自己身体と世界との関係として身体スキーマのうちに堆積している．エージェントは身体スキーマを通じて，学習された行為の可能性を周囲の環境に向かって常に暗黙のうちに投射しており，投射されたものの反響を知覚として受け取る．シュナイダーの場合，行為可能性を投射することができず，身体はいわば，周囲の環境から刺激を受け取り，刺激が解発する条件反射のような動作を反復することしかできない．メルロ＝ポンティは「志向弓（intentional arc/arc intentionnel)」という概念とともに投射について語っている．それは，人の身体が単に「反射弓」にしたがって与えられた刺激に反応しているのではなく，刺激の受容に先行してみずから「志向弓」を発動させ，過去の学習経験を総動員しながら，環境の中に行為可能性を投射している，ということを含意する．これは先の図8-4で「行為可能性の投射」として描き込んだことに対応する．重要な論点なので，彼自身の言葉を引用しておこう．

　　　「意識の生（それは認識の生，欲望の生，知覚の生でもある）は，一つの『志向
　　　弓』によって支えられている．これが私たちの周囲に，私たちの過去，未
　　　来，人間的環境，物理的状況，観念的状況，倫理的状況を投射する．ある
　　　いはむしろ，私たちをこれらすべての関係のもとに位置づけるのである」
　　　（Merleau-Ponty, 1945, p. 158)．

　志向弓が投射するものにはかなり幅がある．メルロ＝ポンティは，言語的な意味や人間関係，社会的規範など，過去に学習された経験の総体が志向弓を通じて投射されると考えている．ただ，志向弓の概念がもともと運動スキルを堆積する身体スキーマの機能の一部であることを考えると，行為と知覚の文脈で考えるのが最も基本的な解釈であると言っていいだろう．哲学者のヒューバート・ドレイファス（Dreyfus, 2014)もそのように解釈している．わかりやすく言うと，身体スキーマが投射しているのは，過去の経験を通じて学習した，身体と世界の関係についての内的なモデル（内部モデル）である．身体は，物理的環境だけでなく社会的環境においても様々な行為を遂行し，その経験に基づいて，様々な行為のヴァリエーションとそれに対応する特定の状況について，パターン化された内的なモデルを蓄積している．これが志向弓として発動することで，慣れた状況でも新規な状況でも，人は何らかの行為可能性の手がかりを知覚し，現実の行為に結びつけることができるのである．これは，知覚入力

に先行して脳が環境を予測しているという近年の予測的処理の見方とも整合的である（Hohwy, 2013）．

身体スキーマから身体イメージへ

　ここまでの議論の中に，今後の認知科学が発展させるべき研究課題を見てとることができる．患者シュナイダーが呈した複雑な症状をもう一度考えておこう．シュナイダーは，自分の鼻を指差すように言われても対応できないが，鼻をかむ必要がある時には自然に鼻をつかむことができる．また，医師の指示に沿って身体を動かすことはできないが，生活に必要な運動行為はかなり複雑なものでも遂行できる．メルロ＝ポンティは明確に論じていないが，シュナイダーにおいては，行為遂行のために身体諸部位の運動を統合する身体スキーマは機能しているものの，自己身体を対象化した時に心的表象として成立する「身体イメージ（body image）」が機能していないのである（田中・小河原, 2010）．

　この点は，行為の「ふり」がシュナイダーにとって不可能であることとも連動している．空のコップを手に取って水を飲むふりができないという症状は，単に「水の入ったコップ」という架空の状況を現実の上に投射できないということを意味するにとどまらない．架空の状況の中で可能的な行為を遂行する自分自身の「身体イメージ」を想像することができないということなのである．

　すでに見た通り，「脳─身体」というエージェントは，与えられた状況との関係でスムーズに行為を遂行するべく，身体スキーマを通じて全身の運動を適切に調整しつつ協調させる．つまり，現実の状況に対応する現実的行為に対処するのが身体スキーマの機能である．だが，人が対処しているのは決して現実に与えられた状況だけではない．過去の学習経験に基づいて，架空の状況を現実の上に重ね合わせ，想像上の状況をそこに思い描くことができる．この時，架空の状況に合わせて，可能的行為を潜在的に遂行する自己として像を結ぶのが，身体イメージなのである（Tanaka, 2021）．

　身体と環境の間で展開される「知覚─行為循環」から出現してくる心的過程は，決して物理的次元で与えられた現実の環境だけに制約されてはいない．「行為可能性」が環境に向かって投射される時，その反響として知覚される世界は単なる知覚だけでなく想像的成分を多分に含む．そして，その想像の中に

は，可能的行為に関与する自己の身体イメージも含まれるのである．したがって，身体性に始まる認知科学の探究もまた，「現実世界―身体スキーマ」という問題系に閉じるのではなく，「想像世界―身体イメージ」という問題系に向かって発展させる必要がある．節を変えて展望することにしよう．

4　来たるべき人間科学のために

ふり遊びの世界

　発達的な観点から検討すると，人にとっての「想像世界―身体イメージ」という問題系の起源は，幼児が行う「ふり遊び（pretend play）」に見出すことができる．ふり遊びは一般に，積み木をミニカーに見立てて遊ぶような「見立て遊び」や，ままごとやヒーローごっこといった「ごっこ遊び」のように，想像上の世界を現実に重ね合わせて行う遊びの総称である．幼児の遊び研究で知られる Garvey（1990）は，「あたかも（as if）」という構えとともに遂行される遊びとして，ふり遊びを定義している．つまり，ふり遊びに熱中する幼児は，積み木がミニカーでないことや，砂場がキッチンではないことを理解しているが，あたかもそうであるかのように見なして遊ぶということである．想像された状況の中に自分が存在しているかのようにふるまいつつ遊ぶため，ふり遊びを実践する幼児は，現実とは別の可能性として心的に表象された想像上の状況を，眼前の物理的状況に対して意図的に投射する認知能力を持っているとも指摘される（Lillard, 1993）．

　このように記述すると，現実とは異なる自律的な想像上の世界が幼児の心の中にすでにできあがっているため，ふり遊びができるようになるものと理解されるかもしれない．実際，発達心理学で以前から主流となっている研究も，知覚的表象よりも上位の表象である「メタ表象」（知覚的現実に依存しない高次の心的表象）を知覚対象に重ね合わせる認知能力の発露として，ふり遊びを位置づけている（Leslie, 1987）．たとえば，泥を丸めながらそれを「お団子」と呼んでままごとを遊んでいるような場合である．

　ところが，詳細に分け入っていくと，必ずしもこのような理解は正確ではない．発達心理学者のヴァスデヴィ・レディは，一般的なふり遊びが現れる 2 歳

頃よりもずっと早い生後9カ月頃の段階で，他者との身体的な相互行為の中で初歩的なふり遊びが現れると指摘している（Reddy, 2008）．この萌芽的ふり遊びは，見立てやごっこを含まず，行為の意図を偽装するものである．たとえば，ボールをやりとりする場面で，ボールを渡そうとするふりをして手を引っ込める，といったことである．ここでの「ふり」は，想像の世界を現実に重ね合わせることに遊びの真意があるわけではない．あたかも相手にモノをあげるようなふりをして実際にはそうしないことで，相手が驚く様子を見て喜んでいるのである．

　この行為は，想像の世界を現実に重ね合わせるという構成にはなっていない．他者が予期しているのとは違う仕方で自分が行為すると，他者はどうするだろうか，という可能性を試していると見るほうが適切であろう．つまり，現実とは別の次元で想像上の世界が心的に表象されているのではなく，むしろ，行為の意図を偽装する「ふり」をすることで，現実から分岐して現れる可能性の領域を，知覚的に予見しているように思われる．つまり，ふり遊びは，想像世界が心的に形成された後で出現するというより，想像世界それ自体の形成に関与しているようなのである．

表象と想像力のエナクティヴな起源

　ふり遊びのもう一つの起源に沿ってこの点を確認しておこう．発達心理学者の麻生武は，生後1年頃に始まる「行為の模倣」としてのふり遊びについて，メタ表象という認知能力を前提とせずに理解できると指摘している（麻生, 1996）．幼児は一般に1歳頃になると，空のコップを口につけて飲むふりをしたり，絵本の果物をつかんで食べるふりをしたりするようになる．これらは，はっきりとしたふり遊びの意図を備えているわけではなく，もっと単純な行為の模倣，いわば「まね」として生じている．幼児は，空のコップを口に持っていっても飲むことができないことはわかっているし，絵本に描かれた果物は実際にはつかんだり食べたりできないこともわかっている．にもかかわらず，行為の模倣が繰り返し生じるのは，行為のシミュレーションを繰り返すことで，「コップ」や「果物」といった対象について，安定した心的表象を形成している，というのが麻生の指摘である．

255

この点に関連して，ジェローム・ブルーナーによる表象の発達理論（Bruner, 1966）を振り返っておきたい．ブルーナーは，幼児の獲得する心的表象が，「行為的（enactive）」→「図像的（iconic）」→「記号的（symbolic）」という 3 段階を経て発達すると論じている．この区別から言うと，行為の模倣は，萌芽的な表象としての行為的表象（enactive representation）を構成している．たとえば，ミルクの入ったコップは「飲む」という行為とともに知覚される対象であるが，同じ対象はミルクが入っていない空の状態でも，「飲むふり」という可能的行為の対象としてそこに現れる．絵本の果物も同様である．果物は，絵として描かれている状態でも，「つかむふり」「食べるふり」という可能的行為の対象としてそこに現れている．つまり，空のコップや描かれた果物は，現実の行為とカップリングされないものの，行為の可能性をそこに投射できる知覚対象として現れている点で，行為的表象になっているのである．

　このように考えると，起源におけるふり遊びは，メタ表象を対象に向かって投射する以前に，そもそも「表象」と呼びうる何かを生み出していると見なくてはならない．この構造は，レディが記述するコミュニケーション場面におけるふり遊びと同様である．いずれの場合も，あたかもある行為を遂行できるかのような態度でふるまうことで，通常の行為に対応する知覚的現実から派生する想像上の世界を見出しているのである．2 歳頃になって成熟する通常のふり遊びは，もともとこうして見出された想像上の世界を，より明示的な仕方で知覚的現実の上に重ね合わせることで，成立しているのであろう．

　ブルーナーが見抜いていたように，想像力と心的表象の起源はともに身体化された行為にある．想像力はもともと，身体がそこに根を下ろしている知覚的現実から独立して自由に発動するものではない．むしろ，可能的行為を投射することで発達し始める高度な知覚的能力なのである（たとえば，積み木はつかむのに手頃なサイズで横長のかたちをしているから，ミニカーに見立てて遊べるのである）．知覚だけでなく，想像力もまた，エナクティヴな観点に立って理解を改める必要が今後生じてくるだろう．

バーチャルリアリティ（VR）

　次に，より現代的な観点から「想像世界—身体イメージ」の問題系を考えて

おこう．ふり遊びにおいては，現実に対して可能的行為が投射され，知覚的現実とともに想像的現実が立ち現れることで，たとえば砂場とキッチンのように二重に重ね合わされた世界で遊ぶことが可能になっていた．この時，ふり遊びに熱中する幼児の「自己」もまた想像世界に見合うものに一時的に書き換えられていることに注目しておこう．ままごとをして遊ぶ幼児は，食事を作る養育者になりきっているだろうし，ヒーローごっこをする幼児はまさにそのヒーローになりきった気分で遊んでいるだろう．

　ふり遊びとは逆に，エージェントの「自己」を先に書き換えることで想像世界に没入して遊ぶことを可能にする装置として，バーチャルリアリティ（VR）を挙げることができる．多くの VR では，一人称視点から見える自己の身体がアバターとして与えられる．アバターはゲームの設定によって最初から決まっている場合もあれば，個人の嗜好によってカスタマイズできる場合もあるが，ここでの重要な点は，アバターを介して，現実世界における普段の自己とは異なる自己の姿に変身できることにある．VR ゲーム内ではカーレーサー・宇宙飛行士・ボクサー・兵士・ロボットなどになって遊ぶことができるし，アバターをカスタマイズできる場合には，性別や年齢を変えるだけでなく，動物の身体を借りることもできる．

　つまり，VR は，それを経験するエージェントの「身体イメージ」を普段と異なる姿に変身させて，製作者が設定した「想像世界」へとプレイヤーを導き入れ，現実世界では実践できないような様々な行為をするよう誘うのである．たとえば宇宙空間という仮想現実の設定であれば，プレイヤーは，宇宙飛行士の身体イメージをアバターとして一時的に得て，ゲーム内で疑似的な無重力空間を浮遊しつつ移動する経験を重ねる．それを通じて，浮遊することや上下さかさまに向きを変えることなど，現実世界では決して経験することのない行為を繰り返す．現実世界の制約を受けている通常の状態とは異なった仕方で，VR の設定に特有の行為を学習するのである．

　VR 内でのふるまい方が学習されると，今度はそれが「行為可能性」として仮想現実を知覚する際に投射されるようになる．「私はこの仮想現実でこのように行為することができるだろう」という行為可能性が仮想現実の上に重ね合わされ，それが VR を使って遊ぶエージェントの好奇心を誘発し，さらに仮

想現実を深く探究することになる．つまり，ふり遊びが現実世界に潜在する想像世界を見出す遊びだったのとは逆に，VR では，製作者が設計した仮想現実の中で，適応的な行為の仕方をプレイヤーが見出せば見出すほど，プレイヤーは「想像上の自己」になりきって仮想現実を探索し，それを VR ゴーグル外の現実とはまた別種の，だが決して想像世界にとどまらない「現実世界」として受け止め始めるのである．

VR 内のエージェントは，仮想の身体イメージに紐づけられた新しい「自己」を経験することで，想像上の仮想世界があたかも現実世界であるかのように知覚できるようになる．2021 年 10 月に，フェイスブックが社名を「メタ」に変更し，「メタバース」という名称の仮想現実の構築に注力するとのニュースが流れてきたが，これも VR 技術がもたらす「想像世界—身体イメージ」という問題系の現代的展開ということだろう．

変身する自己

こうしてみると，「想像世界—身体イメージ」の問題系の研究を進める上で，一つの焦点は，身体イメージを通じて変身する自己と，その自己が現実として感知する想像世界との結びつきの仕組みを理解することにあるだろう．関連する研究は，2010 年代以降，いわゆる「身体錯覚」の研究の延長線上でいろいろと試みられてきている．アバターを通じて現実の身体とは異なる身体イメージを実験参加者に経験させることで，参加者の自己感（sense of self）と世界観に変化をもたらすという研究である．

よく知られる例をいくつか挙げておこう．たとえば，大人の実験参加者に VR 内で 4 歳児の子どものアバターに同一化する錯覚を経験させると，その結果として物体サイズの知覚に歪みが生じ，子どもが知覚しているかのように，より大きく物体を知覚するという結果が生じる（Banakou *et al.*, 2013）．あるいは，VR 内でスーパーマンのように飛ぶことができ，両腕で子どもを抱き上げて助けるという「ヒーローの身体」を経験すると，現実世界においても他人が落としたペンを拾ってあげるという類の援助行動が増える（Rosenberg *et al.*, 2013）．また，白人の実験参加者に VR 内で肌の色を変えて黒人のアバターに同一化する錯覚を経験させると，潜在的な人種差別的バイアスが低減する

(Banakou *et al.*, 2016)（VR については第7章に詳しい）．

　これらの研究は，もともとラバーハンド錯覚の全身版として行われた「フルボディ錯覚」の問題意識を拡大したものである（Lenggenhager *et al.*, 2007）．ラバーハンド錯覚を支えていたのは，触覚刺激と同期する視覚刺激をゴムの手に与えることで，ゴムの手に所有感の錯覚を引き起こすという視覚優位の多感覚統合である．この原理を応用して，VR ゴーグル内で自己身体の全体を見せながら触覚刺激と同期する視覚刺激を仮想身体に与え，仮想身体に所有感を引き起こすのがフルボディ錯覚である（田中, 2019）．つまり，アバターという仮想身体が「私の身体である」と感じる錯覚を一時的に生じさせるのである．

　VR を用いた一連の研究が新たにつけ加えた知見は，所有感の錯覚を介してアバターへの同一化が生じると，そのような自己イメージに対応する知覚—行為循環が新たに生じるという点にある．嶋田（2019）はこの点について「バックプロジェクション」という現象が見られると指摘している．すなわち，ヒーローや異人種といったアバターへと自己を投射（プロジェクション）することで，今度はそのアバターの性質が自己に向かって逆投射（バックプロジェクション）されるということである．

　バックプロジェクションについて，ここでの文脈に合わせて補足すると，次のように言える．人はアバターの姿を借りることで，普段とは異なる身体イメージを経験する．そして，VR 環境の中でアバターにふさわしい行為を繰り返すことで，仮想現実の内部で一定の自律性のある「知覚—行為循環」を形成する．それにより，仮想現実とセットで経験される「変身した自己」のあり方を学習し，それが現実の自己とはまた違った仕方で定着する可能性がある，ということであろう．VR 内の身体イメージに見合う仕方で「自己の書き換え」が生じるのである．

包括的な人間科学に向けて

　将来の展望を兼ねて，ここまでの議論の要点をまとめておこう．身体性認知科学は，古典的な認知主義の立場で置き去りにされた「身体性」の観点を持ち込むことで，エージェントの認知が身体性に依存すること，特にスキルに依存することを明らかにしてきた．この種のスキルの中核にあって，「脳—身体」

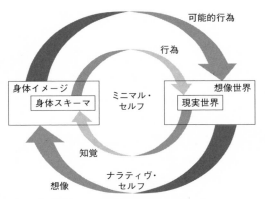

図8-5 「身体スキーマ―現実世界」と「身体イメージ ―想像世界」の問題系

の全体を統合しているのが「身体スキーマ」である．エージェントは身体スキーマを通じて行為可能性を周囲の環境へと投射し，その反響を知覚として受け取る．こうして「知覚―行為循環」がエージェントと環境との間で形成され，この文脈がエージェントのさらなる認知活動を促す．

エージェントが知覚する現実世界は，しばしば行為可能性に対応する想像を伴い，そこには，想像世界の中で可能的行為に従事する自己のイメージも含まれる．これが最も萌芽的な仕方で現れるのが幼児期のふり遊びである．逆に，想像世界をあらかじめ人工的に設定することで，アバターを通じてエージェントの身体イメージを上書きするのが VR である．VR 中では，想像世界に見合う身体イメージが与えられることで，普段の自己が経験するのとは異なる種類の「知覚―行為循環」が経験される（たとえばバーチャルな宇宙飛行士の経験のように）．それにより，現実世界で経験される自己とは異なる，いわば「変身した自己」が VR 内で構成される．以上の議論を，先に示した図8-3を発展させて図示すると，図8-5のように，循環する円を二重に描くことで対応できるだろう．

これまでの身体性認知科学は，内側の円環（「身体スキーマ―現実世界」）から派生する問題を扱うことが大半だったが，今後の研究では外側の円環（「身体イメージ―現実世界」）から派生する問題をより多く扱っていくことが必要になる．自己研究としては，いわゆる「ナラティヴ・セルフ（物語的自己）」に焦点を当てていくことになるだろう．認知科学の文脈でしばしば引用される哲学者ショーン・ギャラガーの自己論は，自己をめぐる従来の議論を思い切って「ミニマル・セルフ」と「ナラティヴ・セルフ」に二分している（Gallagher, 2000）．ミニマル・セルフは，記憶や物語性のような時間的性質をすべて削ぎ落としても

未だ成立する「最小の自己」を意味し，現在の瞬間における身体化された行為とともに成立する．従来の「身体スキーマ―現実世界」という問題系では，ラバーハンド錯覚などの問題と関連させつつ，ミニマル・セルフについての研究が数多くなされてきた（田中，2017）．

　他方，ナラティヴ・セルフ（物語的自己）は，人が過去に経験した出来事の記憶，将来への展望，現在の生き方などを物語として有機的に結びつけるところに成立する自己である．「身体イメージ」として人が心の中に抱く姿は，自己の体型やシルエットだけでなく，衣服や装飾品などの好み，人前でのふるまい方，ジェンダー，セクシュアリティ，エスニシティ，障害の有無など，社会文化的要因と関連する属性が数多く含まれる．VR環境は，こうした属性を人工的に変化させることで，普段の身体イメージをアバターのそれに書き換え，現実と異なる想像世界に見合う「変身した自己」の経験を可能にする．自己の変容をさらに詳細に明らかにすることは，逆に，われわれが現実世界の社会文化的文脈において，どのように自己自身の経験を統合し，ナラティヴ・セルフを形成しているかを明らかにしてくれることだろう．

　いずれにせよ，認知科学という「心の科学」が解明すべき「心」は，「身体」から切り離されたものではない．そうであるならば，われわれが目指す「心の科学」は，現実世界であれ想像世界であれ，心と身体の全体の働きを環境という文脈の中で理解する包括的な「人間科学」でなければならない．

引用文献

Abrahamsen, A., & Bechtel, W. (2012). History and core themes. In K. Frankish & W. M. Ramsey (Eds.), *The Cambridge handbook of cognitive science* (pp.9–28). Cambridge University Press.

麻生武 (1996). ファンタジーと現実　金子書房

Banakou, D., Groten, R., & Slater, M. (2013). Illusory ownership of a virtual child body causes overestimation of object sizes and implicit attitude changes. *Proceedings of the National Academy of Sciences of the United Stats of America*, *110*, 12846–12851.

Banakou, D., Hanumanthu, P., & Slater, M. (2016). Virtual embodiment of white people in a black virtual body leads to a sustained reduction in their implicit racial bias. *Frontiers in Human Neuroscience*, *10*, Article 601. doi: 10.3389/fnhum.2016.00601.

Bruner, J. S. (1966). *Studies in cognitive growth*. Wiley.

Chomsky, N. (1965). *Aspects of the theory of syntax*. MIT Press.

Clark, A., & Chalmers, D. J. (1998). The extended mind. *Analysis, 58,* 10–23.

Dennett, D. (1984). Cognitive wheels: The frame problem of AI. In M. A. Boden (Ed.), *The philosophy of artificial intelligence* (pp.147–170). Oxford University Press.

Descartes, R. (1641). *Meditationes de prima philosophia.* (所雄章 (訳) (2001). 省察 デカルト著作集 2（増補版） 白水社)

Descartes, R. (1644). *Principia philosophiae.* (三輪正・本多英太郎 (訳) (2001). 哲学原理 デカルト著作集 3（増補版） 白水社)

Descartes, R. (1649). *Les passions de l'ame.* (花田圭介 (訳) (2001). 情念論 デカルト著作集 3（増補版） 白水社)

Dreyfus, H. (2014). *Skillful coping: Essays on the phenomenology of everyday perception and action.* Oxford University Press.

Foglia, L., & Wilson, R. A. (2013). Embodied cognition. *Wiley Interdisciplinary Reviews, 4,* 319–325.

Friston, K. (2010). The free-energy principle: A unified brain theory? *Nature Reviews Neuroscience, 11,* 127–138.

Fuchs, T. (2018). *Ecology of the brain: The phenomenology and biology of the embodied mind.* Oxford University Press.

Gallagher, S. (2000). Philosophical conceptions of the self: Implications for cognitive science. *Trends in Cognitive Sciences, 4,* 14–21.

Gardner, H. (1985). *The mind's new science: A history of the cognitive revolution.* Basic Books.

Garvey, C. (1990). *Play* (enlarged ed.). Harvard University Press.

Gelb, A., & Goldstein, K. (1920). *Psychogische Analysen hirnpathologischer Fälle* (pp. 157–250). Verlag von Johann Ambrosius Barth.

Gibbs, R. W. (2006). *Embodiment and cognitive science.* Cambridge University Press.

Gibson, J. J. (1979). *The ecological approach to visual perception.* Houghton Mifflin. (古崎敬・古崎愛子・辻敬一郎・村瀬旻 (訳) (1985). 生態学的視覚論——ヒトの知覚世界を探る サイエンス社)

Glenberg, A. M., & Kaschak, M. (2002). Grounding language in action. *Psychonomic Bulleting & Review, 9,* 558–565.

Haken, H., Kelso, J. A. S., & Bunz, H. (1985). A theoretical model of phase transitions in human hand movements. *Biological Cybernetics, 51,* 347–356.

Harnad, S. (1990). The symbol grounding problem. *Physica D, 42,* 335–346.

Head, H., & Holmes, G. (1911). Sensory disturbances from cerebral lesions. *Brain, 34,* 102–254.

Held, R., & Hein, A. (1963). Movement-produced stimulation in the development of visually guided behavior. *Journal of Comparative and Physiological Psychology, 56,* 872–876.

Hohwy, J. (2013). *The predictive mind.* Oxford University Press. (佐藤亮司 (監訳) (2021). 予測する心 勁草書房)

Husserl, E. (1952). *Ideen zu einer reinen Phänomenologie und phänomenologischen*

Philosophie, zweites Buch. Kluwer Academic.（立松弘孝・別所良美（訳）（2001）. イデーン──純粋現象学と現象学的哲学のための諸構想 2-1　みすず書房）

今水寛（2012）. 内部モデル　脳科学辞典 doi: 10.14931/bsd.1244

Kirsh, D., & Maglio, P. (1994). On distinguishing epistemic from pragmatic action. *Cognitive Science*, *18*, 513–549.

Lakoff, G., & Johnson, M. (1980). *Metaphors we live by*. University of Chicago Press.（渡部昇一・楠瀬淳三・下谷和幸（訳）（1986）. レトリックと人生　大修館書店）

Lakoff, G., & Johnson, M. (1999). *Philosophy in the flesh: The embodied mind and its challenge to Western thought*. Basic Books.（計見一雄（訳）（2004）. 肉中の哲学──肉体を具有したマインドが西洋の思考に挑戦する　哲学書房）

Lenggenhager, B., Tadi, T., Metzinger, T., & Blanke, O. (2007). Video ergo sum: Manipulating bodily self-consciousness. *Science*, *317*, 1096–1099.

Leslie, A. (1987). Pretense and representation: The origins of 'theory of mind'. *Psychological Review*, *94*, 412–426.

Lillard, A. S. (1993). Pretend play skills and the child's theory of mind. *Child Development*, *64*, 348–371.

McBeath, M. K., Shaffer, D. M., & Kaiser, M. K. (1995). How baseball outfielders determine where to run to catch fly balls. *Science*, *268*, 569–573.

McCarthy, J., & Hayes, P. J. (1969). Some philosophical problems from the standpoint of artificial intelligence. *Machine Intelligence*, *4*, 463–502.

Menary, R. (2010). Introduction to the special issue on 4E cognition. *Phenomenology and the Cognitive Sciences*, *9*, 459–463.

Merleau-Ponty, M. (1945). *Phénoménologie de la perception*. Gallimard.（中島盛夫（訳）（2015）. 知覚の現象学（改装版）　法政大学出版局）

Miller, G. A. (1956). The magical number seven, plus or minus two: Some limits on our capacity for processing information. *Psychological Review*, *63*, 81–97.

Newell, A., & Simon, H. A. (1956). *The logic theory machine: A complex information processing system*. Rand Corporation.

Niedenthal, P. M. (2007). Embodying emotion. *Science*, *316*, 1002–1005.

Noë, A. (2004). *Action in perception*. MIT Press.（門脇俊介・石原孝二（監訳）（2010）. 知覚のなかの行為　春秋社）

Noë, A. (2009). *Out of our heads: Why you are not your brain, and other lessons from the biology of consciousness*. Hill and Wang.

Pfeifer, R., & Scheier, C. (1999). *Understanding intelligence*. MIT Press.（石黒章夫・小林宏・細田耕（訳）（2001）. 知の創成──身体性認知科学への招待　共立出版）

Reddy, V. (2008). *How infants know minds*. Harvard University Press.（佐伯胖（訳）（2015）. 驚くべき乳幼児の心の世界──「二人称的アプローチ」から見えてくること　ミネルヴァ書房）

Rescorla, M. (2020). The computational theory of mind. In *Stanford Encyclopedia of Philosophy*. http://plate.stanford.edu/entries/compotational-mind/

Rosenberg, R. S., Baughman, S. L., & Bailenson, J. N. (2013). Virtual superheroes: Using superpowers in virtual reality to encourage prosocial behavior. *PLoS ONE*, *8(1)*, e55003.

Ryle, G.（1949）. *The concept of mind*. University of Chicago Press.（坂本百大・井上治子・服部裕幸（訳）（1987）. 心の概念　みすず書房）

Shaffer, D. M., Krauchunas, S. M., Eddy, M., & McBeath, M. K.（2004）. How dogs navigate to catch frisbees. *Psychological Science*, *15*, 437–441.

Shapiro, L.（2019）. *Embodied cognition (2nd ed.)*. Routledge.

嶋田総太郎（2019）. 越境する認知科学1　脳のなかの自己と他者——身体性・社会性の認知　脳科学と哲学　共立出版

Soussignan, R.（2002）. Duchenne smile, emotional experience, and autonomic reactivity: A test of the facial feedback hypothesis. *Emotion*, *2*, 52–74.

鈴木宏昭（2016）. 教養としての認知科学　東京大学出版会

鈴木宏昭（編著）（2020）. プロジェクション・サイエンス——心と身体を世界につなぐ第三世代の認知科学　近代科学社

高橋澪子（2016）. 心の科学史——西洋心理学の背景と実験心理学の誕生　講談社

田中彰吾（2017）. 心の科学のための哲学入門4　生きられた〈私〉をもとめて——身体・意識・他者　北大路書房

田中彰吾（2019）. プロジェクション科学における身体の役割——身体錯覚を再考する　認知科学, *26*, 140–151.

田中彰吾（2020）. ポスト身体性認知としてのプロジェクション概念　鈴木宏昭（編）, プロジェクション・サイエンス——心と身体を世界につなぐ第三世代の認知科学（pp.39–57）近代科学社

Tanaka, S.（2021）. Body schema and body image in motor learning: Refining Merleau-Ponty's notion of body schema. In Y. Ataria, S. Tanaka, & S. Gallagher（Eds.）, *Body schema and body image: New directions*（pp.69–84）. Oxford University Press.

田中彰吾・小河原慶太（2010）. 身体知の形成——ボールジャグリング学習過程の分析　人体科学, *19*, 69–82.

Thompson, E.（2007）. *Mind in life: Biology, phenomenology, and the sciences of mind*. Harvard University Press.

牲住彰文（1991）. 認知科学選書19　心の計算理論　東京大学出版会

Watson, J. B.（1924）. *Behaviorism*. W. W. Norton.（reprint, 1970）

Wilson, R. A.（2004）. *Boundaries of the mind: The individual in the fragile sciences*. Cambridge University Press.

Withagen, R., de Poel, H. J., Araújo, D., & Pepping, G-J.（2012）. Affordances can invite behavior: Reconsidering the relationship between affordances and agency. *New Ideas in Psychology*, *30*, 250–258.

人名索引

事項索引

執筆者一覧（執筆順・＊は編者）

嶋田総太郎＊　明治大学理工学部教授

佐治伸郎　早稲田大学人間科学学術院准教授

阿部慶賀　和光大学現代人間学部准教授

寺澤悠理　慶應義塾大学文学部准教授

宮崎美智子　大妻女子大学社会情報学部准教授

長井隆行　大阪大学大学院基礎工学研究科教授

鳴海拓志　東京大学大学院情報理工学系研究科准教授

畑田裕二　東京大学大学院学際情報学府博士課程・
日本学術振興会特別研究員 DC2

田中彰吾　東海大学文化社会学部教授

認知科学講座1　心と身体

2022年9月9日　初　版

［検印廃止］

編　者　嶋田総太郎

発行所　一般財団法人　東京大学出版会

代表者　吉見俊哉
153-0041 東京都目黒区駒場 4-5-29
http://www.utp.or.jp/
電話　03-6407-1069　Fax 03-6407-1991
振替　00160-6-59964

印刷所　株式会社理想社
製本所　牧製本印刷株式会社

© 2022　Sotaro Shimada, Editor
ISBN 978-4-13-015201-3　Printed in Japan

記号・情報処理から，身体・脳・社会，そしてその先へ

認知科学講座［全4巻］

A5 判・平均 272 頁　各巻定価（本体 3200 円＋税）

認知革命の起源から現在までの動向を総覧し，次世代の認知科学の進む道筋を示す

○現在の認知科学の理論的基盤（身体・脳・社会）を明示した上で，新たな枠組みを紹介
○ AI，ロボットなど情報科学との接点を明らかにするとともに，心の哲学との対話を展開
○認知科学の歴史を体系的に理解でき，研究射程を広げる手がかりともなる必携のシリーズ

1　心と身体　　　嶋田総太郎（編）

自己認識からロボット・VR 研究まで，身体の処理に根差しつつ，それをはるかに超える抽象的な知性が獲得されるメカニズムに迫る

〈執筆者〉嶋田総太郎・佐治伸郎・阿部慶賀・寺澤悠理・宮崎美智子・長井隆行・鳴海拓志・畑田裕二・田中彰吾

2　心と脳　　　　川合伸幸（編）

知覚・多感覚統合，深層学習，社会性や行動の進化，意識，心の自然化といった多様な側面から，実体としての脳に迫る

〈執筆者〉川合伸幸・楊嘉楽・山口真美・林隆介・平井真洋・入來篤史・山﨑由美子・土谷尚嗣・鈴木貴之

3　心と社会　　　　鈴木宏昭（編）

発達，文化，状況論，エスノメソドロジー，学習，HAI など，多角的アプローチで社会的存在としての人間の姿を描き出す

〈執筆者〉鈴木宏昭・千住淳・石井敬子・香川秀太・高梨克也・坂井田瑠衣・益川弘如・小野哲雄・長滝祥司

4　心をとらえるフレームワークの展開　　　横澤一彦（編）

統合的認知，プロジェクション，予測的符号化，圏論，記号創発システム，脳型 AI 開発など，認知の本質に迫る新たな潮流を示す

〈執筆者〉横澤一彦・鈴木宏昭・大平英樹・乾敏郎・布山美慕・西郷甲矢人・谷口忠大・山川宏